Therese Martin

Letzte Gespräche der Heiligen von Lisieux

Therese Martin

Letzte Gespräche der Heiligen von Lisieux

Ich gehe ins Leben ein

media
maria

Bibliografische Information: Deutsche Nationalbibliothek.
Die Deutsche Nationalbibliothek verzeichnet diese Publikation in der Deutschen Nationalbibliografie; detaillierte bibliografische Daten sind im Internet über http://dnb.ddb.de abrufbar.

Herausgegeben vom Theresienwerk e. V., Augsburg
Die Originalausgabe ist erschienen bei:

Übersetzung: Sr. Theresia Renata Lochs
Die Neuausgabe wurde der aktuellen deutschen Rechtschreibung angepasst.
Deutsche Lizenzausgabe von:
J'ENTRE DANS LA VIE (Sainte-Thérèse)
Éditions du Cerf et Éditions Desclée de Brouwer, Paris

LETZTE GESPRÄCHE DER HEILIGEN VON LISIEUX
Ich gehe ins Leben ein
Therese Martin
Media Maria Verlag, 1. Auflage 2018

ISBN 978-3-9454018-0-4

www.media-maria.de

Inhalt

Ich sterbe nicht,
ich gehe ins Leben ein.

Brief der heiligen Therese
(9. Juni 1897)

Vorwort zur Neuausgabe

Im vorliegenden Buch findet der Leser gleichsam das Testament der heiligen Therese von Lisieux. Alle Kerngedanken ihrer Spiritualität kehren in ihren letzten Gesprächen wieder: ihr tiefer Glaube an das ewige Leben, ihr Ringen um das Heil der Menschenseelen, ihre ständig wachsende Gottesliebe, die in ihrem letzten Wort gipfelt: *Oh, ich liebe ihn! Mein Gott, ich liebe dich!*

Zugleich erhält der Leser einen sachlichen Bericht über die Schwere ihres Leidens in der Krankheit der Tuberkulose und eine Lehre, wie eine Heilige leidet und stirbt. Sie verstand es, auch in qualvollsten Augenblicken ihren Humor nicht zu verlieren und immer noch zu scherzen. Dieses Buch hilft allen suchenden Menschen und bereichert jene, die bereits auf dem Weg zu Gott sind.

Die letzten Worte der Heiligen wurden durch ihre leiblichen Schwestern, die am Krankenbett Dienst taten, glaubhaft überliefert. Unter sehr menschlichen Worten findet man auch prophetische Worte, die vom Heiligen Geist inspiriert waren. Die Annahme ihrer Leiden und Schmerzen bis zum ihrem *Eingang ins Leben* unterstreichen die Echtheit ihrer Lehre.

Nachdem die letzte Auflage dieses Buches »Ich gehe ins Leben ein« aus dem Jahr 2003, erschienen im Johannes-Verlag

Leutesdorf, vergriffen war, hat sich das Theresienwerk e. V. in Augsburg entschlossen, eine Neuausgabe im Media Maria Verlag Illertissen herauszugeben. Der Titel wurde in »Die letzten Gespräche der Heiligen von Lisieux« geändert.

Monsignore Anton Schmid,
Leiter des Theresienwerks e. V., Augsburg

Vorwort

Im vorliegenden Buch findet der Leser das Testament der heiligen Therese vom Kinde Jesus – einen sachlichen Bericht und zugleich eine Lehre über das Thema: »Wie leidet, lebt und stirbt eine Heilige?« Eine zärtliche Heilige, die sich nicht scheut, ihre Familie und ihre Schwestern zu lieben; eine Heilige, die es versteht, auch in den schwierigsten und qualvollsten Augenblicken ihren Humor nicht zu verlieren und immer noch zu scherzen; eine Heilige wiederum, die schwache Stunden kennt und manchmal mit der ganzen »Armseligkeit« des Menschen leidet; vor allem aber eine Heilige von staunenswerter Gottesliebe und ebensolchem Heroismus. Dabei tritt dieser Heroismus in Lebensumständen zutage, die man nicht in allen Punkten als heroisch bezeichnen kann. Sprechen wir das ruhig aus, denn gerade darin liegt ja zum Teil die Größe der Heiligen und auch ihre Vorbildlichkeit für uns. Tatsächlich dürfte es wenigen Menschen und vor allem wenigen Karmelitinnen beschieden sein, in Krankheit und Sterben mit so viel Liebe und Fürsorge umhegt zu werden wie Therese vom Kinde Jesus im Krankenzimmer des Karmels von Lisieux im Jahre 1897.

Das ist die Botschaft dieser »Letzten Gespräche«, eine Botschaft voller Realismus und Optimismus, eine Botschaft, die uns viel zu sagen hat – vor allem im Leiden, aber auch im Alltag. Ist es doch unser aller Los, die Prüfungen des Lebens und die Prüfungen des Glaubens in unserer alltäglichen Existenz zu bestehen. Das Los der Heiligen ist es, die gleichen Prüfungen zu bestehen – heroisch, wohlverstanden –, vor allem aber mit einer großen zärtlichen Liebe. Das ist es vielleicht, worin sie sich von uns unterscheiden, gleichzeitig aber macht sie gerade das zum Vorbild für unser Leben.

Deshalb ist Therese vom Kinde Jesus und vom Heiligen Antlitz durch ihre letzten Äußerungen auch heute noch, rund 120 Jahre nach ihrem Tod, für uns ein »Wort Gottes«, wie Pius XI. sie nannte.

P. Bernard Delalande
Provinzial OCD
(1918–1997)

Einleitung

Ich lese sehr gern die Lebensberichte der Heiligen ... aber ich gestehe, es ist manchmal vorgekommen, dass ich das Los ihrer Angehörigen teilen wollte, die das Glück hatten, in ihrer Gesellschaft zu leben und heilige Gespräche mit ihnen zu führen.[1] Für uns erfüllt sich heute dieser Wunsch, was Therese von Lisieux betrifft. Wir können alles lesen, was sie während ihrer letzten Krankheit gesagt hat, soweit es aufmerksame Zeuginnen Tag für Tag aufgeschrieben haben.

Ein guter Teil dieser Äußerungen wurde der Öffentlichkeit in Frankreich bereits in dem 1927 erschienenen kleinen Buch *Novissima Verba* vorgelegt, doch hatte man damals bei dieser Auswahl absichtlich ungefähr die Hälfte dieses Schatzes von der Veröffentlichung ausgeschlossen. Mutter Agnes von Jesus (Pauline Martin) war es zwei Jahre nach der Heiligsprechung ausschließlich darum gegangen, den Leser zu erbauen. Dagegen hielt sie es nicht für angebracht, die an sie persönlich gerichteten vertraulichen Äußerungen ihrer kleinen Schwester der Öffentlichkeit preiszugeben.

Da heute keine der Zeuginnen mehr am Leben ist, gelten andere Gesichtspunkte. Die nunmehr in Frankreich erschienene

[1] Brief Thereses an ihre Tante, Frau Céline Guérin, vom 20. Juli 1895 (B 178).

kritische Ausgabe der *Derniers Entretiens*[2] (»Letzte Gespräche«) enthält sämtliche Aufzeichnungen von Mutter Agnes und ihren Schwestern. Damit liegt endlich ein Dokument vor, dem man den Wert eines Testaments zusprechen kann, weil es in keiner Weise überarbeitet worden ist. Die vorliegende deutsche Lizenzausgabe gibt diesen vollständigen Text wieder, der uns bereichert und uns ermöglicht, die heilige Therese besser kennenzulernen.

Warum aber hat man so viele Worte und Äußerungen einer jungen lungenkranken Karmelitin aufgezeichnet und aufbewahrt, die nichts anderes gewünscht hat, als *unbekannt* zu leben und *in Vergessenheit* zu sterben? Wer war diese Schwester Therese an der Schwelle zu ihrer letzten Krankheit?

Die letzten Gespräche

Zu Beginn des Jahres 1897 wird Schwester Therese vom Kinde Jesus 24 Jahre alt. Vor nicht ganz neun Jahren ist sie in den Karmel von Lisieux eingetreten, wo sie nun mit 23 Schwestern zusammenlebt. In wenigen Jahren hat sie den *Lauf eines Riesen* zurückgelegt, ohne dass ihre Gefährtinnen, von denen die meisten sie lieben und schätzen, etwas davon bemerkt haben. Nur ihre drei leiblichen Schwestern, die das Manuskript ihrer Kindheitserinnerungen (Manuskript A, *Geschichte einer Seele*) und den im Jahre 1896 an ihre Schwester Maria vom Heiligen Herzen gerichteten Brief (Manuskript B) gelesen haben, ahnen etwas von dem intensiven geistlichen Leben, das sie verzehrt. Hat sie sich nicht am 9. Juni 1895 der barmherzigen Liebe als Opfer geweiht? Hat sie nicht 1896 entdeckt, dass es ihre Berufung ist, im Herzen der Kirche Liebe zu sein?

---

[2] *Derniers Entretiens,* édition critique dite du Centenaire, Cerf-Desclée De Brouwer 1971.

Aber abgesehen von einer stets mit einem Lächeln begleiteten Nächstenliebe, von Selbstbeherrschung und einer Aufgeschlossenheit für andere, die jedem einzelnen Menschen gilt, scheint nichts von jenem inneren Feuer außen erkennbar zu sein, das auch Therese selbst oft verborgen bleibt, lebt sie doch gewöhnlich im Zustand geistlicher Trockenheit. Ja, seit Ostern 1896 ist »die dichteste Finsternis in ihre Seele eingedrungen«, und der »so beseligende Gedanke an den Himmel« ist für sie »nur noch Anlass zu Kampf und Qual«. Seit Langem ahnt sie, dass sie jung sterben wird.

Tatsächlich treten 1894 die ersten Zeichen einer Verschlechterung ihrer Gesundheit auf. Mehrmals ist sie wegen Bronchitis und Halsentzündungen in Behandlung. Erste Anfälle von Bluthusten am 3. und 4. April 1896 werden nur der Krankenpflegerin und der Priorin Mutter Maria von Gonzaga zur Kenntnis gebracht. Therese spielt die Bedeutung dieses Vorfalls nach Möglichkeit herunter, fühlt sich aber doch gleichzeitig in ihrer Vorahnung bestärkt.

Während der ersten Monate des Jahres 1897 geht es mit Thereses Gesundheit beständig bergab. Am Ende der Fastenzeit wird sie so schwer krank, dass sie trotz all ihrer Energie nach und nach allen Abläufen des Gemeinschaftslebens fernbleiben muss. Im Karmel erregt Thereses Zustand natürlich vor allem bei ihren leiblichen Schwestern Besorgnis. Mutter Maria von Gonzaga erlaubt, dass Mutter Agnes Therese während der Matutin betreut. Am Abend des 5. Juni nimmt das »Mütterchen« aus den Buissonnets ihre Funktion als Betreuerin der Kranken auf. Am 8. Juli bringt man Therese in das Krankenzimmer. Seither bleibt Mutter Agnes während des Chorgebets, während der Rekreationen und immer dann, wenn die Krankenpflegerinnen anderweitig beschäftigt sind, an ihrem Krankenbett. Die künftige »Historikerin« schreibt ihre Notizen zweifelsohne hastig auf lose Blätter, von denen nur eines erhalten ist, und überträgt diese Notizen später in ein Heft.

Während Mutter Agnes ihre Aufzeichnungen machte, konnte sie wohl nicht wissen, dass Therese eines Tages heiliggesprochen werden würde. Wohl aber ist sie sich bewusst, dass ihre Aufzeichnungen nützlich sein werden, einmal um die Erinnerung an all diese Worte voll Weisheit und Erfahrung für sie selbst und ihre Familie lebendig zu erhalten, zum anderen um den Nachruf zu ergänzen, den man nach dem Tod einer Schwester an alle anderen Karmelklöster aussendet. Was immer Mutter Agnes dazu bewogen haben mag: Fest steht, dass sie im Krankenzimmer eine Information von unvergleichlichem Wert gesammelt hat, eine wahre Fundgrube, aus der die erste Ausgabe der *Geschichte einer Seele* (1898 in Frankreich, 1900 in Deutschland) und die Aussagen bei den beiden Kanonisationsprozessen (1910 und 1915) gezehrt und die als Grundlage für die *Novissima Verba*[3] (»Die letzten Worte der Therese Martin«) gedient haben.

Schwester Genoveva (Céline Martin), die als Krankenpflegerin Gelegenheit hatte, täglich mit Therese zusammen zu sein, hat ihrerseits einige Äußerungen ihrer Schwester aufgeschrieben. Die »liebe Patin«, Schwester Maria vom Heiligen Herzen, hat ihr kleines Patenkind nicht so oft besucht, aber auch ihr haben wir einige Erinnerungen zu verdanken. Thereses Cousine, Schwester Maria von der Eucharistie, hat uns in den »Krankheitsberichten«, die sie an ihre Eltern schrieb und die ihr als Tochter eines Apothekers alle Ehre machen, viele sehr wertvolle Äußerungen der Kranken überliefert.[4] Aufgrund all dieser Dokumente sind wir in der Lage, den Verlauf der Krankheit fast Tag für Tag zu verfolgen.

Nur wenn wir diesen medizinischen Sachverhalt kennen, können wir den Wert der Worte, der Haltung und der Gesten Schwester Thereses voll ermessen. Gewiss, man wusste,

---

[3] Siehe die Erläuterungen zur vorliegenden Ausgabe S. 342.

[4] Für die wichtigsten Auszüge aus diesen Berichten siehe S. 297 f.

dass sie viel gelitten hatte, aber ihre Leiden waren gleichsam in einen sanften Glorienschein gehüllt, der das Épinal-Bild (wenn die Franzosen von einer Idealvorstellung reden, sprechen sie von einem Épinal-Bild, Anm. d. V.) zu rechtfertigen scheint: Eine »junge Tuberkulosekranke« stirbt lächelnd, während sie über einem Kruzifix Rosen entblättert. Die Wirklichkeit war ganz anders. Schwester Therese vom Kinde Jesus hat einen richtigen Kreuzweg durchlitten.

Wir haben nun versucht, diese »Leidenszeit« Schritt für Schritt zu verfolgen.[5] Der Leser sei besonders auf die Einleitungen zu den einzelnen Monaten verwiesen und auf die Chronologie der wichtigsten Stationen dieses Kreuzwegs. Seit dem 9. Juni weiß Therese, dass sie sterben wird. In den ersten Tagen des Monats Juli ist sie zwar noch nicht bettlägerig, aber am Ende ihrer Kräfte. Am 6. Juli beginnt die Periode des Bluthustens, die bis zum 5. August dauern wird. Am Abend des 8. Juli bringt man sie in das Krankenzimmer. In diesem kleinen im Erdgeschoss liegenden Zimmer wird sie die ihr noch verbleibenden drei Monate zubringen. Von ihrem eisernen Bett mit seinen hohen braunen Vorhängen, an die sie ihre Lieblingsbilder anstecken ließ, kann sie die Statue der Jungfrau des Lächelns sehen, die man mit ihr in diesen Raum gebracht hat. Der 56-jährige Hausarzt des Karmels, Dr. de Cornière, stattet ihr regelmäßig seine Visiten ab. Die wechselnden Phasen der Krankheit verunsichern ihn. In diesem so jungen Körper flackert das Leben immer wieder mit erstaunlicher Kraft auf.

Am 27. Juli setzen die großen Leiden ein, die am Vormittag des 30. einen Höhepunkt erreichen. Am Abend erteilt

---

[5] Vgl. die Einleitung und das medizinische Tagebuch der kritischen Ausgabe sowie unseren auf sämtlichen Dokumenten basierenden Versuch einer Synthese: *La Passion de Thérèse de Lisieux*, Cerf-Desclée De Brouwer, 1972.

Kanonikus Maupas der Kranken die Letzte Ölung[6]. Über Phasen von »Schmerzen zum Schreien«, die mit Phasen scheinbarer Besserung abwechseln, verschlimmert sich die Krankheit fortschreitend bis zum Todeskampf und Tod am 30. September.

Das Testament eines Lebens

Im Juni 1897 hat Therese mit ihrer feinen Schrift ein kleines Heft vollgeschrieben. Es ist das Manuskript C der *Geschichte einer Seele*, ihr schriftliches – unvollendetes – Testament, das mit ihrem gelebten Testament, den *Letzten Gesprächen*, vollkommen übereinstimmt. Man muss die beiden zusammen lesen. In dieser Übereinstimmung liegt der Beweis für die Glaubwürdigkeit des Lebens der Karmelitin, die gesagt hat: *Ich kann mich nur von der Wahrheit nähren.*

Liest man die *Letzten Gespräche* in einem Zug, so gewinnt man den Eindruck, dass man den langen Kreuzweg der Krankheit der heiligen Therese mit ihr zusammen durchlebt, so erstaunlich nah und lebendig tritt sie aus dem Buch hervor. Erbringt das nicht den letzten Beweis für die Glaubwürdigkeit der Notizen von Mutter Agnes?[7] Ist es nicht überraschend, dass kurze, scheinbar nicht miteinander verbundene Worte das Geheimnis einer Person offenbaren können, deren unerklärlicher Liebreiz in jeder Seite aufleuchtet? Aus diesem gewöhnlichen und monotonen Text, der hin und wieder durch eine gewisse fromme Sentimentalität oder gekünstelte Ausdrucksweise irritieren mag, entsteht nach und nach ein

6 Der damaligen Auffassung entsprechend verwenden wir den Ausdruck »Letzte Ölung« anstelle des heute gebräuchlichen Ausdrucks »Krankensalbung« (Anm. d. Ü.).

7 Über das Problem des historischen Wertes der Notizen von Mutter Agnes vergl. S. 341.

lebendiges Porträt der Therese von Lisieux, die von sich selbst gesagt hat: *Was für Gegensätze finden sich doch in meinem Charakter vereinigt!*

Die Liebe zum Kleinen und der Sinn für das Große, die kindliche Unbefangenheit und die Erfahrung einer reifen Frau, die Liebe zur Natur und die Sehnsucht nach dem Himmel, ein »engelhaftes« Wesen und der im normannischen Erbe wurzelnde sichere Sinn für die Wirklichkeit, kühne Hoffnung, gepaart mit sehr menschlichen Ängsten, Heroismus im Alltag – all diese Gegensätze verbinden sich in Therese. Angesichts des Todes entfalten sich die Grundzüge ihres Wesens in einer von Gnade durchdrungenen Unmittelbarkeit.

Da »aus den Tiefen jedes Todeskampfes als Erstes die süße Kindheit aufsteigt« (Bernanos), scheint sich Therese tatsächlich ihres kurzen Lebens voll bewusst zu werden. Deshalb vermittelt die in den *Letzten Gesprächen* geschilderte fortschreitende Zerstörung eines 24-jährigen Körpers gleichzeitig die Entfaltung einer Persönlichkeit, ähnlich wie die letzte Ekstase der im Todeskampf liegenden Therese die strahlenden und friedlichen Züge der Kindheit wiedergibt.

Obwohl die Kranke von den verschiedensten Leiden gequält ist, legt sie fast ununterbrochen durch Scherze, Wortspiele und schalkhafte Gesten eine Fröhlichkeit und einen Humor an den Tag, der wahrhaft verblüfft. Immer wieder gelingt es ihr, ihre Umgebung, die ihren bevorstehenden Tod beweint, durch Worte und Gesten zum Lachen zu bringen und abzulenken. Die ihre Persönlichkeit seit jeher kennzeichnenden Grundzüge ihrer »glücklichen Veranlagung« kommen mit dieser Liebe zur Natur (Blumen, Früchte, Himmel, Sterne, Tiere …) in aller Freiheit wieder zum Durchbruch.

Nun, da Therese durch jahrelange Treue zur Liebe, die sich bis zu ihr herabgelassen hat, geläutert und frei geworden ist, kann sie alle Gaben ihrer erlesenen Natur sich entfalten lassen. Auf diesem Wesensgrund des befreiten Seins, der sich in Freude und staunender Kontemplation der Schöpfung Bahn bricht, tritt vor allem eine Liebe in Erscheinung, die mit solcher Intensität gelebt wird, dass sie alle Lebewesen und alle Menschen umschließt. Und das beweist, dass es sich bei den Gedanken über die Nächstenliebe, die sie im Juni niedergeschrieben hat, nicht bloß um fromme Literatur handelt. Therese wird wirklich »allen alles«. Eine unnachahmliche Unbefangenheit lässt sie immer wieder neue Weisen finden, um ihre Zuneigung zum Ausdruck zu bringen, Gesten und Worte voller Liebreiz für jede ihrer Schwestern und Novizinnen, für ihre Ärzte und geistlichen Brüder. Ihrem »Mütterchen« gegenüber, das so sehr nach Trost verlangt, legt sie eine feine Zärtlichkeit an den Tag, in der sich Einfühlung und Festigkeit paaren. Denn obgleich sie sich ganz bewusst umsorgen lässt wie ein *bébé* (»kleines Kind«), verfällt sie nie in den süßlichen Ton, den ihre Mitschwestern in der Gefahr sind zu gebrauchen. Ist sie also ein *bébé*? Mit großem Ernst antwortet sie: *Ja …, aber ein bébé, das schon lange darüber nachdenkt! Ein bébé, das ein Greis ist.*

Ihr Herz ist übrigens viel zu weit, um sich auf den so engen Kreis ihrer Familie und ihrer Mitschwestern zu beschränken. Es ist weit genug, um die ganze Welt einzuschließen. Als »Tochter der Kirche« opfert Therese all ihre Leiden für die »Seelen« auf, insbesondere für die Sünder und die Atheisten, mit denen sie weiterhin »am Tisch der Bitternis sitzt« und »das Brot der Schmerzen teilt«.

Als Schwester aller Menschen liegt ihr die Verkündigung des Evangeliums auf der ganzen Welt unaufhörlich im Sinn. Auf geheimnisvolle Weise ahnt sie, dass ihre posthume Sendung diese weltumspannende Dimension haben wird, dass für sie der Himmel nicht ein Hafen der Ruhe sein wird, sondern im Gegenteil der Ort eines intensiven, weder in Raum noch in Zeit begrenzten Heilswirkens. Diese Überzeugung äußert sich wiederholt in Versprechen wie: *Ich werde wiederkommen. – Ich werde herunterkommen. – Ich werde meinen Himmel auf der Erde verbringen bis zum Ende der Welt.*

Mit einem Wort, die *Letzten Gespräche* zeigen uns Therese angesichts des Todes. Zu der Zeit, als sie das letzte Manuskript abgefasst hatte, war noch nichts geschehen. In einer Betrachtung über Christus in Gethsemani schrieb Péguy: »Wenn aber der Tod nicht mehr bloß Literatur ist, sondern wirklicher Tod, wenn es sich darum handelt umzukommen, dann versteht der Leib sehr wohl, dass es jetzt nicht mehr um Großtun geht. Eure Heiligen, wie sollten eure Heiligen den Schlag nicht verspürt haben? Hatten sie keinen Leib? Hat doch sogar Gott den Schlag gespürt. Wie sollten sie ihn nicht gespürt haben, wenn Jesus, der Erste der Heiligen, der Erste eurer Heiligen, ihn gespürt hat? Der Heilige auf seinem Totenbett; die Heilige auf dem Scheiterhaufen, auf ihrem Todesscheiterhaufen; Christus am Ölberg.«

Ja, Therese »musste« wie ihre Schwester Jeanne d'Arc die letzte Prüfung in Gemeinschaft mit Christus, ihrem Vielgeliebten, dessen Schicksal sie teilen wollte, auf sich nehmen. *Unser Herr ist in Todesängsten am Kreuz gestorben, und doch war es der schönste Liebestod – der einzige, den man gesehen hat: den Tod der allerseligsten Jungfrau hat niemand gesehen. Aus Liebe zu sterben bedeutet nicht, in Verzückung zu sterben. Offen gestanden glaube ich, dass es dies ist, was ich erlebe.*

In ihrer objektiven Nüchternheit zeigen die Aufzeichnungen der Zeuginnen, dass Thereses »kleiner Weg« sie siegreich über das letzte Hindernis hinweggeführt hat, und zwar nicht etwa in stoischer Haltung, sondern durch Hingabe, durch Vertrauen, durch Liebe zu Jesus, dem leidenden Knecht.

Vergessen wir nicht, dass die intensiven körperlichen und seelischen Leiden (Furcht, der Kommunität zur Last zu fallen, Verdemütigungen, die ihr aus ihrer Schwäche erwuchsen, seit dem 19. August die Unmöglichkeit, die Kommunion zu empfangen, verschiedene Versuchungen, sogar die Versuchung zum Selbstmord ...) vor dem Hintergrund jener Glaubensprüfung durchlebt wurden, die *man unmöglich begreifen kann. Die Mächte der Finsternis scheinen mich zu verhöhnen, indem sie die Stimme der Sünder annehmen und mir zurufen: »Du träumst von Licht, von einer von süßesten Wohlgerüchen durchwehten Heimat; du träumst vom ewigen Besitz des Schöpfers all dieser Herrlichkeiten; du wähnst eines Tages den Nebeln, die dich umfangen, zu entrinnen! Nur zu, nur zu! Freu dich auf den Tod, der dir nicht geben wird, was du erhoffst, sondern eine noch tiefere Nacht, die Nacht des Nichts.«*[8]

Therese musste zwar nicht das Los des anonymen Kranken kennenlernen, der in einem modernen Krankenhaus im Todeskampf liegt, aber trotz aller Liebe, die sie im Krankenzimmer umgab, ist ihr doch die Einsamkeit des Menschen angesichts des Todes nicht erspart geblieben. Nachdem sie den Tod ersehnt und mit einer Freude begrüßt hatte, die zweifellos als ungewöhnlich bezeichnet werden muss, wenn man bedenkt, wie nahe er bevorstand, ist sie durch wechselnde Phasen von Angst und friedlicher Erwartung hindurchgegangen. Sie liefert sich aus, sie wird an dem Tag und zu der Stunde sterben, die Gott bestimmt. Herzzerreißende Fragen: *Wie werde ich sterben müssen? Nie werde ich zu sterben verstehen! ...*, wechseln ab mit scherzhaften Bemerkungen über die Vorbereitungen zur Beerdigung, die ihr nicht entgehen.

Noch muss der Todeskampf bestanden werden. Er war furchtbar, wie jene bezeugen, die dabei waren. Verzweiflungsschreie begleiten ihn. *Wenn das der Todeskampf ist, was wird dann* der *Tod sein?* Aber in der Tiefe des Willens bleibt das Vertrauen: *Gern will ich noch mehr leiden ... Weiter! Weiter! ... Oh! Ich möchte nicht weniger lange leiden ...*

---

[8] Vgl. Manuskript C, in: *Selbstbiografische Schriften*, S. 221.

Das letzte Wort wird das Leben Thereses zusammenfassen und mit der Aureole jenes plötzlichen Friedens umgeben, der im letzten Augenblick diesem so heiß ersehnten, der Passion Christi gleichgestalteten Liebestod den Stempel der Echtheit aufdrückt: *Mein Gott – ich liebe dich!*

Guy Gaucher

Das »Gelbe Heft« von Mutter Agnes

Aus Gesprächen mit unserer heiligen kleinen Therese in ihren letzten Monaten

Sr. Agnes von Jesus
c. d. i.

April

Die acht von April 1897 datierenden Äußerungen geben vor allem Zeugnis von der Erfahrung, die Therese bei der Ausbildung der Novizinnen erworben hatte. Sie weisen eine gewisse Verwandtschaft mit den in der *Geschichte einer Seele* veröffentlichten »Ratschlägen und Erinnerungen« auf.

In den wenigen Briefen der Familie ist von der wiederholten Anwendung von Zugpflastern die Rede, die jedoch den Husten nicht einzudämmen vermochten. Gegen Ende des Monats wird Bluthusten am Vormittag erwähnt. Das Allgemeinbefinden wird als sehr unbefriedigend bezeichnet.

6. April 1897

1
Wozu sich verteidigen und Erklärungen abgeben, wenn man uns nicht versteht und ungünstig beurteilt? Lassen wir es dabei bewenden, sagen wir nichts; es ist so wohltuend, nichts zu sagen, wie auch immer man über uns urteilen mag! Im Evangelium steht nicht, dass die heilige Magdalena Erklärungen abgegeben habe, als ihre Schwester ihr vorwarf, sie sitze untätig zu Füßen Jesu.[1] Sie hat nicht gesagt: »Oh Martha, wenn du wüsstest, welche Seligkeit die Worte Jesu erzeugen; wenn du die Worte hören könntest, die ich höre! Und übrigens hat Jesus selbst mir gesagt, dass ich hierbleiben soll.« Nein, sie hat lieber geschwiegen. Oh seliges Schweigen, das der Seele solchen Frieden schenkt!

2
»Möge das Schwert des Geistes, welches das Wort Gottes ist, immer auf unseren Lippen und in unserem Herzen sein.«[2] Wenn wir es mit einer unangenehmen Person zu tun haben, lassen wir uns nicht abschrecken, ziehen wir uns nie zurück. Führen wir stets das »Schwert des Geistes im Mund« und halten wir ihr ihr Unrecht vor; lassen wir nicht um unserer Ruhe willen die Dinge laufen, kämpfen wir auf jeden Fall, auch wenn wir keine Hoffnung haben, die Schlacht zu gewinnen. Auf den Erfolg kommt es nicht an. Der liebe Gott verlangt von uns nur, dass wir die Mühe des Kampfes nicht scheuen, dass wir uns nicht entmutigen lassen und sagen: »Umso schlimmer! Es kommt nichts dabei heraus, man muss sie lassen.« Oh, das ist Feigheit! Man muss seine Pflicht bis zum Letzten tun.

3*

Oh, wie wichtig ist es, auf Erden nie über etwas zu urteilen. Vor einigen Monaten ist mir in der Rekreation Folgendes passiert[3] – ein Nichts, aber ich habe viel daraus gelernt:

Es ertönten zwei Glockenschläge: Weil aber die Dispensatorin[4] nicht da war, brauchte man eine Dritte[5] als Begleiterin für Sr. Therese vom heiligen Augustinus. Für gewöhnlich geht man nicht gern als Dritte. Diesmal aber hätte ich es gern getan, weil es sich darum handelte, die Tür zu öffnen, um die Zweige für die Krippe hereinzunehmen.

Neben mir saß Sr. Maria vom heiligen Joseph und ich erriet, dass sie meinen kindlichen Wunsch teilte. »Wer wird als Dritte mit mir kommen?«, fragte Sr. Therese vom heiligen Augustinus. – Sogleich begann ich, die Schürze abzulegen, aber ich tat es langsam, um Sr. Maria vom heiligen Joseph die Chance zu geben, vor mir fertig zu werden und den Gang zu übernehmen, was dann auch geschah. Da schaute mich Sr. Therese vom heiligen Augustinus lachend an und sagte: »Nun ja, diese Perle wird Sr. Maria vom heiligen Joseph in ihrer Krone haben. Sie waren zu langsam.« Ich antwortete nur mit einem Lächeln und nahm meine Arbeit wieder auf. Dabei sagte ich zu mir selbst: »Oh mein Gott, wie sind doch deine Urteile verschieden von jenen der Menschen! So täuschen wir uns hier auf Erden oft und halten bei unseren Schwestern etwas als Unvollkommenheit, was in deinen Augen ein Verdienst ist!«

7. April

Ich fragte sie, auf welche Weise ich wohl sterben würde, und ließ mir dabei meine Ängste anmerken. Mit einem Lächeln voller Zärtlichkeit erwiderte sie:

Der liebe Gott wird Sie ansaugen wie einen kleinen Tautropfen …[6]

18. April

1
Soeben hatte sie mir erzählt, wie Mitschwestern sie bei verschiedenen Gelegenheiten auf sehr empfindliche Weise gedemütigt hatten.

So gibt mir der liebe Gott alles, was ich brauche, um ganz klein zu bleiben, und das ist notwendig. Ich bin immer zufrieden; selbst mitten im Sturm kann ich es mir so einrichten, dass ich meinen inneren Frieden vollkommen bewahre. Wenn man mir vom Ärger mit Schwestern erzählt, trachte ich, mich nicht meinerseits gegen die eine oder die andere aufbringen zu lassen. So muss ich zum Beispiel aus dem Fenster schauen, während ich zuhöre, um mich innerlich über den Anblick des Himmels, der Bäume … freuen zu können. Verstehen Sie? Vorhin während meines inneren Kampfes wegen Sr. X schaute ich mit Freude zu, wie die schönen Elstern sich auf der Wiese niederließen, und dabei war ich in Frieden wie beim innerlichen Gebet … Dabei habe ich sehr wohl gekämpft mit … ich bin richtig müde! Aber ich fürchte den Kampf nicht. Der liebe Gott will, dass ich kämpfe bis zum Tod. Oh Mütterchen, beten Sie für mich!

2
… Wenn ich für Sie bete, sage ich nicht etwa das Vaterunser und das Ave-Maria auf, sondern ich sage ganz einfach von ganzem Herzen: »Oh mein Gott, überschütte mein Mütterchen mit allem erdenklichen Guten, liebe sie noch mehr, wenn du kannst.«

3
Ich war noch sehr klein, als Tante mir eine Geschichte zu lesen gab, über die ich mich sehr wunderte. Ich las dort nämlich, dass man in einem Pensionat eine Lehrerin lobte, weil sie es so gut verstand, sich aus der Affäre zu ziehen, ohne

jemanden zu verletzen. Besonders fiel mir der Satz auf: »Sie sagte zu dieser: Sie haben nicht unrecht, und zu jener: Sie haben recht.« Da dachte ich bei mir: Das ist wirklich gar nicht gut! Diese Lehrerin hätte nichts fürchten und es ihren kleinen Mädchen sagen sollen, wenn sie wirklich nicht recht hatten.

Und auch jetzt bin ich immer noch derselben Ansicht. Ich gebe zu, dass mir das viel Ungemach einbringt. Es ist ja immer so leicht, die Schuld auf die Abwesenden zu schieben. Das beruhigt sogleich diejenigen, die sich beklagen. Ja, aber ... ich mache genau das Gegenteil. Liebt man mich dann deshalb nicht, so nehme ich das in Kauf. Ich sage immer die volle Wahrheit. Wenn man sie nicht hören will, soll man nicht zu mir kommen.

4

Die Güte darf nicht in Schwäche ausarten. Wenn man mit gutem Grund getadelt hat, muss man dabei bleiben. Man darf sich nicht rühren lassen und sich quälen, wenn man sieht, wie eine Schwester leidet und weint, weil man ihr wehgetan hat. Läuft man ihr nach und tröstet man sie, so schadet man ihr mehr, als man ihr nützt. Überlässt man sie dagegen sich selbst, so zwingt man sie, ihre Zuflucht zum lieben Gott zu nehmen, und da muss sie ihre Fehler einsehen und sich verdemütigen. Sonst wird sie sich in solchen Fällen immer wie ein verwöhntes Kind benehmen, das mit den Füßen stampft und schreit, bis seine Mutter kommt, um seine Tränen zu trocknen, weil man sie daran gewöhnt hat, nach einem verdienten Tadel getröstet zu werden.

Mai

Die Briefe vom Mai 1897 sagen nichts über Thereses Gesundheitszustand aus. Aus den spärlichen Hinweisen im *Gelben Heft* erfahren wir, dass der Husten andauert bis zur Erschöpfung – vor allem in der Nacht. Zu den Zugpflastern kommen Behandlungen mit glühenden Stiften. Die Widerstandskraft der Kranken lässt nach. Seit Mitte Mai muss Therese mehr und mehr auf die Teilnahme am Gemeinschaftsleben verzichten.

Aber noch ist nicht alle Hoffnung auf Genesung geschwunden. In dieser Ungewissheit erreicht die Hingabe der Heiligen ihr volles Maß. Sie wird in diesem Monat zu einem der beherrschenden Züge.

Therese schreibt im Mai acht Briefe beziehungsweise Zettel und vier Gedichte, darunter ihr marianisches Testament: »Warum ich dich liebe, o Maria«.

1. Mai

1
Nicht »der Tod« wird kommen, mich zu holen, sondern der liebe Gott. Der Tod ist kein Gespenst, kein grausiger Knochenmann, wie er auf Bildern dargestellt wird. Im Katechismus steht: »Der Tod ist die Trennung von Seele und Leib.« Das ist alles!

2
Heute war mein Herz von himmlischem Frieden erfüllt. Als mir gestern Abend einfiel, dass nun der schöne Monat der heiligen Jungfrau anfängt, habe ich innig zu ihr gefleht.

Sie waren gestern Abend nicht bei der Rekreation. Unsere Mutter hat uns gesagt, dass einer der Missionare[1], die sich zusammen mit Pater Roulland[2] eingeschifft hatten, noch vor seiner Ankunft in seiner Missionsstation gestorben ist. Dieser junge Missionar hatte auf dem Schiff die Kommunion empfangen mit den Hostien, die der Karmel Pater Roulland mitgegeben hatte … Und jetzt ist er tot … ohne irgendein Apostolat ausgeübt zu haben, ohne irgendeine Anstrengung auf sich genommen zu haben, zum Beispiel Chinesisch zu lernen. Der liebe Gott hat ihm die Palme des Verlangens verliehen. Da sehen Sie, dass er niemanden braucht.

Damals wusste ich nicht, dass Mutter Maria von Gonzaga Pater Roulland ihr als zweiten geistlichen Bruder übergegeben hatte. Die Worte, die ich hier wiedergegeben habe, hatte Pater Roulland ihr selbst geschrieben. Aber da unsere Mutter ihr verboten hatte, mich ins Vertrauen zu ziehen, sagte sie mir nur das, was sie in der Rekreation gehört hatte.

Es bedeutete für sie ein großes Opfer, fast zwei Jahre lang über ihre Beziehung zu diesem Missionar Stillschweigen zu bewahren …

Unsere Mutter hatte sie gebeten, für ihn ein Bild auf Pergament zu malen. Sie hätte sich den Umstand, dass ich ihr als Erste das

Malen beigebracht hatte, zunutze machen können, mich um Rat zu fragen und dadurch alles erraten zu lassen. Aber im Gegenteil, sie verbarg sich vor mir, so gut sie konnte. Wie ich später erfuhr, hatte sie das Werkzeug zum Polieren des Goldes, das ich auf unserem Tisch aufbewahrte, heimlich geholt und während meiner Abwesenheit zurückgebracht.

Erst drei Monate vor ihrem Tod erlaubte ihr unsere Mutter, über diese Sache und überhaupt über alles offen mit mir zu sprechen.

7. Mai

1
Heute ist Rekreationstag[3], und während ich mich ankleidete, habe ich »Meine Freude«[4] gesungen.

2
Unsere Familie wird nicht lange auf Erden bleiben … Wenn ich im Himmel bin, werde ich euch sehr bald rufen … Oh wie glücklich werden wir sein! Wir sind alle mit Kronen geboren …

3
Ich huste! Ich huste! Es klingt, als ob eine Lokomotive in den Bahnhof einfahren würde. Auch ich komme auf einem Bahnhof an, auf dem Bahnhof des Himmels, und ich rufe ihn aus!

9. Mai

1
Ohne uns zu rühmen, dürfen wir wohl sagen, dass uns ganz besondere Gnaden und Erleuchtungen zuteilgeworden sind. Wir sind in der Wahrheit; wir sehen die Dinge in ihrem wahren Licht.

2
Sie sprach über die Gefühle, gegen die man manchmal nicht aufkommt, wenn man einen Dienst erweist und keinerlei Dank dafür erntet.

Auch ich kenne dieses Gefühl, von dem Sie sprechen, glauben Sie mir. Aber es kränkt mich nicht, weil ich auf Erden keinerlei Belohnung erwarte. Ich tue alles für den lieben Gott; so kann ich nichts verlieren und bin immer reichlich belohnt für alle Mühe, die ich im Dienst für den Nächsten auf mich nehme.

3
Würde der liebe Gott meine guten Werke nicht sehen – was unmöglich ist –, so würde mich das ganz und gar nicht betrüben. Ich liebe ihn so sehr, dass ich ihm Freude machen möchte, auch wenn er nicht weiß, dass ich es bin. Weiß er es und sieht er es, so ist er gleichsam verpflichtet, »es mir zu vergelten«, und diese Mühe möchte ich ihm nicht machen …

15. Mai

1
Ich freue mich sehr darüber, dass ich bald in den Himmel komme. Aber wenn ich an das Wort des lieben Gottes denke: »Siehe, ich komme bald und mit mir bringe ich den Lohn, um einem jeden nach seinen Werken zu vergelten«[5], dann sage ich mir, dass er bei mir in großer Verlegenheit sein wird. Ich habe keine Werke! Er wird mir also nicht »nach meinen Werken« vergelten können … Was weiter! Er wird mir eben »nach seinen eigenen Werken vergelten …«

2

Meine Vorstellung vom Himmel ist so erhaben, dass ich mich manchmal frage, wie es der liebe Gott wohl anstellen wird, um mich bei meinem Tod zu überraschen. Meine Hoffnung ist so groß und erfüllt mich mit solcher Freude – nicht im Gefühl, wohl aber im Glauben –, dass etwas alle Gedanken Übersteigendes notwendig sein wird, um mich ganz zufriedenzustellen. Lieber als enttäuscht werden, möchte ich ewig bei meiner Hoffnung bleiben.

Ja, ich denke sogar schon daran, mich überrascht zu zeigen, auch wenn ich es in Wirklichkeit nicht sein sollte, um dem lieben Gott eine Freude zu machen. Auf keinen Fall werde ich mir meine Enttäuschung anmerken lassen. Ich werde mich schon so zu benehmen wissen, dass er sie nicht bemerkt. Übrigens werde ich es immer so einrichten, dass ich glücklich bin. Dafür habe ich meine kleinen Kunstgriffe, die Sie kennen. Sie sind unfehlbar … Außerdem genügt es für mich vollkommen, den lieben Gott glücklich zu sehen, um selbst glücklich zu sein.

3

Ich hatte mit ihr über gewisse Andachts- und Tugendübungen gesprochen, die von den Heiligen empfohlen werden, mich aber entmutigen.

Für mich finde ich nichts mehr in den Büchern außer im Evangelium. Dieses Buch genügt mir. Mit Entzücken höre ich auf jenes Wort Jesu, das mir alles sagt, was ich zu tun habe: »Lernt von mir, denn ich bin sanftmütig und demütig von Herzen.«[6] Dann finde ich den Frieden nach seiner beseligenden Verheißung: »… Und ihr werdet Frieden finden für eure Seelen.«

Während sie den letzten Satz aussprach, nahmen ihre Augen einen himmlischen Ausdruck an. Sie hatte in das Wort des Herrn das Wort »kleinen« eingefügt und dadurch seinen Charme noch erhöht:

»… und ihr werdet Frieden finden für eure kleinen Seelen …«

4

Man hatte ihr einen neuen Habit gegeben (den, der aufbewahrt ist). Zu Weihnachten 1896 hatte sie ihn zum ersten Mal angezogen. Dieser Habit – es war der zweite seit ihrer Einkleidung – passte ihr sehr schlecht. Ich frage sie, ob ihr das unangenehm sei:

Nicht im Geringsten! Das stört mich genauso wenig, wie wenn er von einem Chinesen 2000 Meilen entfernt von uns wäre.

5

Ich werfe die guten Körner, die mir der liebe Gott in meine kleine Hand gibt, rechts und links meinen Vöglein[7] zu. Dann mag es gehen, wie es will. Ich kümmere mich nicht mehr darum. Manchmal ist es, als hätte ich nichts ausgestreut; andere Male bringt es Nutzen. Aber der liebe Gott sagt zu mir: »Gib, gib immerzu, ohne dich um das Ergebnis zu kümmern.«

6

Gern möchte ich nach Hanoi[8] gehen, um für den lieben Gott viel zu leiden. Ich möchte dorthin gehen, um ganz allein zu sein, um auf Erden keinerlei Trost zu haben. Aber der Gedanke, ich könnte dort nützlich sein, kommt mir nicht einmal in den Sinn. Ich weiß sehr wohl, dass ich gar nichts vollbringen könnte.

7

Letzten Endes ist es mir gleichgültig, ob ich lebe oder sterbe. Ich sehe nicht recht, was ich nach dem Tod noch über das hinaus bekommen sollte, was ich schon in diesem Leben habe. Ich werde den lieben Gott sehen, das ist wahr! Aber mit ihm vereinigt bin ich schon vollkommen auf dieser Erde!

18. Mai

1
Man hat mich aller Ämter enthoben; da habe ich mir gedacht, mein Tod wird für die Gemeinschaft keinerlei Störung bedeuten.

»Schmerzt es Sie, dass die Schwestern in Ihnen ein unnützes Mitglied sehen werden?«

Oh, das ist meine geringste Sorge, das ist mir wirklich gleichgültig!

2
Als ich sie so krank sah, tat ich alles, was ich konnte, um für sie bei der ehrwürdigen Mutter Dispens von den Totenoffizien[9] zu erlangen.

Oh bitte, hindern Sie mich nicht, meine »kleinen« Totenoffizien zu beten. Das ist alles, was ich für die Schwestern im Fegefeuer tun kann, und es strengt mich wirklich nicht an. Manchmal habe ich am Ende eines Stillschweigens[10] einen kleinen Augenblick; es ist eher eine Entspannung für mich.

3
Ich brauche immer eine Arbeit, dann mache ich mir keine Sorgen und verschwende nie meine Zeit.

4
Ich hatte den lieben Gott gebeten, er möge mich bis zu meinem Tod am Leben der Gemeinschaft teilnehmen lassen, aber

er will es nicht! Ich bin überzeugt, ich könnte sehr gut zu allen Gebetszeiten gehen. Ich würde deswegen nicht eine Minute früher sterben. Manchmal scheint mir, wenn ich nichts gesagt hätte, würde man mich nicht für krank halten.

19. Mai

»Warum sind Sie heute so fröhlich?«

Weil ich heute früh zwei »kleine« schmerzliche Erlebnisse hatte. Wirklich sehr schmerzlich ... Nichts ist besser geeignet, mir »kleine« Freuden zu verschaffen, als solch »kleine« Leiden ...

20. Mai

1
Man sagt mir, ich werde mich vor dem Tod fürchten. Das kann wohl sein. Niemand hier misstraut seinen Gefühlen mehr als ich. Ich stütze mich nie auf meine eigenen Gedanken; ich weiß, wie schwach ich bin; aber ich will das Gefühl auskosten, das der liebe Gott mir jetzt gibt. Es wird noch genug Zeit sein, am Gegenteil zu leiden.

2
Ich zeigte ihr eine Fotografie von ihr:

Ja, aber ... das ist der Umschlag; wann wird man den Brief sehen? Oh wie gern möchte ich den Brief lesen! ...

Vom 21. bis zum 26. Mai

1

Mir gefällt Théophane Vénard[11] noch besser als der heilige Aloisius von Gonzaga, weil sein Leben ganz gewöhnlich war, das des Heiligen dagegen außergewöhnlich. Außerdem ist er selbst es, der spricht, während beim Heiligen ein anderer erzählt und ihn sprechen lässt; deshalb weiß man von seiner »kleinen« Seele fast nichts.

Théophane Vénard liebte seine Familie sehr und auch ich liebe meine »kleine« Familie sehr. Ich verstehe die Heiligen nicht, die ihre Familie nicht lieben … Wie sehr liebe ich meine jetzige Familie! Wie sehr, wie sehr liebe ich mein Mütterchen.

2

Ich werde bald sterben. Aber wann? Oh wann? … Es ist nicht so weit! Ich bin wie ein kleines Kind, dem man immer einen Kuchen verspricht. Man zeigt ihn ihm von fern, aber sobald es näher kommt, um ihn zu ergreifen, zieht sich die Hand zurück … Aber im Grunde bin ich bereit zu leben, zu sterben, gesund zu werden und nach Cochinchina[12] zu gehen, wenn der liebe Gott es will.

3

Nach meinem Tod soll man mich nicht mit Kränzen umgeben wie Mutter Genoveva.[13] Sagen Sie allen, die mir welche besorgen wollen, es wäre mir lieber, sie würden mit diesem Geld Negerkinder loskaufen. Darüber würde ich mich freuen.

4

Früher habe ich sehr darunter gelitten, dass ich teure Medikamente nehmen musste; jetzt aber macht mir das nichts mehr aus – im Gegenteil. Ich habe nämlich im Leben der heiligen Gertrud gelesen, dass sie es gern tat, weil sie sich sagte, es wird denen nützen, die uns Gutes tun. Dabei dachte sie an das Wort unseres Herrn: »Was ihr einem der geringsten meiner Brüder getan habt, das habt ihr mir getan.«[14]

5
Zwar bin ich überzeugt, dass die Medikamente mich nicht gesund machen werden, aber ich habe mich mit dem lieben Gott dahin verständigt, dass er sie den armen kranken Missionaren zugutekommen lässt, die weder Zeit noch Mittel haben, sich zu pflegen. Ich bitte ihn, er möge ihnen durch die Medikamente, die ich einnehme, und durch die Bettruhe, die ich genießen muss, an meiner statt die Genesung schenken.

6
Man hat mir so oft gesagt, ich sei tapfer, und das ist so wenig wahr, dass ich mir sagte: Schließlich kann man doch nicht alle Welt Lügen strafen! Und so habe ich mich mithilfe der Gnade daran gemacht, diese Tapferkeit zu erwerben. Ich habe es gemacht wie ein Krieger, den man zu seiner Kühnheit beglückwünscht, der aber sehr gut weiß, dass er ein Feigling ist; schließlich werden ihm diese Komplimente so peinlich, dass er sie wirklich verdienen will.

7
Wie viele Gnaden werde ich für Sie erbitten, wenn ich im Himmel bin! Oh, ich werde dem lieben Gott so lange in den Ohren liegen, bis ihn meine Zudringlichkeit zwingt, meine Wünsche zu erfüllen, wenn er mich zunächst auch eigentlich abweisen wollte. Diese Geschichte steht im Evangelium …[15]

8
... Wenn die Heiligen mir nicht so viel Zuneigung bezeugen wie meine Schwesterchen, so wird das sehr hart für mich sein ... Dann werde ich mich in einen kleinen Winkel stellen und weinen ...

9
Die Unschuldigen Kinder sind im Himmel nicht kleine Kinder, sie haben nur den unbeschreiblichen Liebreiz der Kindheit. Man stellt sie als »Kinder« dar, weil wir Bilder brauchen, um die geistlichen Dinge zu begreifen ... Ja, ich hoffe, mich zu ihnen zu gesellen! Wenn sie wollen, werde ich ihr kleiner Page sein. Ich werde ihre kleinen Schleppen tragen ...

10
Hätte ich nicht diese seelische Prüfung[16], die nicht zu begreifen ist – ich glaube, ich würde vor Freude sterben bei dem Gedanken, die Welt bald zu verlassen.

Zwischen dem 21. und 26. Mai
(An das genaue Datum erinnere ich mich nicht mehr.)

11*
Als ich mich heute Abend fragte, ob der liebe Gott wirklich mit mir zufrieden war, wurde ich ein wenig traurig. Ich dachte darüber nach, was jede einzelne Schwester über mich sagen würde, wenn sie gefragt würde. Die eine würde sagen: »Sie ist eine gute kleine Seele, sie kann eine Heilige werden.« – Eine andere würde sagen: »Sie ist wohl sanft und fromm, aber das ... und das ...« Andere würden wieder etwas anderes denken. Mehrere würden mich recht unvollkommen finden und sie hätten recht ... Was mein Mütterchen betrifft, so liebt sie mich sehr, das macht blind, und so kann

ich ihr nicht glauben. Ach, wer wird mir sagen, was der liebe Gott denkt? Mitten in diesen Überlegungen drang Ihr liebes Wort an mein Ohr. Sie sagten zu mir, Ihnen gefalle alles an mir, ich sei der besondere Liebling Gottes. Mich habe er nicht auf dem steilen Weg zur Vollkommenheit geführt wie die anderen, sondern er habe mich in einen Aufzug gestellt, damit ich schneller zu ihm hinaufkomme. Das hat mich schon berührt, aber der Gedanke, dass Ihre Liebe Sie sehen lässt, was nicht ist, ließ keine uneingeschränkte Freude in mir aufkommen. So nahm ich denn mein Evangelium und bat den lieben Gott, er möge mich trösten, er selbst möge mir antworten … und siehe da, ich schlug eine Stelle auf, die ich noch nie bemerkt hatte: »Der, den Gott gesandt hat, spricht die Worte Gottes, der ihm den Geist gibt ohne Maß.«[17] Oh, da vergoss ich Tränen der Freude und heute früh beim Erwachen war ich noch immer ganz in sanften Trost gehüllt. Denn Sie sind es, Mütterchen, die Gott mir gesandt hat, Sie haben mich erzogen, Sie haben mich bewogen, in den Karmel einzutreten; alle großen Gnaden meines Lebens sind mir durch Sie gekommen; und so sind Sie es auch, die die Worte Gottes spricht, und jetzt glaube ich, dass der liebe Gott sehr zufrieden mit mir ist, weil Sie es mir sagen.

26. Mai
– Vigil von Christi Himmelfahrt –

Heute Morgen während der Prozession[18] war ich in der Einsiedelei vom heiligen Joseph und schaute durch das Fenster aus der Ferne der Kommunität im Garten zu. Die Prozession der Schwestern in den weißen Mänteln bot ein vollendetes Bild. Unwillkürlich musste ich an den Zug der Jungfrauen im Himmel denken. Als sie dann von der Kastanienallee zurückkamen, sah ich sie alle halb verborgen vom hohen

Gras und den gelben Blüten der Wiese. Der Anblick wurde immer bezaubernder. Und siehe da, inmitten der Schwestern sehe ich eine der reizendsten, die zu mir herschaut, die sich lächelnd vorneigt und mir durch ein Zeichen zu verstehen gibt, dass sie mich erkannt hat. Es war mein Mütterchen! Sogleich fiel mir mein Traum ein, das Lächeln, die Liebkosungen der Mutter Anna von Jesus[19], und das gleiche Entzücken durchströmte mich. Ich sagte mir: So also kennen und lieben mich die Heiligen, so lächeln sie mir aus der Höhe zu und fordern mich auf, zu ihnen zu kommen.

Da kamen mir die Tränen ... Seit vielen Jahren habe ich nicht mehr so geweint. Ach, es waren süße Tränen!

27. Mai
– Christi Himmelfahrt –

1
Ich möchte schon gern einen »Nachruf«[20], denn ich habe mir immer gedacht, dass ich das Totenoffizium, das jede Karmelitin für mich beten wird, belohnen muss. Ich verstehe nicht recht, warum manche Schwestern keinen Nachruf wollen; es ist doch so schön, einander zu kennen, ein wenig zu wissen, mit wem man ewig zusammenleben wird.

2
Ich fürchte mich nicht vor den letzten Kämpfen und auch nicht vor den Schmerzen der Krankheit, mögen sie auch noch so groß sein. Der liebe Gott hat mir immer beigestanden; seit meiner frühesten Kindheit hat er mir geholfen und mich an der Hand geführt ... Ich zähle auf ihn. Ich bin sicher, er wird mir beistehen bis zum Schluss. Es mag wohl sein, dass ich einmal nicht mehr könnte, aber es wird mir nie zu viel werden, dessen bin ich sicher.

3
Ich weiß nicht, wann ich sterben werde, aber ich glaube, es wird bald sein; aus vielen Gründen erwarte ich das.

4
Ich möchte lieber sterben als leben; das heißt, wenn ich die Wahl hätte, so möchte ich lieber sterben; da aber der liebe Gott für mich wählt, so ziehe ich das vor, was er will. Was er tut, das liebe ich.

5
Man soll nicht glauben, es wird mich aus der Fassung bringen und meine kleinen Pläne stören, wenn ich gesund werde. Durchaus nicht! In den Augen des lieben Gottes zählt das Alter nicht, und ich werde es mir immer so einrichten, dass ich ein kleines Kind bleibe, auch wenn ich sehr lange leben sollte.

6
Ich sehe immer die gute Seite der Dinge. Es gibt Menschen, die nehmen immer alles so, dass es ihnen möglichst schwerfällt. Bei mir ist es das Gegenteil. Auch wenn es für mich nichts mehr gibt als reines Leiden, auch wenn der Himmel so schwarz ist, dass ich keinen Lichtstrahl sehe, nun, dann mache ich eben daraus … meinen Spitzenkragen[21], so wie aus den Prüfungen Papas[22]: Sie machen mich strahlender als eine Königin.

7
Ist Ihnen bei der Tischlesung im Refektorium die Stelle aus dem Brief an die Mutter des heiligen Aloisius von Gonzaga aufgefallen, wo es heißt, er hätte nicht mehr lernen und nicht heiliger werden können, wenn er auch das Alter Noahs erreicht hätte?

8

Im Gedanken an ihren Tod:

Ich bin wie jemand, der ein Lotterielos gezogen und deshalb mehr Chancen hat zu gewinnen als jemand, der kein Los gezogen hat. Aber sicher ist ihm ein Treffer noch nicht. Ich besitze ein Los, nämlich meine Krankheit, und so darf ich hoffen.

9

Ich erinnere mich an ein kleines dreijähriges Mädchen aus der Nachbarschaft in den Buissonnets. Als es hörte, wie andere Kinder nach ihm riefen, sagte es zu seiner Mutter: »Mama! Sie wollen, dass ich zu ihnen komme! Bitte, lass mich gehen! … Sie wollen, dass ich zu ihnen komme! …«

So kommt es mir heute vor, dass die Engelchen mich rufen, und ich sage zu ihnen wie das kleine Mädchen: »Lassen Sie mich doch gehen, sie wollen, dass ich komme!«

Zwar höre ich sie nicht, aber ich spüre sie.

10

Erinnern Sie sich noch, wie man eine Novene zu Théophane Vénard begann, um ein Zeichen vom lieben Gott zu bekommen, als meine Abreise nach Tonking für November[23] geplant war? Damals machte ich wieder all die gemeinschaftlichen Gebete mit, sogar die Matutin. Aber gerade während der Novene begann der Husten von Neuem und seither geht es mir von Tag zu Tag schlechter. Er ruft mich! Wie gern möchte ich doch ein Bild von ihm haben. Das ist eine Seele, die mir gefällt. Der heilige Aloisius von Gonzaga war ernst, sogar in der Rekreation. Théophane Vénard war immer fröhlich.

Wir lasen damals im Refektorium gerade über das Leben des heiligen Aloisius von Gonzaga.

29. Mai

Zum zweiten Mal glühende Nadeln. Am Abend war ich traurig und, um mich zu trösten, schlug ich in ihrer Gegenwart das Evangelium auf. Ich stieß auf die folgende Stelle, die ich ihr vorlas: »Er ist auferweckt worden, er ist nicht hier. Seht da die Stelle, wo sie ihn hingelegt hatten.«[24]

Ja, genau das ist es! Jetzt hat nicht mehr jeder Schmerz Gewalt über mich wie in meiner Kindheit: Ich bin gleichsam auferstanden, ich bin nicht an der Stelle, wo man mich wähnt … Oh, machen Sie sich um mich keinen Kummer, ich bin dahin gekommen, dass ich nicht mehr leiden kann, denn alles Leiden ist mir süß.

30. Mai

1
Man erlaubte ihr heute, mir anzuvertrauen, dass sie am Karfreitag 1896 Blut gehustet hatte. Da ich ihr meinen großen Schmerz darüber zeigte, dass man mich nicht sogleich benachrichtigt hatte, tröstete sie mich, so gut sie konnte, und schrieb mir am Abend folgenden Zettel:

»Grämen Sie sich nicht darüber, liebes Mütterchen, dass es so *aussieht*, als hätte *Ihr* Töchterchen Ihnen etwas verheimlicht. Sie wissen wohl, wenn sie auch ein kleines Eckchen des *Briefumschlags* vor Ihnen verborgen hat, so hat sie Ihnen doch nie auch nur eine einzige Zeile des *Briefes* verborgen. Und wer kennt wohl diesen kleinen Brief besser als Sie, die Sie ihn so sehr lieben? Den anderen kann man gern den Umschlag von allen Seiten zeigen, sie sehen ja nichts anderes. Aber Sie !!! … Oh Mütterchen, Sie wissen jetzt, dass es der Karfreitag war, an dem Jesus begann, den Umschlag *Ihres* kleinen Briefes ein klein wenig einzureißen; sind Sie nicht glücklich, dass er sich anschickt, diesen Brief zu lesen, an dem Sie seit 24 Jahren schreiben? Ah, wenn Sie wüssten, wie gut der Brief zu ihm die ganze Ewigkeit hindurch von Ihrer Liebe sprechen wird!«

2
»Vielleicht werden Sie sehr viel leiden müssen, bevor Sie sterben! ...«

Oh, grämen Sie sich nicht, ich wünsche es so sehr!

3
Ich weiß nicht, wie ich im Himmel ohne Sie auskommen werde!

Juni

In den ersten Junitagen tritt eine rasche Verschlechterung im Befinden der Kranken ein. Am 5. Juni, der Pfingstvigil, herrscht große Sorge im Kloster. Die Mutter Priorin beginnt zusammen mit der bestürzten Kommunität eine Novene zu Unserer Lieben Frau vom Sieg.

Um die ganz und gar unzureichende Nahrungsaufnahme zu ergänzen, verordnet der Arzt eine Milchdiät. Bis zum 15. Juni spricht Therese etwa zwanzig Mal von ihrem bevorstehenden Tod. Dann ist ihr Zustand wieder unverändert. So wird der Juni zum Monat schmerzlicher Erwartung.

Auf Betreiben von Mutter Agnes von Jesus erlaubt Mutter Maria von Gonzaga Therese, ihre *Selbstbiografie* fertig zu schreiben. Und so wendet die Kranke vom 4. Juni an den Rest ihrer Kräfte für die Abfassung von Manuskript C auf. Ihre Umgebung ahnt nicht, dass es sich bei dieser Niederschrift um ihr geistliches Testament handelt, das schon vom nächsten Jahr an die Welt erobern wird.

Am 7. Juni, Pfingstmontag, hat Schwester Genoveva für das Fest von Mutter Maria von Gonzaga und »im Hinblick auf meinen baldigen Tod« (Brief Thereses, B. 258) nacheinander drei verschiedene Aufnahmen von ihrer Schwester gemacht, drei unvergleichliche historische Dokumente (vgl. *Therese von Lisieux, wie sie wirklich war*, Nr. 41, 42, 43). Im Juni schreibt die Heilige 16 Briefe beziehungsweise Zettel.

4. Juni

1
Sie verabschiedete[(1)] sich von uns in der Zelle von Sr. Genoveva vom Heiligen Antlitz. Sr. Genoveva war in die Zelle gezogen, die neben dem Kapitelzimmer liegt und auf die Terrasse hinausgeht. Therese lag auf Sr. Genovevas Strohsack. Sie schien heute nicht mehr zu leiden und ihr Gesicht war wie verklärt. Wir wurden nicht müde, sie anzuschauen und ihre lieben Worte zu hören.

Ich habe die allerseligste Jungfrau darum gebeten, nicht mehr so schläfrig und benommen zu sein wie in all diesen Tagen. Ich fühlte wohl, dass ich euch Kummer machte. Heute Abend hat sie mich erhört.

Oh, Schwesterchen! Wie glücklich bin ich! Ich spüre, dass ich bald sterben werde. Jetzt bin ich ganz sicher. Wundert euch nicht, wenn ich euch nach meinem Tod nicht erscheine und wenn ihr nichts Außergewöhnliches wahrnehmt als Zeichen meiner Seligkeit. Wie ihr wisst, besteht mein »kleiner Weg« gerade darin, dass man nicht begehrt, etwas zu sehen. Ihr wisst sehr wohl, was ich dem lieben Gott, den Engeln und den Heiligen so oft gesagt habe:

Dass ich kein Verlangen in mir trage,
sie hier unten zu sehen …[1]

»Die Engel werden kommen, Sie abzuholen«, sagte Sr. Genoveva. »Oh doch! Wir möchten sie so gern sehen!«

Ich glaube nicht, dass ihr sie sehen werdet, aber das bedeutet nicht, dass sie nicht da sind …

Aber um euch eine Freude zu machen, möchte ich schon einen schönen Tod haben. Ich habe die allerseligste Jungfrau darum gebeten.

(1) Das war während der Novene, die wir für Thereses Genesung zu Unserer Lieben Frau vom Sieg hielten.

Den lieben Gott habe ich nicht gebeten, denn ich möchte ihn machen lassen, was er will. Die allerseligste Jungfrau zu bitten, ist nicht dasselbe. Sie weiß genau, was sie mit meinen kleinen Wünschen machen soll, ob sie sie weitergeben soll oder nicht … mit einem Wort, es ist ihre Sache, es so einzurichten, dass der liebe Gott sich nicht gezwungen fühlt, mich zu erhören, sondern dass er frei bleibt, in allem seinen Willen zu tun.

Heute Abend ist mir gewährt worden, dass ich euch ein wenig trösten und lieb zu euch sein darf, aber ihr dürft nicht erwarten, dass ihr mich im Augenblick des Todes so sehen werdet … Ich weiß nicht! Vielleicht hat die allerseligste Jungfrau das ganz schnell von sich aus gewirkt, ohne es dem lieben Gott zu sagen, und darum will es nichts besagen für später.

Ob ich ins Fegefeuer komme, weiß ich nicht. Das macht mir auch überhaupt keine Sorge. Aber wenn ich hineinkomme, werde ich es nicht bedauern, dass ich nichts getan habe, um es zu vermeiden. Nie werde ich bereuen, dass ich einzig für die Rettung der Seelen gearbeitet habe. Wie froh war ich, als ich erfuhr, dass auch unsere heilige Mutter Teresa so gedacht hat![2]

Machen Sie sich keine Sorgen, Mütterchen, wenn Sie eines Tages wieder Priorin sein werden.[3] Sie werden sehen, Sie werden sich nicht mehr so viele Sorgen machen wie früher. Sie werden über allem stehen und die anderen denken und sagen lassen, was sie wollen. Sie werden Ihre Pflicht in Frieden tun … usw. … usw.

Unternehmen Sie nie etwas, um Priorin zu werden, und ebenso wenig, um es nicht zu werden … Übrigens, ich verspreche Ihnen, ich werde nicht zulassen, dass man Sie mit diesem Amt betraut, wenn es zum Schaden Ihrer Seele wäre.

Nachdem ich sie umarmt hatte:

Ich habe alles gesagt: Besonders meinem Mütterchen für später …

Grämt euch nicht, Schwesterchen, wenn ich viel leide und wenn ihr, wie ich schon sagte, im Augenblick des Todes an mir kein Zeichen von Glückseligkeit seht. Unser Herr ist als Opfer der Liebe gestorben, und seht, was für einen Todeskampf er durchleiden musste! … All das besagt gar nichts.

2
Etwas später, als ich mit ihr allein war und sah, dass sie wieder sehr litt, sagte ich zu ihr: »Nun ja, Sie wollten leiden. Der liebe Gott hat es nicht vergessen.«

Ich wollte leiden und ich bin erhört worden. Seit einigen Tagen leide ich viel. Eines Morgens während meiner Danksagung nach der Kommunion fühlte ich gleichsam Todesängste … und das ohne jeden Trost!

3
Ich nehme alles aus Liebe zu Gott an, sogar alle möglichen ungereimten Gedanken, die mir in den Sinn kommen.

5. Juni

1
Während der Matutin:

Mütterchen, ich fühle, dass Sie mich mit selbstloser Liebe lieben. Nun ja! So wie ich weiß, dass Sie mein Mütterchen sind, so werden Sie eines Tages wissen, dass ich Ihr Töchterchen bin! Oh, wie sehr liebe ich Sie!

2
Ich habe das Stück über die heilige Jeanne d'Arc wieder gelesen, das ich verfasst habe.[4] Dort können Sie alles lesen über die Gefühle, die der Tod in mir hervorruft. Dort ist alles

darüber gesagt. Es wird Ihnen Freude machen. Aber glauben Sie nicht, dass ich Jeanne d'Arc insofern ähnlich bin, als sie einen Augenblick Angst hatte … Sie raufte sich die Haare![5] … Ich, *ich* raufe *mir* nicht meine »kleinen« Haare …

3
Mütterchen, Sie haben mich auf meine erste Kommunion vorbereitet, bereiten Sie mich jetzt auf das Sterben vor …

4
Seien Sie nicht traurig, wenn Sie mich eines Morgens tot auffinden; dann ist eben Papa, der liebe Gott, ganz einfach gekommen und hat mich geholt. Zweifelsohne ist es eine große Gnade, die Sakramente zu empfangen; wenn aber der liebe Gott es nicht zulässt, dann ist es trotzdem gut, alles ist Gnade.

6. Juni

1
Danke, dass Sie darum gebeten haben, man möge mir nur ein kleines Stück der Hostie reichen. Auch das habe ich nur mit Mühe schlucken können. Aber wie selig war ich, den lieben Gott im Herzen zu haben! Ich habe geweint wie am Tag meiner ersten Kommunion.[6]

2
Wegen meiner Versuchungen gegen den Glauben hat Abbé Youf[7] gesagt: »Halten Sie sich nicht dabei auf, das ist sehr gefährlich.« Das hört sich nicht gerade tröstlich an, aber zum Glück lasse ich mich nicht beeindrucken. Seien Sie ohne Sorge, ich werde mir nicht meinen »kleinen« Kopf zerbrechen, indem ich mich quäle.

Herr Pfarrer Youf hat auch gefragt: »Haben Sie sich ins Sterben ergeben?« Ich habe ihm erwidert: »Ah! Hochwürden, ich finde, Ergebung braucht man nur für das Leben. Beim Gedanken an das Sterben freue ich mich.«

3

Ich frage mich, wie imein Sterben sein wird. Ich möchte es doch »mit Würde« tun! Aber ich glaube, das hängt nicht von einem selbst ab.

(Sie dachte an uns.)

4

In meiner Kindheit kamen mir die großen Ereignisse meines Lebens vor wie unübersteigbare Berge. Wenn ich die kleinen Mädchen zur ersten Kommunion gehen sah, dachte ich: Wie werde ich nur meine erste Kommunion empfangen? ... Und später: Wie werde ich es machen, um in den Karmel einzutreten? ... Und dann, um eingekleidet zu werden, um die Profess abzulegen? Und jetzt geht es ums Sterben!

5

»Ich werde Sie fotografieren lassen, um unserer Mutter eine Freude zu bereiten.«[8] *Mit einem schelmischen Lächeln erwiderte sie:*

»Sagen Sie lieber, dass es für Sie ist! ... Kleine *Bise*, hör auf zu blasen! Nicht meinetwegen, sondern weil mein Kamerad keine Jacke hat ...«

Damit erinnerte sie mich an eine kleine Geschichte aus der Auvergne, die Papa uns erzählt hatte. Sie traf damit ins Schwarze, denn der scheinbar so mitleidige Kamerad plädierte ja in Wirklichkeit für sich selbst.

6

Wir wollten ihr nicht sagen, dass es Schneckensirup war, was sie einnahm, aus Angst, sie könnte sich ekeln. Sie merkte es aber und lachte über unsere Befürchtungen.

Was macht es mir schon aus, Schneckensirup einzunehmen, solange ich die Hörner nicht sehe?! Jetzt esse ich Schnecken wie die kleinen Enten! Gestern aß ich rohe Eier wie die Strauße!

7
Ich habe Sie sehr, sehr lieb!

8
Ich sagte zu ihr: »Die Engel werden Sie auf Händer tragen, damit Sie sich nicht wehtun, damit Ihr Fuß nicht an einen Stein stößt.«[9]
Sie erwiderte:

Hm! Das gilt für jetzt, denn später, nach meinen Tod, wird es für mich kein Hindernis mehr geben!!!

9
Nach der Visite von Herrn de Cornière[10]*, der eine Besserung festgestellt hatte, fragte ich sie: »Sind Sie traurig?«*

Oh nein ... Ich habe das Evangelium befragt und die Stelle aufgeschlagen: »Bald werdet ihr den Menschensohn auf den Wolken des Himmels sitzen sehen.«[11] Da fragte ich: »Wann, Herr?«, und las auf der gegenüberliegenden Seite die Worte: »Heute noch.«[12]

Aber all das ... wichtig ist einzig und allein, dass man sich durch nichts beunruhigen lässt, dass man weder sterben noch leben will.

Und nach einer kurzen Pause:

Und doch habe ich große Lust fortzugehen! Ich habe es der allerseligsten Jungfrau gesagt, die damit macht, was ihrem Willen entspricht.

7. Juni

1

– Sonntag[13] –

Sie saß eine Zeit lang neben mir auf der Bank hinten im Friedhof. Schließlich legte sie ihren Kopf zärtlich an mein Herz und sang halblaut:

Ich dich vergessen, allerliebste Mutter?
Nein, nein, niemals![14]

Während sie die Stufen hinunterging, erblickte sie rechts unter dem Mispelbaum die kleine weiße Henne, die all ihre Küchlein unter ihren Flügeln barg. Von einigen sah man nur das Köpfchen. Therese blieb stehen und betrachtete sie, in tiefes Nachdenken versunken. Nach einem Augenblick bedeutete ich ihr, es sei Zeit hineinzugehen. Ihre Augen waren voller Tränen. Ich sagte: »Sie weinen!« Da bedeckte sie ihre Augen mit der Hand, weinte noch mehr und sagte:

Ich kann Ihnen jetzt nicht sagen, warum; ich bin zu bewegt …

Am Abend in ihrer Zelle sagte sie mit einem überirdischen Ausdruck zu mir:

Ich habe geweint bei dem Gedanken, dass der liebe Gott diesen Vergleich gewählt hat, damit wir an seine Zärtlichkeit glauben.[15] Genau das hat er mein ganzes Leben lang für mich getan! Er hat mich ganz und gar unter seinen Flügeln geborgen! … Als ich Sie vorhin verließ, weinte ich, während ich über die Treppe hinaufging; ich konnte meine Tränen nicht mehr zurückhalten und wollte schnell in unsere Zelle zurückkommen; mein Herz floss über vor Liebe und Dankbarkeit.

2
Heute vor zehn Jahren hat Papa mir diese kleine weiße Blume gegeben, als ich ihm zum ersten Mal von meiner Berufung sprach.[16]

(Sie zeigte mir die kleine Blume.)

3
Wenn Sie mich nicht so gut erzogen hätten, hätten Sie traurige Dinge erlebt ... Ich hätte heute nicht geweint beim Anblick der kleinen weißen Henne ...

8. Juni

1
Bald werdet ihr alle mit mir kommen, es wird nicht lange dauern, ihr werdet sehen!

Und zu Sr. Maria von der Dreifaltigkeit, die sie bat, im Himmel an sie zu denken:

Bis jetzt haben Sie nur die Eierschale gesehen. Bald werden Sie das Küken sehen.

2
Ich sagte ihr, ich sei ohne Stütze auf Erden.

Aber ja, Sie haben eine Stütze, ich bin Ihre Stütze!

3*
Wir hatten darüber gesprochen, dass die Krankenpflegerinnen bei lange dauernden Krankheiten es oft leid werden, was für die Kranken, wenn sie es bemerken, sehr schmerzlich ist.

Ich bin gern bereit, bis zum Ende eines sehr langen Lebens in meinem jetzigen Zustand zu verbleiben; ja ich will es gern ertragen, dass man mich nicht mag, wenn es dem lieben Gott gefällt.

9. Juni

1
Im Evangelium steht, der liebe Gott wird kommen wie ein Dieb.[17] Er wird kommen und mich ganz sanft mitnehmen. Oh wie gern möchte ich dem Dieb dabei helfen!

2
Wie glücklich bin ich heute!

– *»Ist Ihre Prüfung[18] vorbei?«*

Nein, aber sie ist wie vorübergehend aufgehoben. Die bösen Schlangen zischen mir nicht mehr ins Ohr …

3
Wie unberührt bleibt mein innerer Friede, wenn ich höre, wie man rings um mich feststellt, dass es mir besser geht! In der vergangenen Woche bin ich aufgestanden und man stellte fest, dass ich sehr krank bin. Diese Woche kann ich mich nicht mehr auf den Beinen halten, ich bin erschöpft, und jetzt glaubt man, ich sei gerettet! Aber was liegt schon daran!

– *»Sie hoffen also doch, bald zu sterben?«*

Ja, ich hoffe, bald hinüberzugehen; sicher ist, dass es mir nicht besser geht; die Seite tut mir sehr weh. Aber ich werde nie aufhören zu sagen, dass ich nicht enttäuscht sein werde, wenn der liebe Gott mich gesund werden lässt.

Zu Sr. Maria vom Heiligen Herzen, die zu ihr sagte: »Welch ein Schmerz wird es für uns sein, wenn Sie uns verlassen!«

Oh nein, Sie werden sehen, es wird sein wie ein Rosenregen.

4
Ich fürchte den Dieb nicht … Ich sehe ihn von fern, und ich hüte mich zu rufen: Haltet den Dieb! Im Gegenteil, ich rufe ihn und sage: »Hierher bitte, hierher bitte!«

5
Ich bin wie ein kleines Kind, das auf dem Bahnsteig wartet, bis Vater und Mutter kommen, um es in den Zug zu setzen. Aber ach! Sie kommen nicht und der Zug fährt ab! Aber es gibt ja noch andere Züge, alle werde ich nicht versäumen …

10. Juni

Es ging ihr besser und sie wunderte sich darüber. Sie musste sich zusammennehmen, um nicht traurig zu werden.

… Die allerseligste Jungfrau erledigt meine Aufträge gut, ich werde ihr ein anderes Mal wieder einen geben! Immer wieder sage ich zu ihr:

»Sag ihm, auf mich braucht er nie Rücksicht zu nehmen.«[19]

Er hat es gehört und hält sich daran. Ich kenne mich mit meiner Krankheit nicht mehr aus. Mit einem Mal geht es mir besser! Aber ich schicke mich darein und bin trotzdem glücklich. Was würde aus mir werden, wollte ich die Hoffnung auf einen baldigen Tod nähren! Wie viele Enttäuschungen! So aber bin ich nie enttäuscht, weil ich mit allem zufrieden bin, was der liebe Gott tut; mein ganzes Begehren ist nur sein Wille.

11. Juni

1
Sie hatte dem heiligen Joseph im Garten (am Ende der Kastanienallee) Blumen gestreut und dabei in ihrer reizenden kindlichen Art gesagt: »Nimm!«

»Warum streuen Sie dem heiligen Joseph Blumen? Weil Sie eine Gnade erlangen wollen?«

Aber nein! Ich möchte ihm eine Freude bereiten! Ich will nicht geben, um zu empfangen.

2
Wenn ich mein »kleines« Leben[20] schreibe, zerbreche ich mir nicht den Kopf; ich mache es wie beim Angeln: Was heraufkommt, das schreibe ich nieder.

12. Juni

1
Man hält mich nicht für so krank, wie ich es bin. Das macht es noch schmerzlicher, von der Kommunion, vom Offizium ausgeschlossen zu sein. Aber umso besser, dass sich niemand mehr Sorgen macht, denn darunter litt ich sehr. Ich habe die allerseligste Jungfrau gebeten, es so einzurichten, dass sich niemand mehr beunruhigt. Sie hat mich erhört.

Was kümmert's mich, was man über mich denkt oder sagt. Ich sehe keinen Grund, warum mir das nahegehen sollte.

2
Morgen werde ich nicht zur Kommunion gehen! Und so viele kleine Mädchen werden den lieben Gott empfangen![21]

(Es war der Tag der Erstkommunion in der St. Jakobskirche.)

13. Juni

(Im Garten)

Ich komme mir vor wie ein Stück Stoff, das man zum Sticken in den Rahmen gespannt hat; und niemand kommt und stickt! Ich warte und warte! Umsonst! … Schließlich braucht man sich ja nicht darüber zu wundern, denn die kleinen Kinder wissen nicht, was sie wollen!

Ich sage das, weil ich an den kleinen Jesus denke. Er hat mich in den Rahmen des Leidens gespannt, weil er mich gern besticken und dann herausnehmen und sein schönes Werk da oben zeigen will.

Wenn ich vom Dieb spreche, meine ich nicht den kleinen Jesus, sondern den »großen« lieben Gott.

14. Juni

Letzter Tag der Novene. Es ging ihr viel besser und das war für sie erneut ein Anlass zur Enttäuschung. Trotzdem sagte sie lächelnd zu mir:

Ich bin ein genesenes kleines Mädchen!

»Sind Sie traurig darüber?«

Oh nein! … Von einem Augenblick zum anderen kann man viel ertragen.

15. Juni

1

Am 9. sah ich von Weitem ganz deutlich den Leuchtturm, der mir den himmlischen Hafen ankündigte; aber jetzt sehe ich nichts mehr, als wären mir die Augen verbunden. An jenem

Tag sah ich den Dieb, jetzt sehe ich ihn nicht mehr. Was man mir über den Tod sagt, dringt nicht mehr in mich ein, es gleitet über mich hinweg wie über einen Wasserlauf! Es ist aus! Die Hoffnung auf den Tod hat sich verbraucht. Ohne Zweifel will der liebe Gott nicht, dass ich auf dieselbe Weise daran denke wie vor meiner Krankheit. Damals war dieser Gedanke für mich notwendig und sehr nützlich, das fühlte ich wohl. Heute ist das Gegenteil der Fall. Der liebe Gott will, dass ich es ihm überlasse wie ein ganz kleines Kind, das sich keine Gedanken darüber macht, was man mit ihm machen wird.

2

»Sind Sie es nicht leid, dass Ihre Krankheit sich so hinauszieht? Sie müssen wirklich viel leiden!«

Ja, aber das nehme ich gern an.

Wieso?

Weil es dem lieben Gott »erwünscht« ist.

(Wenn sie ihre Gedanken durch eine ablenkende Formulierung vor uns verbergen wollte, verwendete sie dieses Wort und verschiedene andere, die nicht zu ihrer gewöhnlichen einfachen Sprechweise passten. So hatte sie sich auch einige naive Ausdrücke für den vertraulichen Verkehr zu eigen gemacht, die bei ihr sehr charmant wirkten.)

3

Ich weiß nicht, wann ich sterben werde: Ich habe gar kein Vertrauen mehr in die Krankheit. Ja, sogar wenn man mir die Letzte Ölung spendete, würde ich trotzdem noch glauben, dass ich mich wieder erholen könnte. Sicher werde ich erst sein, wenn ich gestorben bin und mich in den Armen des lieben Gottes sehe.

4
Am Abend:

Wie gern möchte ich Ihnen etwas Liebes sagen!

»Sagen Sie mir nur, ob Sie mich nicht vergessen werden, wenn Sie im Himmel sind.«

Ah! Ich glaube, wenn ich Sie vergäße, würden mich sämtliche Heiligen aus dem Paradies jagen wie eine garstige Eule. Mütterchen, wenn ich da oben bin, »werde ich kommen und Sie holen, damit Sie dort sein werden, wo ich bin«[22].

5
Ich bin glücklich, denn während meiner Krankheit beleidige ich den lieben Gott in keiner Weise. Vorhin schrieb ich über die Nächstenliebe (*im Heft ihres Lebens*[23]) und wurde dabei oft gestört; da habe ich mich bemüht, überhaupt nicht ungeduldig zu werden, das zu verwirklichen, was ich schrieb.

19. Juni*

Unsere Cousine Mutter Margareta (die Generaloberin in Paris der Religieuses Auxiliatrices de l' I.C., die als Krankenpflegerinnen arbeiten) hatte mir für das Fest von Mutter Maria von Gonzaga am 21. einen hübschen kleinen Korb mit künstlichen Lilien geschickt. Ich brachte Therese den Korb und sagte voll Freude: »Das schickt mir die Generaloberin der Auxiliatrizinnen!«

In einer plötzlichen zärtlichen Aufwallung sagte sie: Nun ja, Sie sind die Generaloberin meines Herzens!

20. Juni

Ich zeigte ihr die kleinen Fotografien der Mutter Maria, die ich für das Fest unserer Mutter bemalt hatte. Sie legte ihre Hand auf die vor ihr ausgebreiteten Miniaturen, wobei sie ihre Finger so auseinanderspreizte, dass sie damit die Köpfchen aller Jesuskinder berührte. Dann sagte sie:

Ich habe sie alle unter meiner Herrschaft …

22. Juni

Sie hielt sich im Garten auf im Krankenwagen.[24] *Als ich am Nachmittag zu ihr kam, sagte sie:*

Wie gut verstehe ich, was der Herr zu unserer heiligen Mutter Teresa gesagt hat: »Weißt du, meine Tochter, wer diejenigen sind, die mich wahrhaft lieben? Es sind jene, die erkennen, dass alles, was nicht auf mich bezogen ist, Eitelkeit ist.«[25]

Oh Mütterchen, wie fühle ich, dass das wahr ist. Ja, alles, was nicht des lieben Gottes ist, ist Eitelkeit.

23. Juni

Ich sagte zu ihr: »Bei meinem Tod werde ich leider nichts haben, was ich dem lieben Gott geben könnte. Ich werde mit leeren Händen kommen! Das macht mich sehr traurig.«

Nun ja! Sie sind nicht wie *bébé* (so nannte sie sich selbst manchmal), die doch in derselben Lage ist … Auch wenn ich alle Werke des heiligen Paulus vollbracht hätte, würde ich mich immer noch als »unnützen Knecht«[26] fühlen, aber gerade das macht meine Freude aus, denn wenn ich nichts habe, werde ich alles vom lieben Gott empfangen.

25. Juni

1

Herz-Jesu-Fest

Weil die Sonne in ihre Zelle schien, hatte man sie in der Bibliothek untergebracht. Während der Predigt hatte sie ein Buch über die Ausbreitung des Glaubens zur Hand genommen. Sie zeigte mir eine Stelle, wo von einer schönen weiß gekleideten Dame bei einem getauften Kind die Rede ist, und sagte:

So werde ich später zu den getauften kleinen Kindern kommen …

2

Während der Predigt habe ich geschwänzt. Es war für mich ein Fest. Jeden Tag würde ich mir das nicht erlauben. Ich betrachte mein Heft *(ihr Leben)* als meine *kleine* Pflicht.

26. Juni

Gestern arge Schmerzen in der Seite! Dann … heute Morgen, alles vorbei! Ah! Wann werde ich zum lieben Gott gehen?! Wie gern ginge ich in den Himmel!

27. Juni

Wenn ich im Himmel bin, werde ich allen Heiligen so viel Schönes über mein Mütterchen erzählen, dass sie große Lust bekommen werden, es zu holen. Ich werde immer bei meinem Mütterchen sein; ich werde die Heiligen bitten, mit mir in die garstigen Keller zu gehen, um Mütterchen zu beschützen, und wenn sie nicht wollen, nun, dann werde ich ganz allein gehen.

Das bezog sich auf ein kleines Abenteuer, das ich an jenem Tag im Keller der Sakristei gehabt hatte.

29. Juni

1
… Folgendes hat sich zugetragen: Weil es mit mir zum Sterben ging, trafen die Engelchen allerlei schöne Vorbereitungen zu meinem Empfang; aber sie wurden müde und schliefen ein. Ach ja, bei den kleinen Kindern dauert das lange. Man weiß nicht, wann sie aufwachen werden …

(Sie erzählte uns oft kleine Geschichten wie diese, um uns von ihren seelischen und körperlichen Leiden abzulenken.)

2
Wie unglücklich wäre ich im Himmel, wenn ich nicht auf Erden denen, die ich liebe, kleine Freuden bereiten könnte.

3
Am Abend bedrängte sie ihre seelische Prüfung stärker und gewisse Bemerkungen hatten ihr Schmerz bereitet. Sie sagte zu mir:

Meine Seele ist in der Verbannung, der Himmel ist für mich verschlossen, und auch auf der Erde ist alles Prüfung.

… Ich sehe wohl, dass man mich nicht für krank hält, aber es ist der liebe Gott, der das zulässt.

4
Ich werde mich im Himmel freuen, wenn Sie für mich hübsche Verse machen; ich glaube, das muss den Heiligen gefallen.

30. Juni

1

Ich erzählte ihr von gewissen Heiligen, die ein außergewöhnliches Leben geführt haben wie der heilige Simeon der Säulensteher[27]. Sie sagte:

Mir gefallen die Heiligen besser, die sich vor nichts fürchten, wie die heilige Cäcilia, die sich verheiraten lässt und sich nicht davor fürchtet …

2

Unser Onkel hatte ihr Fragen gestellt, als sie mit uns im Sprechzimmer war, und wie gewöhnlich hatte sie fast nichts gesagt.

Wie schüchtern war ich bei meinem Onkel im Sprechzimmer! Als ich zurückkam, schalt ich heftig mit einer Novizin; ich kannte mich selbst nicht mehr. Was für Gegensätze mein Charakter in sich vereinigt! Meine Schüchternheit kommt daher, dass es mir überaus peinlich ist, wenn man sich mit mir beschäftigt.[28]

Juli

Für den Monat Juli verfügen wir über eine reiche Dokumentation: 238 Aussprüche der Heiligen, die fast ein Drittel des *Gelben Heftes* einnehmen, und 34 Briefe, in denen über Therese berichtet wird und von denen die meisten an die Familie Guérin gerichtet sind, die in La Musse Ferien verbringt.[1] Anhand dieser Unterlagen lässt sich der Verlauf der Tuberkulose Schritt für Schritt verfolgen.

Nach der scheinbaren Besserung von Ende Juni tritt am 6. und 7. Juli starker Bluthusten auf. Man bannt die unmittelbare Gefahr durch Vermeidung jeglicher Bewegung, durch Anwendung von Eis und anderer Kuren. Am Abend des 8. Juli bringt man die Kranke in das Krankenzimmer im Erdgeschoss.

Bald setzt der Bluthusten wieder ein. Dr. de Cornière hofft nicht mehr auf Heilung. Am 29. Juli hat sich Thereses Befinden so verschlechtert, dass man der Sterbenden am folgenden Tag die Letzte Ölung spendet. Man glaubt, sie werde die Nacht nicht überleben.

Anfang des Monats muss Therese mit der Abfassung ihres Manuskripts aufhören. Ihre Aufgabe ist erfüllt, nun beginnt jene von Mutter Agnes von Jesus. Am Krankenbett ihres Töchterchens stellt die zukünftige »Historikerin« (*Gelbes Heft*, 29. Juli, 7) Fragen und erhält Instruktionen. Therese ruft Kindheitserinnerungen wach, stellt spontan Betrachtungen über ihre religiöse Erfahrung an, reagiert auf körperliche und seelische Leiden, all das spontan und in vollkommener Wahrhaftigkeit. Ihr »kleiner Weg« muss an möglichst viele Seelen herangebracht werden. Der Juli ist der Monat der prophetischen Intuitionen über ihre posthume Sendung.

In diesem Monat schreibt Therese (mit Bleistift) 13 Briefe beziehungsweise Zettel.

2. Juli

Am Nachmittag begab sie sich zum letzten Mal zum Allerheiligsten ins Oratorium, doch sie war am Ende ihrer Kräfte. Ich sah, wie sie die Hostie lange anschaute und dass sie dabei keinerlei Trost empfand, wohl aber einen großen Frieden in der Tiefe ihres Herzens.

Ich erinnere mich, dass am Morgen, als die Kommunität nach der Messe zur Danksagung ins Oratorium ging, niemand daran gedacht hatte, sie zu stützen. Sie ging ganz sachte an der Wand entlang. Ich habe nicht gewagt, ihr den Arm anzubieten.

3. Juli

1

Eine unserer Freundinnen[2] *war gestorben, und Dr. de Cornière hatte in ihrer Gegenwart über die Krankheit der Verstorbenen gesprochen, eine Art Tumor, den er hatte nicht genau bestimmen können. Der Fall interessierte ihn lebhaft vom medizinischen Standpunkt aus. »Wie schade«, sagte er, »dass ich keine Autopsie machen konnte!«*

Später sagte sie zu mir:

Ja, so wenig Teilnahme haben wir auf Erden füreinander. Würde man dasselbe sagen, wenn es sich um eine Mutter oder eine Schwester handelte? Oh, wie gern möchte ich aus dieser traurigen Welt fortgehen!

2

Ich vertraute ihr meine traurigen und entmutigten Gedanken über einen begangenen Fehler an.

… Sie machen es nicht wie ich. Wenn ich einen Fehler begangen habe, der mich traurig macht, dann weiß ich wohl, dass diese Traurigkeit die Folge meiner Untreue ist. Aber glauben Sie, dass ich dabei stehen bleibe?!

Oh nein! So dumm bin ich nicht! Ich beeile mich, dem lieben Gott zu sagen: Mein Gott, ich weiß, ich habe dieses Gefühl der Traurigkeit verdient, aber lass es mich dir dennoch aufopfern als eine Prüfung, die du mir aus Liebe schickst. Es tut mir leid, dass ich gefehlt habe, aber ich freue mich über diesen Schmerz, um ihn dir aufzuopfern.

3

»Wie ist es möglich, dass Sie sterben wollen angesichts Ihrer Versuchung gegen den Glauben, die nicht aufhört?«

Ah! Aber ich glaube ja an den Dieb! All das bezieht sich auf den Himmel. Wie seltsam und unzusammenhängend ist das doch!

4

Weil ihr von der Milch übel wurde und sie damals nichts anderes zu sich nehmen konnte, hatte ihr Dr. de Cornière eine Art Kondensmilch verordnet, die man in der Apotheke unter dem Namen »maternisierte Milch« kaufen konnte. Aus verschiedenen Gründen war diese Verschreibung für sie sehr schmerzlich, und als sie die Flaschen kommen sah, begann sie bitterlich zu weinen.

Am Nachmittag fühlte sie das Bedürfnis, von sich selbst abgelenkt zu werden. In traurigem, sanftem Ton sagte sie zu uns:

Ich brauche Nahrung für meine Seele; lesen Sie mir ein Heiligenleben vor.

»Soll ich Ihnen das Leben des heiligen Franz von Assisi vorlesen? Wie er mit den Vöglein spricht, das wird Sie zerstreuen.«

Nein, nicht um mich zu zerstreuen. Ich möchte Beispiele von Demut vor Augen haben.

5
»Wenn Sie gestorben sein werden, wird man Ihnen einen Palmzweig in die Hand geben.«

Ja, aber ich muss ihn aus der Hand legen können, wann ich will, damit ich meinem Mütterchen mit vollen Händen Gnaden ausspenden kann. Ich muss dann alles machen dürfen, was mir gefallen wird.

6
Am Abend:

Selbst die Heiligen lassen mich im Stich! Während der Matutin bat ich den heiligen Antonius, er möge mich doch mein Taschentuch finden lassen, das ich verloren hatte. Glauben Sie, er hätte mich erhört? Ist ihm gar nicht eingefallen! Aber das macht nichts. Ich habe ihm gesagt, dass ich ihn trotzdem sehr liebe.

7
Während der Matutin sah ich die Sterne leuchten, dann hörte ich das Offizium. Das hat mir gefallen.

(Das Fenster ihrer Zelle war offen.)

4. Juli

1
Der liebe Gott hat mir geholfen, und ich bin über meine Traurigkeit wegen der maternisierten Milch hinweggekommen …

2
Am Abend:

Unser Herr ist in Todesängsten am Kreuz gestorben, und doch war es der schönste Liebestod, der einzige, den man gesehen hat. Den Tod der allerseligsten Jungfrau hat niemand gesehen. Aus Liebe zu sterben heißt nicht, in Verzückung zu sterben. Offen gestanden glaube ich, das ich dies erfahre.

3
»Oh, ich ahne wohl, dass Sie leiden werden!«

Was macht das schon! Wenn die Schmerzen auch bis zum Äußersten gehen, so bin ich doch sicher, dass der liebe Gott mich nie verlassen wird.

4
Ich bin Pater Alexis[3] sehr dankbar, er hat mir sehr geholfen. Pater Pichon[4] behandelte mich zu sehr wie ein Kind; aber auch er hat mir eine Wohltat erwiesen, indem er mir sagte, dass ich keine Todsünde begangen habe.

5. Juli

1
Ich sprach mit ihr über meine Schwachheiten. Sie sagte zu mir:

Auch mir passieren Schwachheiten, aber ich freue mich darüber. Auch ich stehe nicht immer über den Nichtigkeiten der Erde. Wenn mich zum Beispiel der Gedanke an eine Dummheit, die ich gesagt oder gemacht habe, verfolgt, so gehe ich in mich und sage mir: »Ach ja! So bin ich also immer noch am gleichen Punkt wie früher!« Aber das sage ich mir in aller Sanftmut und ohne Traurigkeit. Es ist so süß, sich schwach und klein zu fühlen!

2
Seien Sie nicht traurig, Mütterchen, weil ich krank bin. Sie sehen ja, wie glücklich mich der liebe Gott macht. Ich bin immer fröhlich und zufrieden.

3
Sie schaute ein Bild an, das unseren Herrn mit zwei kleinen Kindern darstellt: Das kleinere sitzt auf seinen Knien, das andere sitzt ihm zu Füßen und küsst ihm die Hand:

Diese Kleine da, die Jesus auf den Schoß geklettert ist, die ihr Beinchen so sanft hochzieht, ihr Köpfchen hebt und ihn ohne jede Scheu liebkost, das bin ich. Das andere kleine Kind gefällt mir nicht so gut. Es hat eine Haltung wie ein Großer; man hat ihm etwas gesagt ... Es weiß, dass man Jesus Ehrfurcht schuldet ...

6. Juli

1
Sie hatte soeben Blut gehustet. Ich sagte zu ihr: »Sie werden uns also verlassen?!«

Aber nein! Der Herr Abbé[5] hat zu mir gesagt: »Das wird ein großes Opfer für Sie sein, dass Sie Ihre Schwestern verlassen müssen.« Ich habe ihm erwidert: »Hochwürden, aber ich finde nicht, dass ich sie verlassen werde; im Gegenteil, nach dem Tod werde ich ihnen noch näher sein.«

2
Ich glaube, ich werde auf meinen Tod mit ebenso viel Geduld warten müssen wie auf die anderen großen Ereignisse meines Lebens. Sehen Sie, ich bin jung in den Karmel eingetreten, und doch habe ich, nachdem alles schon entschieden war,

noch drei Monate warten müssen. Ähnlich war es bei meiner Einkleidung und auch bei meiner Profess. Nun ja, mit dem Tod wird es genauso sein, er wird bald kommen, aber ich muss noch warten.

3

Wenn ich im Himmel sein werde, werde ich es beim lieben Gott machen, wie es die kleine Nichte von Sr. Elisabeth[6] vor dem Sprechzimmergitter gemacht hat. – Sie erinnern sich, wie sie, nachdem sie ihr Sprüchlein aufgesagt hatte, einen Knicks machte, die Arme ausbreitete und sagte: »Glück für alle, die ich liebe.«

Der liebe Gott wird zu mir sagen: »Was willst du, kleines Mädchen?« Und ich werde antworten: »Glück für alle, die ich liebe.« Und auch bei allen Heiligen werde ich es so machen.

Sie sind heute sehr fröhlich, man spürt, dass Sie den Dieb sehen.

Ja, jedes Mal, wenn es mir schlechter geht, sehe ich ihn wieder. Aber auch wenn ich ihn nicht sehen würde – ich liebe ihn so, dass ich immer mit allem zufrieden bin, was er tut. Ich würde ihn nicht weniger lieben, wenn er nicht käme, um mich mitzunehmen, im Gegenteil … Wenn er mich täuscht, so sage ich ihm so viele Liebenswürdigkeiten, dass er nicht mehr weiß, was er mit mir machen soll.

4

In den Betrachtungen über die Nachfolge[7] habe ich eine schöne Stelle gelesen. Es ist ein Gedanke von Herrn de Lamennais – macht nichts! –, er ist dennoch schön. *(Sie und auch wir glaubten, dass dieser Abbé de Lamennais unbußfertig gestorben war.)*

Unser Herr war im Ölberg im Genuss aller Wonnen der Dreifaltigkeit, aber seine Todesangst war deshalb nicht weniger grausam. Das ist ein Geheimnis, aber glauben Sie mir, durch das, was ich selbst erfahre, verstehe ich etwas davon.

5

Ich stellte eine Lampe vor die Jungfrau des Lächelns[8]*, um zu erlangen, dass der Bluthusten aufhören möge.*

Sie freuen sich also nicht, dass ich sterbe! Ah! Um mir eine Freude zu machen, hätte der Bluthusten fortdauern müssen. Aber für heute ist es aus damit!

6

20.15 Uhr. – Man hatte vergessen, ihr die Lampe zu richten, und ich brachte sie ihr. Auch andere kleine Dienste hatte ich ihr erwiesen. Sie zeigte sich sehr gerührt und sagte:

So waren Sie immer zu mir … Ich kann Ihnen nicht sagen, wie dankbar ich Ihnen bin.

Während sie ihre Tränen trocknete:

Ich weine, weil es mich so rührt, dass Sie seit meiner Kindheit so viel für mich getan haben. Oh, wie viel verdanke ich Ihnen! Aber wenn ich im Himmel bin, werde ich die Wahrheit sagen. Ich werde den Heiligen sagen: Das ist mein Mütterchen, das mir alles gegeben hat, was euch an mir gefällt.

7

Wann kommt denn das Jüngste Gericht? Wie ich doch wünschte, dass es schon so weit wäre! Und was wird nachher sein?! …

8

Ich bringe viele kleine Opfer …

7. Juli

1

Nach einem neuerlichen Anfall von Bluthusten:

Bébé wird bald den lieben Gott sehen …

»Haben Sie jetzt Angst vor dem Tod, wenn Sie ihn so nahe sehen?«

Ah! Weniger und weniger!

»Haben Sie Angst vor dem Dieb? Diesmal steht er vor der Tür!«

Nein, er steht nicht vor der Tür, er ist eingetreten. Aber was sagen Sie, Mütterchen! Ob ich Angst vor dem Dieb habe?! Wie können Sie glauben, dass ich mich vor jemandem fürchte, den ich so liebe?!

2

Ich bat sie, mir noch zu erzählen, was ihr nach ihrer Weihe als Opfer der barmherzigen Liebe widerfahren war.[9] *Zuerst sagte sie:*

Noch am selben Tag habe ich es Ihnen anvertraut, Mütterchen, aber Sie haben es nicht beachtet.

(Tatsächlich hatte es damals den Anschein gehabt, als messe ich der Sache keine Bedeutung bei.)

Also. Ich begann meinen Kreuzweg zu beten, da wurde ich plötzlich von einer so heftigen Liebe für den lieben Gott ergriffen, dass ich nur sagen kann, es war, als hätte man mich ganz und gar in Feuer getaucht. Oh! Welch eine Glut und zugleich welch eine Süßigkeit! Ich brannte vor Liebe und ich fühlte, dass ich diese Glut nicht eine Minute, nicht eine Sekunde länger hätte ertragen können, ohne zu sterben. Damals habe ich verstanden, was die Heiligen von diesen Zuständen sagen, die sie so oft erfahren haben. Ich habe das nur ein einziges Mal erfahren und nur einen Augenblick lang, dann bin ich sogleich in meine gewohnte Trockenheit zurückgefallen.

Etwas später:

Seit meinem 14. Lebensjahr kannte auch ich stürmische Liebeserhebungen; ah, wie liebte ich den lieben Gott! Aber das war etwas ganz anderes als damals nach meiner Weihe als Opfer der barmherzigen Liebe; es war keine wirkliche Flamme, die mich verbrannte.

3
Das Wort Ijobs »Und sollte Gott mich töten, ich setze dennoch meine Hoffnung auf ihn«[10] hat mich von Kindheit an bezaubert. Aber es hat lange gedauert, bis ich diese Stufe der Hingabe erreicht habe. Jetzt bin ich dort; der liebe Gott hat mich dorthin gebracht, er hat mich in die Arme genommen und dort hingestellt …

4
Ich bat sie, Dr. de Cornière etwas Erbauliches und Liebenswürdiges zu sagen.

Ach Mütterchen, das liegt mir nicht … Mag Herr de Cornière denken, was er will. Ich liebe nur die Einfachheit, ich verabscheue alles »Gekünstelte«. Ich versichere Ihnen, dass es, wenn ich machte, was Sie wünschen, bei mir schlecht herauskäme.

5
Endlich habe ich den Eindruck, wirklich ernstlich krank zu sein. Nie werde ich die Szene heute Morgen[11] vergessen, als ich Blut hustete. Dr. de Cornière sah ganz bestürzt drein.

6
Sehen Sie, Ihnen zuliebe geht der liebe Gott so sanft mit mir um. Keine Zugpflaster, nur milde Mittel. Ich leide, aber nicht zum Schreien.

Einen Augenblick später mit vielsagender Miene:

Und doch hat er uns Prüfungen geschickt, die zum »Schreien« waren … und trotzdem haben wir nicht »geschrien« …

(Sie spielte auf unsere große Prüfung in der Familie an.)[12]
Was die »milden Mittel« betrifft, so blieb es nicht immer dabei, und ihre Leiden wurden schrecklich.

7
Ich bin wie ein armer »kleiner Grauwolf«, der so gern in seinen Wald zurückkehren möchte und den man zwingt, in den Häusern zu wohnen.

(Unser guter *Vater nannte sie in den Buissonnets manchmal »mein kleiner Grauwolf«.)*

8
Eben sah ich einen kleinen Sperling geduldig auf der Mauer warten; von Zeit zu Zeit stieß er einen kleinen Hilferuf aus, damit seine Eltern kommen sollten, um ihn zu suchen und zu füttern. Da dachte ich, dass ich ihm ähnle.

9
Ich sagte ihr, ich sei für Lob sehr empfänglich.

Daran werde ich mich im Himmel erinnern …

8. Juli

1
Sie war so krank, dass man von der Letzten Ölung sprach. An diesem Tag brachte man sie aus ihrer Zelle in das Krankenzimmer hinunter. Sie konnte sich nicht mehr aufrecht halten, man musste sie tragen. Während sie noch in ihrer Zelle war, bemerkte sie, dass man ihr die Letzte Ölung spenden wollte, und da sagte sie im Ton freudiger Überraschung:

Ich glaube, ich träume! ... Sie sind ja schließlich nicht verrückt ...

(Abbé Youf und Dr. de Cornière).

Ich fürchte nur eines, dass es sich wieder ändert.

2
Sie wollte mit mir erforschen, ob sie durch ihre Sinne gesündigt habe, um sich vor dem Empfang der Letzten Ölung deswegen schuldig zu bekennen. Wir kamen zum Geruchssinn und sie sagte zu mir:

Ich erinnere mich, auf meiner letzten Reise von Alençon nach Lisieux ein Fläschchen Eau de Cologne, das mir Frau Tifenne[(1)] mitgegeben hatte, benutzt zu haben, und zwar mit Vergnügen.

3
Wir wollten alle mit ihr sprechen.

Viele Leute, die etwas zu sagen haben!

4
Sie war voll überströmender Freude und bemühte sich, uns damit anzustecken:

Wenn ich nicht vom Himmel herunterkommen darf, um mit Ihnen meine kleinen »Späßchen« zu machen, werde ich mich in ein Winkelchen stellen und weinen.

5
Zu mir:

Sie haben eine lange Nase; damit werden Sie noch später gut riechen ...[13]

(1) Eine Freundin der Familie.

6
Sie betrachtete ihre abgemagerten Hände:

Sie sind schon wie ein Skelett, das ist mir »erwünscht«.

7
Sie wissen es nicht – bald werde ich dem Tod nahe sein. … Es kommt mir vor wie bei einem Klettermasten; ich bin mehr als einmal abgerutscht und dann mit einem Mal war ich oben!

8
Ich möchte lieber in Staub zerfallen, als konserviert zu werden wie die heilige Katharina von Bologna.[14] Ich kenne nur den heiligen Krispin, der mit Würde aus dem Grab herausgekommen ist.

Der wunderbar erhaltene Leib dieses Heiligen befindet sich in seinem Franziskanerkloster in Rom.

9
Sie redete zu sich selbst:

Das ist etwas: da zu sein, um mit dem Tod zu ringen! … Aber schließlich, was tut's? … Auch Torheiten haben mich schon manchmal *in Agonie versetzt* …

10
Man hatte sie missverstanden – ich erinnere mich nicht mehr bei welcher Gelegenheit – und sie sagte ernst und sanft:

Die allerseligste Jungfrau hat gut daran getan, alle Dinge in ihrem »kleinen« Herzen zu bewahren[15]… Man kann es mir nicht übel nehmen, wenn ich es mache wie sie.

11
Die Engelchen hatten viel Spaß daran, mir kleine Streiche zu spielen ... Sie haben sich alle damit unterhalten, mir das Licht zu verdecken, das mir mein nahes Ende zeigte.

»Haben sie auch die allerseligste Jungfrau verdeckt?«

Nein, die allerseligste Jungfrau wird mir nie verborgen sein, ich liebe sie zu sehr.

12
Ich habe großes Verlangen nach der Letzten Ölung, egal ob man sich nachher über mich lustig macht.

(Für den Fall, dass sie wieder gesund werden sollte, denn sie wusste wohl, dass gewisse Schwestern sie nicht für sterbenskrank hielten.)

13
Ja gewiss werde ich weinen, wenn ich den lieben Gott sehe! ... Aber nein, im Himmel kann man ja nicht weinen ... Und doch, er hat ja gesagt: »Ich werde jede Träne von euren Augen abtrocknen.«[16]

14
Ich biete Ihnen meine kleinen Früchte der Freude an, wie der liebe Gott sie mir zukommen lässt.

Im Himmel werde ich viele Gnaden erwirken für die Menschen, die mir Gutes getan haben. Für Mütterchen *alles*. Alles werden Sie nicht einmal brauchen können, aber es wird vieles geben, womit ich Sie erfreuen kann.

15
Wenn Sie wüssten, wie mild der liebe Gott zu mir sein wird! Und wenn er auch nicht ganz, ganz so mild ist, so werde ich ihn immer noch lieb finden ... Wenn ich ins Fegefeuer komme, werde ich sehr zufrieden sein; ich werde es machen wie

die drei Hebräer im Feuerofen[17], ich werde in den Flammen herumgehen und das Lied der Liebe singen. Oh! Wie glücklich wäre ich, wenn ich dadurch, dass ich ins Fegefeuer käme, andere Seelen befreien, wenn ich an ihrer Stelle leiden könnte, denn damit würde ich Gutes tun, ich würde die Gefangenen befreien.

16
Sie machte mich darauf aufmerksam, dass viele junge Priester geistliche Schwestern im Karmel erbitten werden, wenn es einmal bekannt sein wird, dass man sie zwei Missionaren[18] zur geistlichen Schwester gegeben hat, und sie warnte mich vor der damit verbundenen großen Gefahr.

Jede beliebige könnte schreiben, was ich schreibe, und man wird ihr dieselben Komplimente machen, dasselbe Vertrauen schenken. Wir können der Kirche nur durch Gebet und Opfer nützlich sein. Der Briefwechsel darf nur sehr selten zugelassen werden, und gewissen Schwestern, die sich davon einnehmen lassen und glauben würden, etwas Außergewöhnliches zu vollbringen, während sie in Wirklichkeit nur ihrer Seele schaden und vielleicht in die feinen Netze des Bösen geraten würden, darf man ihn überhaupt nicht erlauben.

Mit Nachdruck fuhr sie fort:

Mutter, was ich Ihnen gerade gesagt habe, ist sehr wichtig, bitte vergessen Sie es später nicht. Im Karmel darf man nicht falsche Münzen prägen, um damit Seelen zu kaufen … aber die schönen Worte, die man schreibt und empfängt, sind oft nur ein Tausch für falsche Münzen.

17
Um uns zum Lachen zu bringen:

Ich möchte in eine kleine Schachtel wie die von Gennin gelegt werden, nicht in *Bier*.

Sie benutzte die doppelte Bedeutung des Wortes bière[19] *zu einem Wortspiel. Man hatte dem Karmel hübsche künstliche Blumen aus dem Blumenhaus Gennin in Paris in langen, sehr schön ausstaffierten hölzernen Schachteln geschickt.*

18
... Es tut so gut, Kummer zu haben; es bringt uns dahin, observant und barmherzig zu sein.

9. Juli

1
Sie wollte keine Traurigkeit um sich, auch nicht bei unserem Onkel.

Ich möchte, dass sie alle »Hochzeit«[20] feiern in La Musse. Ich feiere den ganzen Tag geistliche Hochzeit.

»Die ist nicht lustig, diese Hochzeit.«

Ich finde sie sehr lustig.

2
Schwester Genoveva wird mich brauchen ... Aber ich werde sowieso wiederkommen.

3
Nach dem Besuch Unseres Vaters[21] *gab ich ihr zu bedenken, dass sie sich, wenn sie erreichen wolle, dass man ihr die Letzte Ölung spende, anders verhalten müsse, denn sie wirke durchaus nicht krank, wenn sie Besuch empfange.*

Auf diese Kunst verstehe ich mich nicht![22]

4
... möchte fortgehen! ...

5

Gewiss werden Sie am 16. Juli, dem Fest Unserer Lieben Frau vom Berge Karmel, sterben oder am 6. August, dem Fest des Heiligen Antlitzes.[23]

Essen Sie so viele »Datteln«[24], wie Sie wollen, ich mag keine mehr essen … Ich bin schon zu oft von den Daten an der Nase herumgeführt worden.

6

… Warum sollte ich mehr als andere gegen die Todesangst gefeit sein? Ich sage nicht wie der heilige Petrus: »Ich werde dich niemals verleugnen.«[25]

7

Man sprach von der heiligen Armut:

Heilige Armut! Wie komisch ist das, eine Heilige, die nicht in den Himmel kommt!

8

Ich hatte einen Kummer gehabt.

Meine Liebe sollte Sie trösten.

Zu den Anwesenden:

Ich werde mich mit meinem Mütterchen zufriedengeben.

Am Abend zu mir allein:

… Oh, kommen Sie schon! Ich täusche mich nicht, ich weiß wohl, dass Sie alles, was Sie für mich tun, aus Liebe tun.

9

Man hatte in ihrer Krankenzelle eine Maus gefangen. Sie machte eine ganze Geschichte für uns daraus, bat uns, ihr die verletzte Maus zu bringen, sie würde sie neben sich ins Bett legen und vom Doktor abhorchen lassen. Wir lachten herzlich und sie freute sich, dass sie uns zerstreut hatte.

10. Juli

1
… Die kleinen Kinder, die werden nicht verdammt.

2
»Es könnte gut sein, dass das, was Sie geschrieben haben[26], eines Tages bis zum Heiligen Vater gelangt.«
Lachend:

Et nunc et semper!

3
Mit einer kindlichen Gebärde zeigte sie mir das Bild der allerseligsten Jungfrau, die das Jesuskind stillt:

Nur das ist gute Milch, das muss man Herrn de Cornière sagen.[27]

4
Es war Samstag und um Mitternacht hatte sie Blut gehustet.

Der Dieb, er hat seine diebische Mama freigelassen … Da ist sie um Mitternacht gekommen und hat den Dieb gezwungen, sich zu zeigen; oder wenn der Dieb nicht kommen wollte, ist sie ganz allein gekommen.

5
Man wird mein Leben nicht um eine Minute verlängern, wenn der Dieb es nicht will.

6
Zu mir allein:

Sie machen sich viel zu viel Kummer um Dinge, die es nicht wert sind.

7

Lächelnd:

… Wenn Sie so etwas getan haben, dann machen Sie es noch schlimmer, indem Sie die Folgen zu sehr fürchten.

8

Sie sind wie ein kleiner furchtsamer Vogel, der nie unter den Menschen gelebt hat. Sie haben immer Angst, eingefangen zu werden. Ich habe mich nie vor jemandem gefürchtet; ich bin immer hingegangen, wo ich wollte … eher wäre ich den Leuten zwischen den Beinen durchgegangen …

9

Nachdem sie um 15 Uhr ihr Kreuz geküsst hatte[28], hielt sie es in der Hand und tat so, als wollte sie die Dornenkrone und die Nägel ablösen.

10

Auf den Zwischenfall in der Nacht[29] zurückkommend, sagte sie, während sie das am Fußende ihres Bettes am Vorhang befestigte Bild der allerseligsten Jungfrau anschaute, in ihrer reizenden Art:

Die allerseligste Jungfrau ist nicht von Natur aus diebisch … aber seit sie ihren Sohn geboren hat, hat sie es von ihm gelernt …

Nach einer Pause:

Aber der kleine Jesus ist noch zu klein, um auf solche Gedanken zu kommen … An der Brust seiner Mutter denkt er ganz und gar nicht ans Stehlen. Oh doch! Er denkt schon daran, er weiß gut, dass er kommen wird, um mich mitzunehmen.

»In welchem Alter?«

Mit 24 Jahren.

11

Man sprach vom Tod und davon, dass sich im Augenblick des Todes oft das Gesicht der Sterbenden verzerrt. Sie sagte:

Wenn das bei mir geschieht, so seien Sie deswegen nicht traurig, denn bald darauf werde ich nur noch lächeln.

Schwester Genoveva betrachtete den Deckel einer Taufschachtel und sagte, sie würde den hübschen Kopf, den sie darauf sah, als Modell für einen Engelskopf benutzen. Unser Thereschen hätte ihn gern gesehen, aber niemand dachte daran, ihn ihr zu zeigen, und sie bat um nichts. Ich erfuhr das später.

12

»Was soll ich denken, wenn ich das Fenster Ihrer Zelle sehe, nachdem Sie die Erde verlassen haben? Mein Herz wird sehr schwer sein.«

Ah! Sie werden denken, dass ich sehr glücklich bin, während ich dort viel gelitten und gekämpft habe … Ich wäre gern dort gestorben.

13

Während der Matutin:

Es kommt ihr der Gedanke, sie sei nicht ernstlich krank, der Arzt täusche sich über ihren Zustand. Sie vertraut mir ihre Zweifel an und fügt hinzu:

Wäre meine Seele nicht von vornherein ganz von der Hingabe an den Willen Gottes erfüllt, wäre sie den Gefühlen der Freude und Traurigkeit, wie sie auf Erden so schnell aufeinanderfolgen, preisgegeben, ich lebte in einer Flut bitterer Qualen und könnte es nicht aushalten. So aber berühren diese wechselnden Gefühle nur die Oberfläche meiner Seele … Ah! Und doch sind es schwere Prüfungen!

14
... Ich glaube nicht, dass die allerseligste Jungfrau mir diese Streiche spielt! ... Sie wird vom lieben Gott dazu gezwungen! Und so ... Er sagt ihr, sie soll mich prüfen, damit ich ihm mehr Beweise meiner Hingabe und Liebe gebe.

15
Zu mir allein:

... Sie sind auf alle Fälle da, um mich zu trösten ... Sie erfüllen meine letzten Tage mit Zartheit.

11. Juli

1
Sie sagte die ganze Strophe auf:

> »Nach Gottes Willen war dir, Mutter, hier beschieden
> des Glaubens Dunkel und das größte Herzeleid.
> O sagt, ist denn der Schmerz ein kostbar' Gut
> hienieden?«[30]
>
> *Geschichte einer Seele,* 1936, S. 464.

»Sie sehen also die ›Diebin‹ nicht mehr?«

Aber ja, ich sehe sie! Sie verstehen es nicht! Es steht ihr durchaus frei, mich nicht mitzunehmen ... Ah! »Ich schaute nach rechts ... und da war niemand, der mich kannte[31] ...« Nur der liebe Gott kann mich verstehen.

2
Während der Matutin:

Sie erzählte mir von ihrem innerlichen Gebet in früheren Zeiten während des großen Stillschweigens an den Sommerabenden, und sie sagte mir, damals habe sie aus eigener Erfahrung begriffen, was ein »Geistesflug«[32] ist. Auch erzählte sie mir von einer anderen

Gnade dieser Art, die ihr im Juli 1889 in der Grotte der heiligen Magdalena[33] *zuteilgeworden war, eine Gnade, auf die mehrere Tage der »Ruhe«*[34] *gefolgt seien.*

... Es war, als läge ein Schleier über allen Dingen der Erde ... Ich war ganz verborgen unter dem Schleier der allerseligsten Jungfrau. Damals war ich mit dem Refektorium betraut, und ich entsinne mich, dass ich meine Arbeit tat, als täte ich sie nicht, es war, als hätte man mir einen Leib geliehen. In diesem Zustand blieb ich eine ganze Woche lang.

3
Ich sprach zu ihr über das Manuskript ihres Lebens, über das Gute, das es für die Seelen wirken werde.

... Aber wie gut wird man sehen, dass alles vom lieben Gott kommt; und was mir daraus an Ruhm erwachsen wird, das wird ein unverdientes Geschenk sein, das nicht mir gehört; jedermann wird das ganz deutlich bemerken ...

4
Sie sprach zu mir über die Gemeinschaft der Heiligen und erklärte mir, wie die Reichtümer der einen die Reichtümer der anderen sein werden.

... Wie eine Mutter stolz ist auf ihre Kinder, so werden wir aufeinander stolz sein ohne die geringste Eifersucht.

5
Ach, wie wenig habe ich gelebt! Das Leben ist mir immer sehr kurz vorgekommen. Mir scheint, die Tage der Kindheit waren erst gestern.

6

Man könnte glauben, mein so großes Vertrauen in den lieben Gott rührt daher, dass ich nicht gesündigt hätte.[35] Machen Sie es klar, Mutter, dass mein Vertrauen genauso groß wäre, wenn ich auch alle nur möglichen Verbrechen begangen hätte. Ich fühle es, diese Masse von Sünden wäre wie ein Wassertropfen, den man auf glühende Kohlen fallen lässt. Dann erzählen Sie die Geschichte von der bekehrten Sünderin, die aus Liebe gestorben ist; die Seelen werden sofort verstehen, es ist ein so überzeugendes Beispiel für das, was ich sagen will. Aber diese Dinge lassen sich nicht ausdrücken.[a]

7.

Am Abend rezitierte sie mir folgende Verse, die, wie ich glaube, aus dem Gedicht »Die junge Schwindsüchtige« stammen. Sie tat es mit einem ganz sanften Ausdruck:

> … Meine Tage sind gezählt, bald verlasse ich die Erde,
> ich werde von Ihnen Abschied nehmen ohne Hoffnung auf Wiederkehr;
> Sie, die Sie mich geliebt haben, schöner Schutzengel,
> lassen Sie Ihren sanften Blick der Liebe auf mir ruhen.
> Wenn Sie die toten Blätter werden fallen sehen,
> werden Sie für mich beten, wenn Sie mich geliebt haben.

---

[a] Die *Letzten Worte der Therese Martin* vervollständigen:

Den folgenden Abschnitt hat sie mir wörtlich diktiert:

»Im Leben der Wüstenväter wird berichtet, dass einer von ihnen eine öffentliche Sünderin bekehrt hat, deren ungeordneter Lebenswandel in der ganzen Gegend Ärgernis erregt hatte. Diese Sünderin wurde von der Gnade berührt und folgte dem Heiligen in die Wüste, um ein strenges Bußleben zu führen. Aber schon in der ersten Nacht der Reise, noch ehe sie an den Ort gelangt war, wohin sie sich zurückziehen wollte, zersprengte die Gewalt ihrer Liebesreue ihre irdischen Bande, und im selben Augenblick sah der Einsiedler, wie die Engel ihre Seele in den Schoß Gottes trugen. Da haben wir wirklich ein schlagendes Beispiel für das, was ich sagen möchte, aber diese Dinge lassen sich nicht ausdrücken …«

8
… Sehr großer Friede in meiner Seele … Mein kleiner Kahn ist wieder flottgemacht. Ich weiß, dass ich nicht zurückkommen werde, aber ich ergebe mich darin, mehrere Monate krank zu sein, so lange, wie der liebe Gott es will.

9
»Wie hat der liebe Gott Sie doch begünstigt! Was denken Sie über diese Auserwählung?«

Ich denke nur, »der Geist Gottes weht, wo er will«.[36]

12. Juli

1
Sie erzählte mir, wie sie einmal einen harten Kampf zu bestehen hatte wegen einer Nachtlampe, die man herrichten musste, weil die Familie von Mutter Maria von Gonzaga unerwartet angekommen war und bei den Pfortenschwestern übernachten wollte. Der Kampf war so heftig, und es stiegen derartige Gedanken gegen die Obrigkeit in ihr auf, dass sie inbrünstig zum lieben Gott um Hilfe rufen musste, um nicht zu erliegen. Gleichzeitig führte sie ihren Auftrag so gut wie möglich aus. Es war während des großen Stillschweigens am Abend. Sie war Pförtnerin und Sr. St. Raphael war Erste im Amt.

Um mich zu besiegen, stellte ich mir vor, ich richte die Nachtlampe für die allerseligste Jungfrau und das Jesuskind her; so tat ich es mit unglaublicher Sorgfalt; nicht das kleinste Stäubchen blieb auf der Lampe. Nach und nach zogen ein tiefer Friede und eine große Süßigkeit in mich ein. Es läutete zur Matutin, und ich konnte dann nicht mehr hingehen. Aber in mir war eine so wunderbare Hochstimmung, ich hatte eine solche Gnade empfangen, dass ich Sr. St. Raphael mit Freuden gehorcht hätte, wenn sie gekommen wäre und mir zum

Beispiel gesagt hätte, ich hätte die falsche Lampe genommen und müsse eine andere herrichten. Damals fasste ich den Entschluss, mir nie mehr Gedanken darüber zu machen, ob das, was man mir aufträgt, zweckmäßig ist oder nicht.

2

»Sr. Maria von der Eucharistie[37] *sagte, ich sei bewundernswürdig …«*

… Bewundernswürdige Mutter! Oh nein, vielmehr liebenswürdige Mutter[38], denn Liebe ist wertvoller als Bewunderung.

3

Zu Mutter Maria von Gonzaga:

Mir bleibt nichts in den Händen. Alles, was ich habe, alles, was ich verdiene, ist für die Kirche und die Seelen. Und würde ich auch achtzig Jahre alt werden, immer würde ich gleich arm bleiben.

13. Juli

1

Ich sehe wohl, für das Obst werde ich Sorge tragen müssen, wenn ich im Himmel bin, aber die Vöglein darf man nicht töten, sonst wird man Ihnen keine Almosen schicken.

Mit einer sanften Bewegung streckte sie die Arme gegen das Bild des Jesuskindes aus:

Ja, ja! …

2
Im Himmel wird der liebe Gott in allem meinen Willen erfüllen müssen, weil ich auf Erden nie meinen Willen durchgesetzt habe.

3
»Sie werden vom Himmel auf uns herabschauen, nicht wahr?«

Nein, ich werde herabkommen!

4
In der Nacht hatte sie für die Kommunion das Lied verfasst:

Du, der Du weißt, usw.[a)]

Dazu sagte sie:

Es ist mir ganz leichtgefallen, das ist erstaunlich; ich dachte, ich könnte keine Verse mehr machen.

5
Ich sage nicht: »Wenn es schwer ist, im Karmel zu leben, so ist es süß, dort zu sterben«, sondern: »Wenn es süß ist, im Karmel zu leben, so ist es noch süßer, dort zu sterben.«

[a)] *Der Ordinariatsprozess vervollständigt:*

Um sich auf die Kommunion vorzubereiten, verfasste sie in der Nacht des 12. folgendes Gedicht:

»Du, der Du weißt, wie überaus klein ich bin,
Du scheust Dich nicht, Dich zu mir herabzulassen!
Komm in mein Herz, o vielgeliebte weiße Hostie,
komm in mein Herz, das sich nach Dir verzehrt!
Ah! Ich wünschte, Deine Güte ließe mich
nach dieser Gunst aus Liebe sterben.
Jesus, hör meinen zärtlichen Ruf,
komm in mein Herz!«

6
Der Arzt fand, es gehe ihr besser als üblich.

Als er gegangen war, hielt sie sich die Seite, in der sie starke Schmerzen hatte:

Ja, es geht mir besser als üblich! …

7
Trotz des Anscheins, dass sie froh und zufrieden war, hatte ich den Eindruck, ihr Herz sei schwer, und ich sagte zu ihr:

»Sie wollen uns nicht traurig machen, deshalb geben Sie sich fröhlich und sagen lustige Dinge, nicht wahr?«

… Ich verstelle mich nie …

8
Man bot ihr Baudonwein[39] *an.*

Ich mag keinen Wein von der Erde mehr … Ich möchte vom neuen Wein im Reiche meines Vaters trinken.[40]

9
… Als Sr. Genoveva ins Sprechzimmer kam, konnte ich ihr in einer halben Stunde nicht alles sagen, was ich ihr gern gesagt hätte. Wenn mir darum unter der Woche ein Licht aufging oder etwas einfiel, was ich ihr zu sagen vergessen hatte, so bat ich immer den lieben Gott, er möge sie wissen und verstehen lassen, was ich im Sinn hatte. Und in der nächsten Sprechstunde sagte sie mir dann genau das, was ich den lieben Gott gebeten hatte, ihr einzugeben.

… Anfangs ging ich schweren Herzens fort, wenn sie traurig war und ich sie nicht zu trösten vermocht hatte, aber bald verstand ich, dass es nicht in meiner Macht lag, eine Seele zu trösten, und seither war ich nicht mehr traurig, wenn sie ungetröstet weggegangen ist. Ich bat den lieben Gott, mein

Unvermögen wettzumachen, und ich fühlte, dass er mich erhörte; ich konnte das später im Sprechzimmer feststellen … Wenn ich seither jemandem wehgetan habe, so bitte ich den lieben Gott, er möge es gutmachen und quäle mich nicht länger.

10
Bitte erwecken Sie einen Akt der Liebe zum lieben Gott und rufen Sie alle Heiligen an. Sie alle da droben sind meine »kleinen« Verwandten.

11
… Ich wünsche, dass man mir drei kleine Wilde erwirbt: einen kleinen Maria-Louis-Martin, einen kleinen Marie-Théophane und zwischen den beiden ein kleines Mädchen, das Marie-Cäcilie heißt.

Nach einem Augenblick:

Und noch eine kleine Marie-Therese dazu.

(Anstatt nach ihrem Tod Geld für Kränze auszugeben.)

12
Sie sprach erneut zu mir über die Gemeinschaft der Heiligen:

… Mit den Jungfrauen werden wir wie Jungfrauen, mit den Kirchenlehrern wie Kirchenlehrer, mit den Märtyrern wie Märtyrer sein, denn alle Heiligen sind unsere Verwandten; jene aber, die den Weg der geistlichen Kindschaft gegangen sind, werden immer den Liebreiz von Kindern bewahren.

(Sie entwickelte diese Gedanken noch weiter für mich.)

13
… Schon von Kindheit an hat mir der liebe Gott die tiefe Überzeugung gegeben, dass ich jung sterben werde.

14
... Indem sie mich zärtlich anschaute:

Sie haben ein Gesicht! ... Dann ... Sie werden es immer haben ... Ich werde Sie ohne Weiteres wiedererkennen, kommen Sie schon!

15
Der liebe Gott hat mich immer das wünschen lassen, was er mir geben wollte.

16
Zu uns dreien:

Glaubt ja nicht, ich werde euch gebratene Tauben in den Schnabel fallen lassen, wenn ich im Himmel bin ... Ich habe das nicht gehabt und auch nicht haben wollen. Vielleicht werden große Prüfungen über euch kommen, aber ich werde euch das Licht schicken, damit ihr sie schätzt und liebt. Gleich mir werdet ihr gezwungen sein zu sagen: »Herr, du überschüttest uns mit Freude durch alles, was du tust.«[41]

17
Glauben Sie nicht, dass ich beim Gedanken an das Sterben eine so lebhafte Freude empfinde wie früher, als ich zum Beispiel einen Monat in Trouville oder in Alençon verbringen durfte; ich weiß gar nicht mehr, was das ist, lebhafte Freude. Außerdem liegt für mich die Freude nicht im Genießen, nicht das ist es, was mich anzieht. Ich kann nicht viel an das Glück denken, das mich im Himmel erwartet; nur eine Erwartung lässt mein Herz höherschlagen, nämlich die Liebe, die ich empfangen werde und die ich werde geben können. Und dann denke ich an all das Gute, das ich nach meinem Tod tun möchte: kleine Kinder taufen lassen, den Priestern helfen, den Missionaren, der ganzen Kirche ...

… aber zuerst meine Schwesterchen trösten …

… Heute Abend hörte ich aus der Ferne eine Musik, und ich dachte, bald werde ich unvergleichliche Melodien hören, aber dieses Gefühl der Freude war nur vorübergehend.

18

Ich bat sie, mir genau zu sagen, welche Ämter sie im Karmel gehabt hatte.

Als ich in den Karmel eintrat, kam ich zu Mutter Subpriorin (Sr. Maria von den Engeln) in das Wäscheamt und außerdem musste ich die Treppe und den Zellengang kehren.

… Ich erinnere mich, dass es mich viel kostete, unsere Novizenmeisterin zu bitten, im Refektorium Mortifikationen machen zu dürfen, aber ich habe meinem Widerwillen nie nachgegeben, denn es schien mir, das Kruzifix im Klosterhof, das ich vom Fenster des Wäscheamtes aus sah, wende sich mir zu, um dieses Opfer von mir zu verlangen.

Damals war es auch, als ich um 16.30 Uhr Unkraut jäten ging und damit die Unzufriedenheit unserer Mutter erregte.

Nach meiner Einkleidung war ich bis zu meinem 18. Lebensjahr mit dem Refektorium betraut. Ich musste es kehren und Wasser und Bier auf die Plätze stellen. 1891 kam ich am Tag der vierzigstündigen Anbetung[42] zu Sr. St. Stanislaus in die Sakristei. Vom Juni des nächsten Jahres an[43] hatte ich zwei Monate lang kein Amt, denn damals malte ich die Engel im Oratorium und gleichzeitig war ich Dritte der Ökonomin.[44] Als die zwei Monate vorbei waren, kam ich zu Sr. St. Raphael an die Pforte, setzte aber gleichzeitig die Malerei fort. Diese beiden Aufgaben behielt ich bis zu den Wahlen von 1896, als ich unter den Ihnen bekannten Umständen bat, Sr. Maria vom heiligen Joseph im Wäscheamt helfen zu dürfen …

Dann erzählte sie mir, dass man glaubte, sie wäre langsam und wenig einsatzfreudig in ihren Ämtern, und dass auch ich so von ihr gedacht hätte. Und wirklich erinnerten wir uns gemeinsam daran, wie sehr ich sie gescholten hatte, weil sie ein Tischtuch aus dem Refektorium so lange in ihrem Korb behalten hatte, ohne es auszubessern. Ich warf ihr Nachlässigkeit vor, aber zu Unrecht. Sie hatte keine Zeit dafür gehabt. Damals hatte sie sich in keiner Weise entschuldigt, wohl aber hatte sie sehr geweint, weil sie sah, dass ich traurig und sehr unzufrieden war … Ist es möglich!!!

Auch erzählte sie mir, wie sehr sie gelitten hatte, als sie mit mir im Refektorium arbeitete (ich war damals die Erste im Amt), weil sie nicht mehr wie früher über alles, was sie bewegte, mit mir sprechen konnte, denn sie hatte dazu keine Erlaubnis und aus anderen Gründen …

Ich hielt mich so gut daran, dass Sie mich schließlich gar nicht mehr wiedererkannten, *fügte sie hinzu.*

Sie erzählte mir, wie sehr sie sich Gewalt angetan hatte, als sie die Spinnweben aus dem schwarzen Loch des heiligen Alexis unter der Treppe entfernte (ihr graute vor Spinnen), und tausend andere Einzelheiten, die mir zeigten, wie treu sie in allem gewesen war und wie viel sie gerlitten hatte, ohne dass jemand es ahnte.

14. Juli

1
Ich habe einmal gelesen, dass die Israeliten beim Bau der Mauern von Jerusalem nur mit der einen Hand arbeiteten, während sie in der anderen das Schwert hielten.[45] So müssen auch wir es machen. Wir dürfen nicht ganz in der Arbeit aufgehen … usw.

2
Wäre ich reich gewesen, es wäre mir unmöglich gewesen, einen Armen Hunger leiden zu sehen, ohne ihm sogleich von

meinem Besitz abzugeben. Und wenn ich jetzt geistliche Güter erwerbe und dabei fühle, dass Seelen in Gefahr sind, verloren zu gehen und in die Hölle zu kommen, so gebe ich ihnen alles, was ich besitze, und es hat für mich noch nie einen Augenblick gegeben, wo ich mir sagte: Jetzt werde ich für mich arbeiten.

3
Mit himmlischem Gesichtsausdruck und Tonfall rezitierte sie die Strophe aus »Denk daran«, die mit den Worten beginnt:

»Denk daran, dass Dein heiliger Wille
mein Frieden ist, mein einzig' Glück.«[46]

4
Es ist nicht wichtig, dass es so aussieht *[als ob man aus Liebe stürbe]*, wenn es nur wirklich so ist.

5
Immer hat mir das gefallen, was der liebe Gott mir gegeben hat; ja, wenn er mich hätte wählen lassen, ich hätte gerade das gewählt, sogar Dinge, die mir weniger gut und schön vorkamen als diejenigen, die die anderen hatten.

6
Oh, welch ein Gift an Lobpreisungen hat man unserer Mutter Priorin gereicht! Ich habe es selbst gesehen! Da muss eine Seele wahrhaftig sehr losgeschält und frei von sich selbst sein, wenn ihr das nicht schaden soll!

7
Der Arzt hatte ihr bei seiner Visite wieder ein wenig Hoffnung gemacht, aber das konnte ihr nun nichts mehr anhaben. Sie sagte zu uns:

Daran bin ich jetzt gewöhnt! Was macht es mir schon aus, wenn ich lange krank sein muss?! Ich wünsche ja nur deshalb, dass es schnell zu Ende geht, weil ich euch die Ängste ersparen will.

8
Oh, ich liebe Sie sehr, Mütterchen!

9
Mein Herz ist ganz ausgefüllt vom Willen Gottes, so sehr, dass alles, was man von außen hineingießt, nicht in sein Inneres eindringt, es ist ein Nichts, das leicht abfließt, so wie Öl sich nicht mit Wasser vermischen lässt. Im Grunde meiner Seele bleibe ich immer in einem tiefen Frieden, den nichts trüben kann.

10
Sie betrachtete ihre abgemagerten Hände und sagte:

Oh wie freue ich mich zu sehen, wie ich zerstört werde.

15. Juli

1
»Vielleicht werden Sie morgen (am Fest Unserer Lieben Frau vom Berge Karmel) nach der Kommunion sterben.«

Oh nein, das würde nicht zu meinem »kleinen Weg« passen. Ich sollte ihn verlassen, um zu sterben? Nach der Kommunion aus Liebe zu sterben, das ist zu schön für mich; das könnten die kleinen Seelen nicht nachahmen.

Wenn mir nur morgen früh nichts passiert.[47] Es gibt so gewisse Dinge, die bei mir vorkommen können: Es ist unmöglich, mir die Kommunion zu reichen; der liebe Gott ist gezwungen, wieder umzukehren. Stellen Sie sich das vor!

2

Sie sprach vom seligen Théophane Vénard, der im Augenblick des Todes die heilige Kommunion nicht empfangen konnte. Sie stieß einen tiefen Seufzer aus …

3

Wir hatten für ihre Kommunion am nächsten Morgen Vorbereitungen getroffen. Der Neffe von Sr. Maria Philomena[48] *sollte nach seiner ersten Messe im Karmel kommen, um ihr die Kommunion zu reichen. Da wir aber sahen, dass es ihr schlechter ging, befürchteten wir, sie könnte nach Mitternacht Blut erbrechen, und baten sie zu beten, dass kein ärgerlicher Zwischenfall unsere Pläne durchkreuzen möge. Sie erwiderte:*

Sie wissen wohl, dass ich nicht bitten kann … aber bitten Sie für mich … Übrigens, um meinen Schwesterchen Freude zu machen und damit die Kommunität nicht enttäuscht wird, werde ich heute Abend trotzdem den lieben Gott darum bitten. Aber im Grunde sage ich ihm genau das Gegenteil, ich sage ihm, er soll alles machen, was er will …

4

Während sie zuschaute, wie wir das Krankenzimmer schmückten:

Ah! Wie viel Mühe macht man sich doch, um alles so zu richten, wie es sich gehört! Wie gut sind die Feste auf Erden! Den kleinen Erstkommunikantinnen bringt man am Morgen ihr schönes weißes Kleid, sie brauchen es nur anzuziehen. Alle Mühe, die man für sie auf sich genommen hat, bleibt ihnen verborgen; sie haben nur die Freude. Wenn man groß wird, ist es nicht mehr dasselbe …

5

Sie erzählte mir die folgende Betrachtung, die sie angestellt hatte und die ihr als Gnade im Gedächtnis geblieben war:

Sr. Maria von der Eucharistie wollte für eine Prozession die Kerzen anzünden. Sie hatte keine Streichhölzer; da fällt ihr Blick auf die kleine Lampe, die vor den Reliquien brennt. Sie geht hin, aber ach, die Lampe ist halb erloschen, der verkohlte Docht gibt nur noch einen schwachen Schein. Dennoch gelingt es ihr, die Kerze anzuzünden, und mit dieser Kerze werden die Kerzen der ganzen Kommunität angezündet. Diese kleine, halb erloschene Lampe hat also all diese schönen Flammen hervorgebracht, die ihrerseits unendlich viele andere hervorbringen und sogar das ganze Universum in Brand stecken können. Immer aber würde man der kleinen Lampe den Ursprung dieser Feuersbrunst verdanken. Wie könnten die schönen Flammen es sich zur Ehre anrechnen, einen solchen Brand entfacht zu haben, da sie doch wissen, dass sie selbst nur mithilfe des kleinen Funkens entzündet worden sind? …

So ist es auch mit der Gemeinschaft der Heiligen. Oft verdanken wir die Gnaden und Erleuchtungen, die uns zuteilwerden, einer verborgenen Seele, denn der liebe Gott will, dass die Heiligen einander die Gnaden durch das Gebet mitteilen, damit sie sich im Himmel mit einer großen Liebe lieben, mit einer Liebe, die noch viel größer ist als jene, mit der man einander in einer Familie, und sei es die idealste Familie auf Erden, liebt. Wie oft habe ich gedacht, dass ich vielleicht alle Gnaden, die ich empfangen habe, dem Gebet einer Seele verdanke, die mich vom lieben Gott erbeten hat und die ich erst im Himmel kennenlernen werde.

Ja, ein ganz kleiner Funken kann in der ganzen Kirche große Leuchten entstehen lassen, wie die Kirchenväter und die Märtyrer, die im Himmel ohne Zweifel hoch über ihm stehen werden, aber wie sollte man vergessen, dass ihre Herrlichkeit von der seinen herrührt?

Im Himmel wird man nie einem gleichgültigen Blick begegnen, denn alle Auserwählten werden wissen, dass sie die

Gnaden, mit deren Hilfe sie ihre Krone erworben haben, einander verdanken.

(Das Gespräch war zu lang, ich konnte nicht alles aufschreiben und auch nicht Wort für Wort.)

16. Juli

1
– *»Ich fürchte, Sie werden viel leiden müssen, bis Sie sterben …«*

– Warum fürchten Sie es im Voraus? Warten Sie mit Ihrem Kummer wenigstens, bis es wirklich geschieht. Bemerken Sie vielleicht, dass ich mich mit der Vorstellung quäle, man werde Ihnen die Augen ausreißen, wenn – wie man voraussagt – Verfolgungen und Gemetzel kommen!

2
Ich hatte das Opfer der Trennung von Sr. Genoveva[49] voll und ganz gebracht, aber ich kann nicht sagen, dass ich mich nicht nach ihr noch sehnte. Wenn ich im Sommer in den Ruhestunden vor der Matutin auf der Terrasse saß, sagte ich oft zu mir: Ah! Wenn meine Céline doch hier wäre bei mir! Aber nein! Das wäre zu viel des Glücks auf dieser Erde!

… Und es schien mir wie ein Traum, der sich nicht verwirklichen lässt. Dabei war es aber keineswegs ein natürliches Verlangen, das mich dieses Glück ersehnen ließ, es war vielmehr um ihrer Seele willen, damit sie unseren Weg gehe … Und als ich erlebte, dass sie hier eintrat – und nicht nur eintrat, sondern dass sie völlig mir anvertraut war, damit ich sie alles lehrte –, als ich sah, dass der liebe Gott das fügte und so meine Wünsche noch übertraf, da begriff ich, wie unendlich er mich liebt …

… Wahrhaftig, Mütterchen, wenn ein Wunsch, der kaum ausgesprochen war, sich so erfüllt, dann kann es nicht anders sein, als dass alle meine großen Wünsche, die ich dem lieben Gott so oft vortrage, vollkommen erhört werden.

3

In überzeugtem Ton zitierte sie mir das folgende Wort, das sie in den »Petites fleurs«, einem Buch von Abbé Bourb, gelesen hatte.

Die Heiligen der letzten Zeiten werden jene der ersten Zeiten ebenso weit überragen wie die Zedern die anderen Bäume.

4

Sie kennen jede Falte meiner kleinen Seele, Sie allein …[a)]

5

Wie ein Kind, dem ein liebenswürdiger Schalk im Nacken sitzt:

Ich möchte Ihnen einen Liebesbeweis geben, den Ihnen noch nie jemand erbracht hat …

Ich fragte mich, was sie wohl vorhabe … Und siehe da.[50]

---

a) Am 28. August 1940 trug Mutter Agnes von Jesus am Ende des *Gelben Heftes* die folgende Bemerkung ein:

Wichtige Anmerkung.

Ich bin sicher, dass meine heilige kleine Therese, als sie mir am 16. Juli 1897 sagte: »Sie kennen jede Falte meiner kleinen Seele, Sie allein …«, in Gedanken Sr. Maria vom Heiligen Herzen und Sr. Genoveva vom Heiligen Antlitz von dieser vollkommenen Kenntnis ihrer Seele nicht ausschließen wollte. Sr. Maria vom Heiligen Herzen, der sie das Lächeln der allerseligsten Jungfrau verdankte und die sie auf die erste Kommunion vorbereitet hatte, der wir auch die wunderbare Antwort ihres Patenkindes vom 17. September 1896 (das Manuskript B) verdanken. Sr. Genoveva vom Heiligen Antlitz, ihre Céline, die sie so liebevoll »das süße Echo meiner Seele« nannte.

Aber der liebe Gott hatte ihr eingegeben, es mir ganz besonders zu sagen, damit man sich später aufgrund der Autorität, die man mir geben würde, vollkommen auf das verlassen könnte, was ich über sie sagen und schreiben würde.

Sr. Agnes von Jesus
c. d. i.
28. August 1940

6*
Wenn der liebe Gott zu mir sagte: Wenn du jetzt stirbst, wirst du zu einer sehr großen Herrlichkeit gelangen; wenn du dagegen mit achtzig Jahren stirbst, wird die Herrlichkeit zwar lange nicht so groß sein, mir aber würde es viel mehr Freude machen. Oh, da würde ich ohne Zögern antworten: »Mein Gott, ich will mit achtzig Jahren sterben, denn ich suche nicht meine Herrlichkeit, sondern nur deine Freude.«

Die großen Heiligen haben für die Verherrlichung des lieben Gottes gearbeitet, ich aber, die ich nur eine ganz kleine Seele bin, ich arbeite ausschließlich für seine Freude, und ich würde gern die größten Leiden ertragen, um ihm auch nur ein einziges Lächeln zu entlocken.

17. Juli

Samstag – um 2 Uhr morgens hatte sie Blut gehustet.

Ich fühle, dass ich in die Ruhe Gottes eingehen werde … vor allem aber fühle ich, dass meine Sendung anfangen wird, meine Sendung, den lieben Gott so lieben zu lehren, wie ich ihn liebe, den Seelen meinen »kleinen Weg« zu zeigen. Wenn der liebe Gott meine Wünsche erhört, werde ich meinen Himmel bis zum Ende der Welt auf Erden verbringen. Ja, ich möchte meinen Himmel damit verbringen, auf Erden Gutes zu tun. Das ist nicht unmöglich, denn auch die Engel wachen ja sogar mitten in der seligen Gottesschau über uns.

Ich kann kein Fest feiern und genießen; ich kann nicht ausruhen, solange es noch Seelen zu retten gibt … Wenn aber der Engel einmal sagen wird:

»Es wird keine Zeit mehr sein!«[51], dann werde ich mich ausruhen, dann werde ich genießen können, weil die Zahl der Auserwählten voll sein wird und alle in die Freude und

Ruhe eingegangen sein werden. Mein Herz erschauert bei diesem Gedanken …

18. Juli

1
… Der liebe Gott würde mir den Wunsch, nach meinem Tod auf Erden Gutes zu tun, gar nicht eingeben, wenn er ihn nicht verwirklichen wollte. Ansonsten würde er mir eher den Wunsch eingeben, in ihm zu ruhen.

2
Was ich zu ertragen habe, sind nur Unpässlichkeiten, nicht Leiden.

19. Juli

1
»Heute Abend werde ich gießen gehen.« (Es war am Anfang der Rekreation.)

… Aber … Sie werden auch mich begießen müssen!

– *»Was sind Sie denn?«*

– Ich bin ein kleines Samenkorn, man weiß noch nicht, was herauskommen wird …

2
Vorhin, als Sr. Maria vom Heiligen Herzen aus dem Sprechzimmer von Herrn Pfarrer Youf zurückkam, hatte ich große Lust zu fragen, was er nach seiner Visite über meinen Zustand gesagt hat. Ich dachte bei mir: Vielleicht wird es mir guttun, mich trösten, wenn ich es weiß, aber als ich mich besann, habe ich mir gesagt:

Nein, das ist Neugierde; ich werde nichts tun, um es zu erfahren; dass der liebe Gott nicht erlaubt, dass sie es mir von selbst sagt, ist ein Zeichen, dass er nicht will, dass ich es weiß. Und so habe ich vermieden, die Rede auf dieses Thema zu bringen aus Angst, Sr. Maria vom Heiligen Herzen könnte es mir gleichsam gezwungenermaßen sagen. Das hätte mich nicht glücklich gemacht …

3
Sie sagte mir, sie habe sich ertappt, weil sie sich das Gesicht einmal mehr als nötig abgetrocknet habe, um Sr. Maria vom Heiligen Herzen merken zu lassen, dass sie stark schwitze.

20. Juli

1
(Um 3 Uhr früh hat sie Blut gehustet.)
»Was hätten Sie getan, wenn eine von uns an Ihrer Stelle krank gewesen wäre? Wären Sie während der Rekreation in das Krankenzimmer gekommen?«

– Ich wäre eisern in der Rekreation geblieben, ohne nach Neuigkeiten zu fragen, aber das hätte ich ganz einfach deshalb getan, damit niemand mein Opfer bemerkte. Wenn ich in das Krankenzimmer gegangen wäre, dann nur, um Freude zu bereiten, niemals zu meinem eigenen Trost …

… und all das, um meine kleine Pflicht zu tun und Gnaden auf Sie herabzuziehen, die ich Ihnen bestimmt nicht erwirkt hätte, wenn ich auf mich selbst geachtet hätte. Und ich hätte aus diesen Opfern eine große Kraft gewonnen. Wenn ich manchmal aus Schwäche das Gegenteil von dem getan hätte, was ich wollte, so hätte ich mich dadurch nicht entmutigen lassen. Ich hätte mich bemüht, mein Versagen dadurch gutzumachen, dass ich mir noch größere Opfer auferlegt hätte, ohne etwas davon merken zu lassen.

2
Der liebe Gott lässt sich vertreten, von wem er will, aber das hat keine Bedeutung … In Ihrem Fall würde Menschliches mitspielen, mir ist es lieber, wenn nur das Göttliche zum Zuge kommt. Ja, ich sage es vom Grunde meines Herzens, ich bin glücklich, in den Armen unserer Mutter zu sterben, weil sie den lieben Gott vertritt.

3
… Die Todsünde würde mir nicht mein Vertrauen rauben.

… Ja nicht vergessen, die Geschichte von der Sünderin zu erzählen! Das wird beweisen, dass ich mich nicht irre.

4
Ich sagte zu ihr, dass ich für sie die Todesängste fürchte.

Wenn Sie unter Todesängsten furchtbare Leiden verstehen, die sich im letzten Augenblick durch erschreckende Zeichen für die anderen kundtun, so habe ich hier bei denen, die vor meinen Augen gestorben sind, nie so etwas gesehen. Mutter Genoveva hat wohl seelisch Todesängste erfahren, aber nicht körperlich.

5
Sie wissen nicht, bis zu welchem Punkt ich Sie liebe, und ich werde es Ihnen beweisen …

6
Man plagt mich mit Fragen, das erinnert mich an Jeanne d'Arc vor dem Gericht! Mir scheint, dass ich mit der gleichen Aufrichtigkeit antworte.

21. Juli

1
Wenn ich Sie sehe, Mütterchen, das macht mich sehr glücklich. Sie ermüden mich nie, im Gegenteil. Wie ich soeben gesagt habe: Während ich so oft geben muss, sind Sie es, die mir etwas schenkt …

2
Wenn der liebe Gott mich schilt, auch nur ein klein wenig, so werde ich nicht vor Rührung weinen … Wenn er mich aber gar nicht schilt, wenn er mich mit einem Lächeln empfängt, dann werde ich weinen …

3
Oh! Im Himmel möchte ich die Geschichte sämtlicher Heiligen kennenlernen. Aber es wird nicht nötig sein, dass man sie mir erzählt, das würde zu lange dauern. Es muss so sein, dass ich den Namen und das ganze Leben eines Heiligen in einem Augenblick weiß, sobald ich auf ihn zukomme.

4
Ich habe es nie so gemacht wie Pilatus, der sich weigerte, die Wahrheit zu hören.[52] Ich habe immer zum lieben Gott gesagt: Oh mein Gott, ich möchte dich gut hören, ich flehe dich an, antworte mir, wenn ich dich demütig frage: Was ist die Wahrheit? Gib, dass ich die Dinge so sehe, wie sie sind, dass ich mir durch nichts Sand in die Augen streuen lasse.

5
Wir sagten ihr, was für ein Glück es für sie sei, dass Gott sie erwählt habe, um den Seelen den Weg des Vertrauens zu zeigen. Sie erwiderte:

Was kümmert's mich, ob ich es bin oder eine andere, die den Seelen diesen Weg zeigt. Wenn er nur gezeigt wird, auf das Werkzeug kommt es nicht an!

22. Juli

1
Sr. Maria vom Heiligen Herzen sagte zu ihr: »Kommen Sie schon, Sie werden wirklich mit viel Liebe gepflegt …«

Ja, das sehe ich sehr wohl … Es ist ein Abbild der Liebe Gottes. Ich habe ihm immer nur Liebe erwiesen, deshalb gibt er mir Liebe zurück, und das hat noch nicht aufgehört. Bald wird er mir mit noch mehr Liebe vergelten …

Ich bin sehr gerührt, es ist wie ein Strahl oder eher wie ein Blitz inmitten der Finsternis … aber nur wie ein Blitz!

2
Lächelnd berichtete sie mir, was Herr Pfarrer nach der Beichte zu ihr gesagt hatte:

Wenn die Engel den Himmel kehrten, das gäbe Diamantenstaub.

23. Juli

1
Man erzählte ihr von Vereinigungen[53]*:*

Ich bin dem Himmel so nahe, dass mir all das traurig vorkommt.

2

Eine von uns hatte ihr etwas gesagt und vorgelesen und dachte nun, sie habe sie in ihrer großen Prüfung sehr getröstet und aufgeheitert. – »Hat Ihre Prüfung nicht für einen Augenblick ausgesetzt?«

– Nein! Was Sie sagen, dringt nicht in mich ein!

3

Immer wieder sprach ich über meine Furcht, die ich nicht loswurde, dass ich sie noch mehr leiden sehen würde.

Ich finde, dass wir, die wir den Weg der Liebe gehen, nicht an das denken dürfen, was die Zukunft uns an Schmerzlichem bringen kann, denn dann fehlt es uns an Vertrauen und es ist, als mischten wir uns in das Wirken des Schöpfers ein.

4

… Zur Zeit von Papas Prüfungen empfand ich einen heftigen Wunsch nach Leiden … Eines Abends, als ich wusste, dass sein Zustand sich verschlechtert hatte[54], tröstete mich Sr. Maria von den Engeln[55] so gut sie konnte, weil sie sah, dass ich sehr traurig war. Da sagte ich zu ihr: »Oh, Sr. Maria von den Engeln, ich fühle, dass ich noch mehr leiden könnte!« Sie schaute mich ganz erstaunt an und seither hat sie mich oft daran erinnert.

Tatsächlich hat Sr. Maria von den Engeln diesen Abend nie vergessen. Unsere kleine Heilige, die damals noch Postulantin war, schickte sich gerade an, zu Bett zu gehen. Sie saß im Nachthemd auf ihrem Strohsack, und ihre schönen Haare fielen auf ihre Schultern herab. »Ihr Blick«, sagte Sr. Maria von den Engeln, »und ihr ganzes Aussehen hatten etwas so Edles, so Schönes an sich, dass ich eine himmlische Jungfrau zu sehen meinte.«

5
Ich erinnere mich, dass ich eines Tages, als unsere Prüfungen den Höhepunkt erreicht hatten, Sr. Maria vom Heiligen Herzen begegnete, als ich gerade die Treppe des Zellenganges *(beim Wäscheamt)* gekehrt hatte. Wir hatten die Erlaubnis, miteinander zu sprechen und sie hielt mich an. Da sagte ich ihr, dass ich noch sehr viel Kraft habe und dass ich in diesem Augenblick gerade an das Wort von Fr. Swetchine denke, das mich ganz durchdrungen und förmlich in Brand gesteckt hat: »Ergebung ist noch etwas anderes als Gleichförmigkeit mit dem Willen Gottes. Es besteht derselbe Unterschied wie zwischen Vereinigung und Einheit. In der Vereinigung sind es noch zwei Personen, in der Einheit nur noch eine.«

(Ich weiß nicht, ob ich es ganz wörtlich wiedergebe.)

6
Man hatte mir aufgetragen, am Tag meiner Profess[56] um Papas Genesung zu bitten, aber alles, was ich sagen konnte, war: »Mein Gott, ich flehe dich an, gib, dass es dein Wille sei, dass Papa gesund wird!«

7
… »In te Domine speravi!«[57] Wie hat es mich zur Zeit unserer großen Heimsuchung glücklich gemacht, diesen Vers im Chor zu rezitieren!

24. Juli

1
Man hatte ihr schöne Früchte geschickt, aber sie konnte nichts davon essen. Sie nahm ein Stück nach dem anderen in die Hand, als böte sie es jemandem an, und sagte dabei:

Die Heilige Familie ist gut bedient. Der heilige Joseph und der kleine Jesus haben je einen Pfirsich und zwei Pflaumen bekommen.

Halblaut fragte sie mich:

Vielleicht ist es nicht recht, aber ich habe sie mit Vergnügen berührt. Ich berühre Früchte so gern, besonders Pfirsiche, und ich schaue sie gern aus der Nähe an.

Ich beruhigte sie und sie fuhr fort:

Auch die allerseligste Jungfrau hat ihren Teil bekommen. Wenn man mir Milch mit Rum gibt, biete ich sie dem heiligen Joseph an. Ich sage mir: Oh, wie gut wird das dem armen heiligen Joseph tun!

Im Refektorium wusste ich immer, wem ich was geben musste. Das Süße war für den kleinen Jesus, die kräftigen Speisen waren für den heiligen Joseph, und auch die allerseligste Jungfrau wurde nicht vergessen. Wenn ich aber etwas nicht bekam, wenn man zum Beispiel vergaß, mir die Soße oder den Salat zu reichen, dann war ich noch viel zufriedener, denn dann schien ich wirklich der Heiligen Familie etwas zu geben, weil ja tatsächlich etwas von dem, was ich anbot, mir selbst versagt war.

2

… Wenn der liebe Gott will, dass einem etwas vorenthalten wird, da ist nichts zu machen, man muss es tragen. Manchmal stellte Sr. Maria vom Heiligen Herzen meinen Salatteller so nahe an den Platz von Sr. Maria von der Menschwerdung, dass ich ihn nicht mehr als für mich bestimmt betrachten konnte, und so rührte ich ihn nicht an.

Ah! Mütterchen! Und was für »Stiefelsohlen« von einem Eierkuchen hat man mir in meinem Leben vorgesetzt! Man glaubte, ich liebe sie so ganz gedörrt. Nach meinem Tod wird man wirklich darauf achten müssen, dass den armen Schwestern kein solches Zeug vorgesetzt wird.

25. Juli

1
Ich sagte zu ihr, ich würde schließlich noch ihren Tod herbeisehnen, nur um sie nicht mehr so leiden sehen zu müssen.

... Ja aber, das dürfen Sie nicht sagen, Mütterchen, denn was mir am Leben gefällt, ist ja gerade das Leiden.

2
Ist jetzt die Pfirsichsaison schon richtig da? Ruft man in den Straßen die Pflaumen aus? Ich weiß nicht mehr, was geschieht.

»Wenn es mit einem zu Ende geht,
verliert man das Gedächtnis und den Verstand.«

3
Unser Onkel hatte ihr Trauben geschickt. Sie aß ein wenig davon und sagte:

Ja, diese Trauben sind gut! Aber ich mag das nicht, was von meiner Familie kommt ... Früher, wenn man mir von ihnen Blumensträuße für den kleinen Jesus[58] brachte, wollte ich sie nie annehmen, wenn ich nicht sicher war, ob unsere Mutter es gebilligt hatte.

4
Ich reichte ihr das Kruzifix zum Kuss, weil sie darum bat, und ich hielt es ihr so hin, wie man es gewöhnlich macht.[59]

... Ah! Aber ich, ich küsse das Gesicht!

Dann schaute sie das Bild des Jesuskindes an (das Sr. Maria von der Dreifaltigkeit aus dem Karmel von Messina[60] *mitgebracht hatte) und sagte:*

Dieser kleine Jesus da scheint mir zu sagen: »Du kommst in den Himmel. Das sage *ich* dir!«

5

»Wo ist wohl jetzt der Dieb? Es ist nicht mehr die Rede von ihm.«

Sie legte die Hand auf ihr Herz und erwiderte: Er ist hier! Er ist in meinem Herzen.

6

Ich sagte zu ihr, der Anblick des Todes sei traurig und es würde ein großer Schmerz für mich sein, sie tot zu sehen. Gerührt erwiderte sie:

Die allerseligste Jungfrau hat ihren toten Jesus im Schoß gehalten, entstellt, blutend! Das war etwas ganz anderes als das, was Sie sehen werden! Ah! Ich weiß nicht, wie sie es ertragen hat! … Wenn ich mir vorstelle, man brächte mich Ihnen so, was würde aus Ihnen werden? Responde mihi[61]…

7

Nachdem sie mir mehrere Kleinigkeiten anvertraut hatte, die sie sich vorwarf, fragte sie mich, ob sie den lieben Gott beleidigt habe. Ich erwiderte ganz schlicht, dass all diese kleinen Sünden in Wahrheit keine waren und dass es mir gutgetan habe, dass sie darüber gesprochen habe. Das schien sie tief zu berühren, und etwas später sagte sie zu mir:

Während ich Ihnen zuhörte, fiel mir Pater Alexis ein: So tief sind Ihre Worte in mein Herz eingedrungen.

8
Und sie fing an zu weinen. Ich habe ihre Tränen gesammelt, indem ich sie mit einem feinen Leinentüchlein abwischte (Sr. Genoveva bewahrt diese Reliquie auf).

Sr. Genoveva brachte ihr eine kleine Blüte von einem Geranienstock, damit sie sie ihren am Bettvorhang angesteckten Bildern streue. Aber der Stock stand schon seit Langem auf dem Tisch und sie sagte:

... Niemals welke Blümchen streuen ... nur »frisch aufgeblühte« Blümchen.

9
Man schlug ihr einen Zeitvertreib vor, der ihr aber zu geräuschvoll war. Lächelnd antwortete sie:

... Keine Knabenspiele! ... Auch keine Spiele für kleine Mädchen, nur Spiele für Engelchen.

10
... Ich betrachte die Traube und sage mir: Die ist hübsch, sie sieht gut aus. Dann esse ich eine Beere. Diese gebe nicht ich dem Jesuskind, sondern es gibt sie mir.

11
Während meiner Krankheit bin ich richtig wie ein kleines Kind: Ich denke nichts; ich freue mich, dass ich in den Himmel komme, das ist alles!

12
... Als man mir im Krankenzimmer zum ersten Mal Trauben gab, sagte ich zum Jesuskind: Wie gut sind die Trauben! Ich begreife nicht, dass du dir so lange Zeit lässt, mich zu holen, denn ich bin eine kleine Weintraube, und man sagt, ich sei so reif!

13

Über die Seelenführung:

... Ich glaube, man muss sehr aufpassen, dass man nicht sich selbst sucht, denn sonst hätte man nachher ein verwundetes Herz und könnte in aller Wahrheit sagen: »Die Wächter haben meinen Mantel genommen, sie haben mich verwundet ... Erst als ich weitergegangen war und sie ein Stück hinter mir gelassen hatte, habe ich meinen Geliebten gefunden.«[62]

Ich glaube, wenn die Seele die Wächter demütig gefragt hätte, wo ihr Geliebter sei, sie hätten es ihr gesagt, aber weil sie sich hatte bewundern lassen wollen, ist sie in Verwirrung geraten; sie hat die Einfalt des Herzens verloren.

14

... Sie, Sie sind mein Licht.

15

Hören Sie eine kleine Geschichte zum Lachen: Eines Tages – es war nach meiner Einkleidung[63] – sah mich Sr. St. Vinzenz von Paul bei unserer Mutter und rief aus: »Oh, wie blühend sieht sie doch aus! Wie kräftig sie ist, dieses große Mädchen! Wie dick sie ist!« Sehr gedemütigt durch dieses Kompliment ging ich fort. Da hielt mich Sr. Magdalena vor der Küche an und sagte zu mir: »Aber was ist denn mit Ihnen los, arme kleine Sr. Therese vom Kinde Jesus? Sie magern ja sichtlich ab! Wenn Sie so weitermachen und aussehen, dass einem das Zittern ankommt, dann werden Sie nicht lange die Regel beobachten!« Ich konnte es gar nicht fassen, als ich eine nach der anderen so entgegengesetzte Meinungen äußern hörte. Seither habe ich der Meinung der Geschöpfe nie mehr Bedeutung beigemessen, und das hat so sehr von mir Besitz ergriffen, dass jetzt Lob wie Tadel von mir abgleiten, ohne die geringste Spur zu hinterlassen.

26. Juli

1
Heute Nacht habe ich geträumt, ich sei mit Papa in einem Basar. Dort sah ich hübsche kleine weiße Nadelkissen, die ich gern gehabt hätte, um meine Nadeln hineinzustecken. Aber dann habe ich mir gesagt, dass man ja im Karmel so ähnliche herstellt, und so erbat ich eine kleine Spieldose.

2
Gegen den 8. Dezember 1892 hatte sie sich, wie sie mir sagte, Sr. Marthas angenommen. Im Jahre 1893 hatte sie Mutter Maria von Gonzaga im Noviziat geholfen, und bei der letzten Wahl von 1896 hatte man ihr das Noviziat praktisch ganz überlassen.

3
… Die Tugend strahlt ganz von selbst; sobald sie nicht mehr da ist, sehe ich es.

27. Juli

1
Sie wollte nicht, dass ich vergesse, gewisse Tropfen zu nehmen, die man mir verschrieben hatte.

… Oh! Sie müssen sich kräftigen; 30 Tropfen heute Abend, vergessen Sie es nicht!

2
»Ermüden wir Sie?«

Nein, denn ihr seid eine sehr liebe Gesellschaft.

3
Lachend erzählte sie uns, sie habe geträumt, man trüge sie zum Fest Unseres Vaters[64] *zwischen zwei Fackeln in den Rekreationsraum.*

4
Die Kommunität war in der Waschküche.

... Gegen 13 Uhr sagte ich mir: Jetzt sind sie schon recht müde in der Waschküche, und ich bat den lieben Gott, er möge Sie alle erquicken, damit die Arbeit in Frieden, in der Liebe getan werde. Und da ich mich so elend fühlte, freute ich mich, weil auch ich leiden musste wie sie alle.

5
Am Abend erinnerte sie mich an das Wort des heiligen Johannes vom Kreuz:

»Zerreiß der süßen Einigung Gewebe.«[65] Dieses Wort habe ich immer auf den Liebestod bezogen, den ich ersehne. Die Liebe wird das Gewebe meines Lebens nicht langsam verbrauchen. Sie wird es plötzlich zerreißen.

Mit wie viel Verlangen und Trost habe ich mir seit dem Beginn meines Ordenslebens immer wieder dieses andere Wort des heiligen Johannes vom Kreuz gesagt: »Darum ist es überaus wichtig, dass die Seele sich eifrig in der Liebe übt, damit sie sich schnell verzehrt und, ohne sich lange hienieden aufzuhalten, rasch dahin gelangt, ihren Gott von Angesicht zu Angesicht zu schauen.«[66]

Während sie die letzten Worte wiederholte, erhob sie ihren Finger, und ihre Züge nahmen einen überirdischen Ausdruck an.

6
Zu den Schwierigkeiten, die ich hinsichtlich der Veröffentlichung ihres Lebens voraussah:

... Nun, ich sage mit Jeanne d'Arc: »... Und der Wille Gottes wird geschehen trotz der Eifersucht der Menschen.«

7

– »*Bald werde ich Ihr liebes Gesichtchen nicht mehr sehen! Ich werde nur noch Ihre kleine Seele sehen.*«

– Die ist viel schöner!

8

– »*Wenn man bedenkt, dass wir Sie verlieren werden!*«

– Aber Sie werden mich nicht verlieren ... gar nicht scharfsinnig!![67]...

9

Zu Sr. Genoveva, die weinte:

– Sie sieht sehr wohl, was das ist, was ihr da von der Nasenspitze herabhängt *(der Tod)*, und jetzt hat sie die Furcht gepackt!

10

Nachdem sie dem Jesuskind eine Traube angeboten hatte:

Ich habe ihm diese Traube da angeboten, damit es Lust bekommt, mich zu holen, denn ich glaube, ich bin von dieser Sorte ...

Die Haut war nicht hart und ganz golden – sie kostete eine Beere:

Ja, ich bin von dieser Sorte da ...

11

Das Mütterchen ist mein Telefon. Ich brauche nur mein Öhrchen hinzuhalten und ich weiß alles!

12

... Ich bin nicht egoistisch, denn ich liebe den lieben Gott, nicht mich selbst.

13
… Meine Natur wünscht den Tod, aber ich freue mich nur deshalb auf den Tod, weil er der Wille Gottes für mich ist.

14
Nie habe ich den lieben Gott darum gebeten, jung zu sterben; darum bin ich sicher, dass er in diesem Augenblick nur seinen Willen tut.

15
Sie litt unter Atemnot zum Ersticken, und ich ließ mir mein Mitleid und meine Traurigkeit anmerken.

Grämen Sie sich nicht, kommen Sie schon! Wenn ich ersticke, wird der liebe Gott mir die Kraft geben. Ich liebe ihn. Er wird mich nicht verlassen.

16
Sie erzählte mir, dass sie lange ihr kleines Kreuz aus Eisen getragen hatte und dass sie davon krank geworden war. Das war für sie, wie sie mir sagte, der Beweis dafür, dass es weder für sie noch für uns der Wille Gottes sei, uns große Kasteiungen aufzuerlegen.

17
Über die Abreibungen, die der Arzt angeordnet hatte:

Ah! »Gestriegelt« worden zu sein wie ich, das ist viel schlimmer als alles andere!

18
… Seit dem 9. Juni bin ich sicher, dass ich bald sterben werde.

29. Juli

1

… Ich möchte fortgehen!

– »*Wohin?*«

– »Da hinauf, in den blauen Himmel!«[68]

2

Eine Schwester hatte ihr die folgende Bemerkung berichtet, die in der Rekreation gefallen war: »Warum spricht man eigentlich von Sr. Therese vom Kinde Jesus wie von einer Heiligen?! Gewiss, sie hat die Tugend geübt, aber es war nicht eine durch Verdemütigungen und vor allem durch Leiden erworbene Tugend.« Später sagte sie zu mir:

… Und ich, die ich so viel gelitten habe seit meiner frühesten Kindheit! Ah! Wie gut ist es für mich, angesichts des Todes das Urteil der Geschöpfe kennenzulernen!

3

Man brachte ihr etwas, von dem man glaubte, es werde ihr Freude bereiten.[69] *Aber sie zeigte sich im Gegenteil unzufrieden, weil sie erriet, dass man es jemand anders entzogen hatte. Gleich darauf tat es ihr leid und sie bat unter Tränen um Verzeihung.*

Oh! Ich bitte Sie herzlich um Verzeihung, ich habe mich von natürlichen Beweggründen leiten lassen; beten Sie für mich!

Und etwas später:

Oh, wie froh bin ich, mich im Augenblick meines Todes unvollkommen zu sehen und so sehr der Barmherzigkeit Gottes zu bedürfen!

4

Am Morgen und um 3 Uhr nachmittags hatte sie Blut gehustet.

5

Wir gaben der Befürchtung Ausdruck, sie würde in der Nacht sterben.

Ich werde nicht in der Nacht sterben, glauben Sie mir. Ich habe den Wunsch gehabt, nicht in der Nacht zu sterben.

6

… Zwei Tage nach dem Eintritt von Sr. Maria von der Dreifaltigkeit[70] wurde mein Hals behandelt … Der liebe Gott hat zugelassen, dass die Novizinnen mich erschöpften. Sr. Maria von der Eucharistie sagte zu mir, es erginge mir wie den Predigern.

7

… Da Sie meine »Historikerin« sind, müssen Sie sich schonen.

8

Nun gut! *Bébé* wird also sterben! Seit drei Tagen ist es wahr, dass ich sehr leide; heute Abend bin ich wie im Fegefeuer.

9

Oft, wenn ich kann, wiederhole ich meinen Akt der Weihe an die Liebe.[71]

10

Ich vertraute ihr etwas an, was mich beunruhigte.

… Sie sind es, die den Samen des Vertrauens in meine kleine Seele gesenkt hat; Sie erinnern sich also nicht daran?

11

Ich stützte sie, während man ihre Kissen in Ordnung brachte.

Mein Kopf liegt am Herzen meines Mütterchens.

12
Sie hatte nicht um eine gewisse Erleichterung gebeten – wir glaubten, aus Tugend. Ihr aber war es gar nicht in den Sinn gekommen, sich in dieser Sache abzutöten. Als wir sie bewunderten, sagte sie:

Ich habe die Erde satt! Man macht einem Komplimente, wenn man sie nicht verdient, und Vorwürfe, wenn man sie nicht verdient. All das! … All das! …

13
Was für uns im Augenblick eine Verdemütigung ist, das wird später unser Ruhm sein, sogar schon in diesem Leben.

14
Ich habe gar keine Fähigkeit zum Genießen; so bin ich immer gewesen. Dafür habe ich eine sehr große Fähigkeit zum Leiden. Früher hatte ich Appetit im Refektorium, wenn ich einen großen Kummer hatte. Hatte ich dagegen Freude, war es das Gegenteil, ich konnte unmöglich essen.

30. Juli

1
… Mein Körper war mir immer peinlich, ich fühle mich nicht wohl in ihm … Schon als ich noch ganz klein war, schämte ich mich seiner.

2
Weil ich ihr einen kleinen Dienst erwiesen hatte:

Danke, Mama!

3
Nicht eine Nadel hätte ich aufheben mögen, um das Fegefeuer zu vermeiden. Alles, was ich getan habe, habe ich getan, um dem lieben Gott Freude zu bereiten, um für ihn Seelen zu retten.

4
Während sie die Fotografie der Patres Bellière und Roulland anschaute:

Ich sehe netter aus als sie.

5
Man versprach ihr, kleine Chinesen für sie zu kaufen.

Ich möchte nicht Chinesen, sondern Neger.

6
Es ist bitter für mich, wenn Sie mich nicht anschauen.

7
Die Fliegen quälten sie sehr, aber sie wollte sie nicht töten.

Ich begnadige sie immer. Und doch haben nur sie mich während meiner Krankheit elend gemacht. Außer ihnen habe ich keine Feinde, und weil der liebe Gott uns aufgetragen hat, unseren Feinden zu vergeben, bin ich froh, diese kleine Gelegenheit dazu zu haben.

8
»So viel zu leiden, ist wirklich schwer. Es muss Ihnen jeden Gedanken unmöglich machen?«

Nein, es ist mir immer möglich, dem lieben Gott zu sagen, dass ich ihn liebe, und ich finde, das genügt.

9
Sie zeigte mir ein Glas mit einer sehr übelschmeckenden Arznei, die aber aussah wie ein wohlschmeckender Johannisbeerlikör.

Dieses Gläschen ist ein Gleichnis für mein Leben. Gestern sagte mir Sr. Therese vom heiligen Augustinus: »Ich hoffe, Sie trinken einen guten Likör!« Ich habe ihr erwidert: »Oh, Sr. Therese vom heiligen Augustinus, das ist das Allerschlechteste von allem, was ich trinke!«

Sehen Sie, Mütterchen, immer hatte bei mir alles diesen Anschein in den Augen der Geschöpfe. Immer kam ihnen vor, ich trinke erlesenen Likör, und in Wirklichkeit war es Bitterkeit. Ich sage Bitterkeit, aber nein! Denn mein Leben war nicht bitter, weil ich es immer verstanden habe, aus allem Bitteren meine Freude und meine Süßigkeit zu machen.

10
Wenn Sie Herrn de Cornière ein Andenken an mich schenken wollen, dann malen Sie ihm ein Bild mit den folgenden Worten: »Was ihr einem der geringsten meiner Brüder getan habt, das habt ihr mir getan.«[72]

11
Man hatte ihr einen Lichtschirm gegeben, der aus dem Karmel von Saigon stammte. Sie benutzte ihn, um die Fliegen zu vertreiben. Da es sehr warm war, wandte sie sich den Bildern zu, die mit Nadeln an ihrem Bettvorhang festgemacht waren, und fächelte zuerst ihnen und dann uns mit dem Schirm Luft zu.

Den Heiligen fächle ich an meiner statt Luft zu. Ihnen fächle ich Luft zu, um Ihnen wohlzutun und weil auch Sie Heilige sind.

12
Herr de Cornière hatte angeordnet, ihr 5 oder 6 Löffel Tisserandwasser zu geben. Sie bat Sr. Genoveva, ihr nicht mehr als 5 Löffel zu geben. Dann sagte sie an mich gewandt:

Immer das wenigere, nicht wahr, Mama?

13
Sagen Sie nicht zu Herrn Ducellier[73], dass es nur noch einige Tage mit mir gehen wird. Ich bin noch nicht so schwach, um zu sterben, und wenn man dann weiterlebt, ist man ganz verlegen.

14
4 Uhr: Sie lächelte mir zu, nachdem gerade eine Schwester weggegangen war. Ich sagte: »Ruhen Sie sich jetzt aus, schließen Sie die Augen.«

... Nein, ich schaue Sie so gern an!

15
Ich wollte eine Fliege fangen, die sie belästigte.

Was wollen Sie ihr antun?

– *»Ich werde sie töten.«*

– Oh nein! Bitte nicht!

16
Wollen Sie mich für die Letzte Ölung vorbereiten?

Indem sie mich lächelnd ansah:

Ich denke an nichts!
Bitten Sie den lieben Gott, dass ich sie so gut empfange, wie es überhaupt möglich ist.

17
Sie erzählte mir, was Unser Vater vor der Zeremonie zu ihr gesagt hatte:

... »Sie werden wie ein kleines Kind sein, das gerade die Taufe empfangen hat.« Dann hat er nur noch von der Liebe zu mir gesprochen. Oh, ich war so ergriffen!

18
Nach der Letzten Ölung zeigte sie uns voll Ehrfurcht ihre Hände. Gewöhnlich sammelte ich die kleinen Hautstückchen von ihren vertrockneten Lippen. Aber an diesem Tag sagte sie zu mir:

Heute schlucke ich meine kleinen Häutchen, weil ich die Letzte Ölung und die heilige Kommunion empfangen habe.

Das war am Nachmittag. Sie hatte kaum eine kurze Danksagung gehalten, da kamen mehrere Schwestern, um mit ihr zu sprechen. Am Abend sagte sie zu mir:

Wie hat man mich nach der Kommunion gestört! Man hat mir ungeniert ins Gesicht gesehen ... Aber um mich nicht zu ärgern, habe ich an unseren Herrn gedacht, der sich in die Einsamkeit zurückzog und doch die Menschen nicht hindern konnte, ihm zu folgen. Und er schickte sie nicht fort.[74] Ich wollte ihn nachahmen und die Schwestern freundlich empfangen.

31. Juli

1
Wieder einmal vermutete man einen Feiertag als ihren Todestag, das Fest der Verklärung am 6. August oder Mariä Himmelfahrt am 15.

Sprechen Sie nicht von einem Datum, es wird auf jeden Fall ein Fest sein!

2

Nachdem sie uns die Fabel »Der Müller, sein Sohn und der Esel« von La Fontaine[(1)] *erzählt hatte:*

... Ich habe zwei Stiefel, aber ich habe noch keinen Sack! Das heißt, dass ich noch nicht bald sterben werde.

3

Man hatte ihren Strohsack heruntergebracht, um ihn nach ihrem Tod auszustellen. Als man die Tür zur Zelle neben dem Krankenzimmer aufmachte, sah sie ihn und rief voll Freude:

Ah! Da ist unser Strohsack! Er ist schon bereit für meinen Leichnam.

... Ich habe immer ein gutes Näschen gehabt!

4

Wie wird es *bébé* nur machen, um zu sterben? Aber woran werde ich sterben?

5

... Ja, ich werde Dinge mitnehmen ... Eine ganze Menge Dinge werden aus dem Himmel verschwinden, die ich Ihnen bringen werde ... Ich werde eine kleine Diebin sein; ich werde alles nehmen, was mir gefällt.

6

Sie schaute die Statue der allerseligsten Jungfrau an und zeigte ihr mit dem Finger ihren kleinen Teller.[75]

Als das heute Nacht gekommen ist *(ein starker Bluthusten)*, glaubte ich, jetzt kommst du mich holen!

---

(1) Es handelt sich um die Geschichte vom »Gestiefelten Kater« und nicht um eine Fabel von La Fontaine.

7

Wir waren eingeschlafen, während wir bei ihr wachten:

... Petrus, Jakobus und Johannes![76]

8

... Ich sage Ihnen, es wird sich noch lange hinziehen mit mir, wenn die allerseligste Jungfrau nicht eingreift.

9

Liebenswürdig:

... Plaudern wir nicht miteinander, es genügt vollkommen, wenn wir einen verstohlenen Blick aufeinander werfen!

10

Der Dieb wird kommen
und mich mitnehmen.
Hallelujah!

11

Man sprach darüber, dass ihr nur noch wenige Tage blieben.

Die Kranke weiß das immer noch am besten! Und ich fühle, dass es noch lange gehen wird.

12

Ich habe gedacht, ich muss sehr lieb sein und den Dieb sehr freundlich erwarten.

13

Ich habe das Glück und die Freude auf der Erde gefunden, aber nur im Leiden, denn ich habe hier viel gelitten, das muss man die Seelen wissen lassen ...

Seit meiner ersten Kommunion, seit ich Jesus gebeten hatte, für mich allen Trost der Erde in Bitterkeit zu verwandeln[77], hatte ich ein beständiges Verlangen nach Leiden. Indessen dachte ich nicht daran, mich darüber zu freuen. Das ist eine Gnade, die mir erst später zuteilgeworden ist. Bis dahin war es wie ein unter der Asche verborgener Funke und wie die Blüten eines Baumes, die zu Früchten werden müssen, wenn ihre Zeit gekommen ist. Aber da ich meine Blüten fortwährend abfallen sah, mit anderen Worten, da ich mich immer gehen ließ und Tränen vergoss, wenn ich litt, sagte ich mir mit Schrecken und Trauer: So wird es also immer beim Wünschen bleiben!

14
Als Sie mir heute Abend gesagt haben, Herr de Cornière glaube, es werde noch einen Monat oder länger dauern, kam ich nicht darauf zurück. Es war ein so großer Unterschied zu gestern, als er sagte, man solle mir noch am selben Tag die Letzte Ölung spenden! Aber ich bin dabei in tiefem Frieden geblieben. Was macht es mir schon aus, noch lange auf der Erde zu bleiben! Wenn ich viel und immer mehr leide – ich fürchte nichts. Der liebe Gott wird mir die Kraft geben, er wird mich nicht verlassen.

15
»Wenn Sie noch lange leben, wird sich niemand mehr auskennen.«

Was macht das schon! Mögen mich alle verachten, das ist es ja, was ich mir immer gewünscht habe. So werde ich es am Ende meines Lebens erhalten!

16
… Jetzt, da der liebe Gott getan hat, was er wollte, da er alle getäuscht hat … Jetzt wird er kommen wie ein Dieb zu einer Stunde, da niemand mehr daran denkt. Das denke ich so bei mir.

August

Am 5. August hört das tägliche Bluthusten auf. Der durch starke Beklemmungen gekennzeichnete Zustand der Kranken ist unverändert, bis am 15. August eine neue Phase der Krankheit beginnt. In der rechten Seite treten heftige Schmerzen auf. In Abwesenheit des behandelnden Arztes wird am 17. August Dr. La Néele gerufen. Er stellt fest, dass »die Tuberkulose den letzten Grad erreicht hat« (Brief S. 318). Am 22. August neuerliche Verschlechterung.

Der Verlauf der Krankheit in diesem Monat findet seinen Niederschlag in den Aufzeichnungen im *Gelben Heft*. Die ersten 14 Tage kann man als eine Fortsetzung der Julinotizen bezeichnen: Anspielungen auf das Manuskript und auf die künftige Sendung der Karmelitin, biografische Erinnerungen, lehrhafte Erläuterungen zum »kleinen Weg«. Dann, vom 15. an, nimmt Thereses Widerstandskraft merklich ab. Von nun an zeigen uns die *Letzten Gespräche* vor allem eine große, eine heroische Kranke.

Wir sehen sie leiden, lächeln, um Atem ringen, weinen. In jeder Geste, in jedem Wort sehen wir Therese das volle Maß ihrer Liebe geben. In den letzten Tagen dieses Monats häufen sich die Eingeständnisse physischer Not, die von extremen Leiden zeugen. Gleichzeitig dauert die seelische Prüfung unvermindert an.

In diesem Zusammenhang kann man die Willenskraft einer kleinen Therese besser einschätzen, die uns fünf mit Bleistift geschriebene Texte hinterlassen hat, darunter den letzten langen Brief an Abbé Bellière vom 10. August.

1. August

1
Sie sprach von der großen Gnade, die ihr zuteilgeworden war[1]*, als einmal ihr Messbuch sich so über dem Bild unseres Herrn am Kreuz geschlossen hatte, dass nur noch eine Hand zu sehen war. Sie wiederholte, was sie sich damals selbst gesagt hatte:*

Oh! Ich will das kostbare Blut nicht verloren gehen lassen. Ich werde mein Leben damit zubringen, es für die Seelen aufzufangen.

2
Während der Matutin über das Manuskript ihres Lebens:

Nach meinem Tod dürfen Sie zu niemandem über mein Manuskript sprechen, bevor es veröffentlicht ist; nur zu unserer Mutter dürfen Sie darüber sprechen. Wenn Sie sich nicht daran halten, wird Ihnen der böse Feind mehr als eine Falle stellen, um das Werk des lieben Gottes zu vereiteln … ein sehr wichtiges Werk![a)]

3
… Jetzt werde ich nicht mehr schreiben!

---

a) *Die Letzten Worte der Therese Martin* fügen den folgenden Text hinzu (dessen Echtheit jedoch nicht feststeht):

Einige Tage später – ich hatte sie gebeten, einen Abschnitt des Manuskripts noch einmal zu lesen, weil er mir unvollständig schien – traf ich sie mit Tränen in den Augen an. Als ich fragte, weshalb sie weine, erwiderte sie mit der Einfalt eines Engels:

»Was ich in diesem Heft wieder lese, ist so ganz meine Seele! … Mutter, diese Seiten werden viel Gutes bewirken. Durch sie wird man die Milde des lieben Gottes besser kennenlernen …«

Und in seherischem Ton fügte sie hinzu:

»Oh, ich weiß wohl, alle Menschen werden mich lieben …«

4
Oh, wie krank ich bin! … Denn wissen Sie … mit Ihnen!

Weil sie nicht mehr mit mir sprechen konnte.

5
… Ich liefere mich gänzlich aus, ich werde so lange warten, wie er will.

6
… Wie gut hat der liebe Gott daran getan zu sagen: »Im Hause meines Vaters sind viele Wohnungen.«[2]

(Es handelte sich um einen Priester, der sich sehr kasteite und sich sogar versagte, etwas gegen seinen unerträglichen Juckreiz zu tun.)

… Ich kasteie mich lieber auf andere Weise und nicht in Dingen, die so auf die Nerven gehen; ich hätte mich nicht so beherrschen können.

7
Es hatte Ärger gegeben wegen des Eises, und ich hatte geweint. Ich fragte sie, ob das nicht recht war, und um mich zu trösten, sagte sie:

Sie sind immer reizend!

8
»Denken Sie an Ihre Brüder, die Missionare?«

Ich dachte sehr häufig an sie, aber seit ich krank bin, denke ich überhaupt nicht mehr viel.

9
Einer dieser Missionare[3] hatte ihr für den Weihnachtstag 1896 eine Messe versprochen. Sie erzählte mir, wie enttäuscht sie war, als sie erfuhr, dass er die Messe an diesem Tag nicht hatte feiern können.

… Und ich, die ich mich zu jener Stunde mit solcher Seligkeit vereinigt hatte! Ah! Auf der Erde ist alles ungewiss!

2. August

1
»Ich habe große Lust, Ihr Herz einbalsamieren zu lassen wie das von Mutter Genoveva.«

Zu Sr. Genoveva:

Machen Sie es, wie Sie es für richtig halten!

Ich hatte diese Absicht fallen lassen, weil es mir zu abstoßend vorkam, und ich sagte ihr das. Sie schien darüber eher traurig zu sein. Ich erriet, was sie dachte. Wir würden uns eines Trostes berauben, den sie uns nicht durch ein Wunder gewähren würde, wusste sie doch, dass sie nicht einbalsamiert werden würde. Schließlich sagte sie zu mir:

Sie sind zu unschlüssig, Mütterchen, das habe ich oft festgestellt in meinem Leben …

2
Wir hatten unter uns darüber gesprochen, dass man von der verborgenen Tugend oft so wenig Notiz nimmt.

… Das ist mir im Leben unseres Vaters Johannes vom Kreuz aufgefallen, von dem man gesagt hat: »Der Bruder Johannes vom Kreuz! Aber der ist ja noch nicht einmal ein durchschnittlicher Ordensmann!«

3
Was den Himmel betrifft, so hege ich keine großen Wünsche. Ich werde mich freuen hineinzukommen, das ist alles!

4
Von mir wird man nicht sagen können: »Sie stirbt, weil sie nicht stirbt.«[4] Wie ich Ihnen schon gesagt habe: Meine Natur – ja, die verlangt nach dem Himmel! Aber die Gnade in meiner

Seele hat große Macht über meine Natur gewonnen, und jetzt kann ich dem lieben Gott nur noch wiederholen:

»Lange noch will ich leben
Herr, wenn so Du's gedacht,
dir nach zum Himmel streben,
wenn es dir Freude macht.
Die drüben die Himmlischen erben,
die Liebe verzehrt mich schon hier.
Was kümmert mich Leben, was Sterben,
mein Glück ist die Liebe zu dir!«[5]

5
Zu Sr. Genoveva:

Alles geht vorbei auf dieser sterblichen Erde, sogar *bébé*, aber sie wird wiederkommen.

Sr. Genoveva küsste die Füße des Gekreuzigten.

Sie gehorchen nicht *bébés* Lehre! Küssen Sie ihn sogleich auf beide Wangen und lassen Sie sich küssen.

6
Nicht nur, wenn die anderen mich unvollkommen finden, empfinde ich eine lebhafte Freude, sondern besonders, wenn ich selbst mich unvollkommen finde. Das ist viel besser als alles Lob, das mich langweilt.

3. August

1
»Wie sind Sie zu diesem unverwandelbaren Frieden gelangt, der Ihnen zuteilgeworden ist?«

Ich habe mich selbst vergessen und mich bemüht, in nichts mich selbst zu suchen.

2
Ich sagte, sie habe viel kämpfen müssen, um zur Vollkommenheit zu gelangen.

Oh! Es ist nicht das![a)]

3
Eine Schwester hatte ihr wehgetan; sie sagte in einem ernsten und zärtlichen Ton zu mir:

Ich sage Ihnen offen: Ich muss Sie um mich sehen in den letzten Tagen meines Lebens.

4
Oh Schwesterchen, betet für die armen Sterbenskranken. Wenn ihr wüsstet, was da vor sich geht! Wie wenig es braucht, um die Geduld zu verlieren! Man muss barmherzig sein mit jedermann ... Das hätte ich früher nicht geglaubt.

5.
Ich sprach zu ihr über Mortifikationen mit Bußwerkzeugen.

... In diesem Punkt muss man sehr maßvoll sein, denn da mischt sich oft mehr die Natur ein als etwas anderes.[aa)]

---

a) *Die Letzten Worte der Therese Martin* fügen den folgenden Text hinzu (dessen Echtheit nicht feststeht):

Und etwas später:

»Die Heiligkeit liegt nicht in dieser oder jener Übung, sondern sie ist eine *Gesinnung des Herzens,* die uns demütig macht und klein in den Armen Gottes, unserer Schwachheit bewusst und bis zur Verwegenheit vertrauend auf seine Vatergüte.«

aa) *Die Letzten Worte der Therese Martin* fügen den folgenden Text hinzu (dessen Echtheit nicht feststeht):

In diesem Zusammenhang hatte sie schon vorher einmal zu mir gesagt:

»Was die körperliche Buße betrifft, so ist mir eine Stelle im Leben des seligen Heinrich Seuse aufgefallen. Er hatte schreckliche Bußwerke verrichtet, die seine Gesundheit untergraben hatten. Da erschien ihm ein

6
Zu uns dreien:

Man muss sorgfältig auf die Regeltreue achten. Bleibt nicht nach einem Besuch im Sprechzimmer beisammen, um miteinander zu reden, denn das ist dann wie zu Hause, man versagt sich nichts.

An mich gewandt:

Mutter, das ist das Allernützlichste.

7
Oh, wie mich meine kleine Schulter foltert! Wenn Sie wüssten!

Man will ihr Watte auflegen.

Nein, Sie sollen mir mein kleines Kreuz nicht wegnehmen.

8
Ich leide schon lange, aber nur kleine Schmerzen. Seit dem 28. Juli sind es große Schmerzen.

9
Die Krankheit nahm einen verwirrenden Verlauf und eine von uns sagte:
Woran werden Sie denn eigentlich sterben?

Engel, gebot ihm aufzuhören, und sagte: ›Bis jetzt hast du nur als einfacher Soldat gekämpft; jetzt werde ich dich zum Ritter schlagen.‹ Damit erschloss er dem Heiligen das Verständnis für die Überlegenheit des geistlichen Kampfes über die körperliche Abtötung.
Sehen Sie, Mütterchen, der liebe Gott wollte mich nicht als einfachen Soldaten haben, ich bin gleich zum Ritter geschlagen worden und zum Krieg gegen mich selbst angetreten im geistlichen Bereich durch Selbstverleugnung, durch kleine, verborgene Opfer. In diesem Kampf im Verborgenen, in dem die Natur gar nicht zum Zuge kommt, habe ich den Frieden und die Demut gefunden.«

Aber am Tod werde ich sterben! Hat nicht der liebe Gott dem Adam mit folgenden Worten gesagt, woran er sterben wird: »Du wirst des Todes sterben.«[6] Das ist es, ganz einfach.

4. August

1
Heute Nacht habe ich viele und schreckliche Albträume gehabt, aber im schlimmsten Augenblick sind Sie zu mir gekommen, und da hatte ich keine Angst mehr.

2
… Nein, ich halte mich nicht für eine große Heilige! Ich halte mich für eine ganz kleine Heilige, aber ich glaube, es hat dem lieben Gott gefallen, Dinge in mich hineinzulegen, die mir selbst und den anderen nützlich sind.

3
Man hatte ihr einen Bund Ähren gebracht. Sie zog die schönste heraus und sagte zu mir:

Mutter, diese Ähre ist das Gleichnis meiner Seele: Der liebe Gott hat mich mit Gnaden beladen für mich selbst und für viele andere …

Dann, weil sie befürchtete, sich einem hochmütigen Gedanken hingegeben zu haben:

Oh wie gern möchte ich gedemütigt und misshandelt werden, um zu sehen, ob ich wirklich die Demut des Herzens besitze! … Und doch, wenn ich früher gedemütigt wurde, war ich sehr glücklich … Ja, es scheint mir, dass ich demütig bin … Der liebe Gott zeigt mir die Wahrheit. Ich fühle so gut, dass alles von ihm kommt.

4
Wie leicht lässt man sich entmutigen, wenn man sehr krank ist! …

Oh, wie fühle ich, dass ich den Mut verlieren würde, wenn ich nicht den Glauben hätte! Oder vielmehr, wenn ich nicht den lieben Gott liebte.

5
Erst im Himmel werden wir die Wahrheit über alle Dinge erkennen. Auf der Erde ist das unmöglich. Das gilt sogar für die Heilige Schrift. Ist es nicht traurig, all die Unterschiede in den Übersetzungen zu sehen? Wäre ich Priester gewesen, ich hätte Hebräisch und Griechisch gelernt und mich nicht mit Latein begnügt. So hätte ich den wahren Text kennengelernt, den der Heilige Geist diktiert hat.

6
Während des innerlichen Gebets bin ich für eine Sekunde eingeschlafen. Da habe ich geträumt, man habe zu wenig Soldaten für einen Krieg.

Sie haben gesagt: Wir müssen Schwester Therese vom Kinde Jesus schicken. Ich habe erwidert, dass ich lieber für einen heiligen Krieg ausgezogen wäre. Schließlich bin ich trotzdem gegangen.

Oh nein, ich hätte keine Angst, in den Krieg zu ziehen. Mit welcher Freude wäre ich zum Beispiel zur Zeit der Kreuzzüge aufgebrochen, um die Häretiker zu bekämpfen. Ich hätte mich nicht gefürchtet, von einer Kugel getroffen zu werden, das können Sie mir glauben!

7
Und ich, die ich das Martyrium wünschte[7], ist es möglich, dass ich im Bett sterbe?!

8
»Wie haben Sie jetzt Ihr kleines Leben eingerichtet?«

Mein kleines Leben besteht darin, dass ich leide, und das ist alles! Ich könnte nicht sagen: Mein Gott, das ist für die Kirche, mein Gott, das ist für Frankreich … usw. … Der liebe Gott weiß genau, was er damit machen soll; ich habe ihm alles gegeben, um ihm Freude zu machen. Und übrigens würde es mich zu sehr anstrengen, ihm zu sagen: Gib das dem Peter, gib das dem Paul. Das tue ich nur schnell, wenn eine Schwester mich darum bittet, und nachher denke ich nicht mehr daran. Wenn ich für meine Missionsbrüder bete, opfere ich nicht meine Leiden auf. Ich sage ganz einfach: Mein Gott, gib ihnen alles, was ich mir für mich selbst wünsche.

5. August

1
Es war sehr warm, und der Sakristan hatte uns bemitleidet, weil wir so schwere Habite tragen.

Ach! Im Himmel wird es uns der liebe Gott vergelten, dass wir aus Liebe zu ihm auf Erden so schwere Habite getragen haben.

2
Als sie feststellte, dass sie sich kaum mehr bewegen konnte:

David sagte in den Psalmen: »Ich bin wie die Heuschrecke, die dauernd ihren Platz wechselt.«[8] Nun, das kann ich von mir wohl nicht sagen! Ich möchte gern spazieren gehen, aber mein Bein ist angebunden!

3
… Wenn die Heiligen hinter mir die Pforte des Himmels geschlossen haben werden, werden sie singen:

»Endlich haben wir dich,
du kleine graue Maus.
Endlich haben wir dich,
und wir werden dich behalten!«

(Ein kleines Lied, das ihr wieder einfiel.)

4
Sr. Maria vom Heiligen Herzen sagte zu ihr, bei ihrem Tod würden die Engel kommen und unseren Herrn begleiten, und sie würde sie in all ihrem Glanz und ihrer Schönheit sehen.

… All diese Bilder nützen mir nichts, ich kann mich nur von der Wahrheit nähren. Deshalb habe ich auch nie nach Visionen verlangt. Auf der Erde kann man nicht den Himmel, die Engel so sehen, wie sie sind. Ich warte lieber bis nach meinem Tod.

5
Während der Vesper habe ich gedacht, Mütterchen, dass Sie meine Sonne sind.

6
Ich bin eingeschlafen und habe geträumt, dass Sie sich über mich neigen, um mich zu küssen; ich wollte Sie auch küssen, aber da bin ich gleich aufgewacht, ganz erstaunt darüber, dass mein Kuss ins Leere gegangen ist!

7
Man hatte ihr Bett noch nicht in die Mitte des Krankenzimmers gestellt, es stand noch hinten in der Ecke. Für das Fest der Verklärung unseres Herrn am nächsten Tag, dem 6. August, hatten wir aus dem

Chor das Heilige Antlitz, das sie sehr liebte, geholt, den Rahmen mit Blumen und Lichtern umgeben und es an der Wand zu ihrer Rechten angebracht. Sie schaute das Bild an und sagte zu mir:

Wie gut hat unser Herr daran getan, die Augen zu senken, als er uns sein Bildnis gab! Denn die Augen sind der Spiegel der Seele, und wenn er uns seine Seele geoffenbart hätte, wären wir vor Freude gestorben.

Oh, wie viel Gutes hat dieses Heilige Antlitz mir zeit meines Lebens getan. Als ich meinen Lobgesang »Aus Liebe leben« verfasste, hat er mir geholfen, sodass es mir ganz leichtgefallen ist. Während des Stillschweigens am Abend habe ich 15 Strophen, die ich untertags verfasst hatte, ohne Notizen zu machen, aus dem Gedächtnis niedergeschrieben. Als ich an jenem Tag nach der Gewissenserforschung ins Refektorium ging, hatte ich gerade die Strophe verfasst:

»Aus Liebe leben heißt, Dein Leid versüßen
und Sündern Nachlass wirken ihrer Schuld.«

Geschichte einer Seele, 1936, S. 423.

8

Ich sage mit Ijob: »Am Morgen hoffe ich, den Abend nicht mehr zu erleben; am Abend hoffe ich, den Morgen nicht mehr zu sehen.«[9]

9

… Diese Worte Jesajas »Wer glaubt deinem Wort … er ist ohne Schönheit und Gestalt … usw.«[10] haben den Grund gelegt für meine Andacht zum Heiligen Antlitz, oder besser gesagt, für meine ganze Frömmigkeit. Auch ich möchte ohne Schönheit sein, allein, um den Wein in der Kelter zu treten, allen Geschöpfen unbekannt …

10

Wegen einer vertraulichen Mitteilung, die ich ihr machte, sagte sie:

Eine Mutter Priorin müsste immer so wirken, als würde sie keinen Schmerz kennen. Es ist so gut und verleiht so viel Kraft, wenn man gar nicht von seinen Sorgen spricht! Zum Beispiel soll man nie etwas sagen wie: Sie haben Unannehmlichkeiten und Schwierigkeiten, ich habe dieselben und noch viele mehr usw.

6. August

1

Sie hatte gehofft, in der Nacht zu sterben, und gleich am Morgen sagte sie mir:

Die ganze Nacht habe ich aufgepasst wie das kleine Mädchen im Lied vom Weihnachtsschühlein …[11]

Unablässig habe ich das Heilige Antlitz betrachtet … Ich habe eine ganze Menge Versuchungen zurückgeschlagen … Ah! Ich habe eine ganze Menge Glaubensakte erweckt …

Auch ich kann sagen: »Ich blickte zur Rechten und schaute, keiner ist da, der um mich wüsste.«[12]… Ich will damit sagen, niemand, der den Zeitpunkt meines Todes wüsste … Zur Rechten bedeutet für mich die Seite, wo Sie für mich da sind.

Dann schaute sie die Statue der allerseligsten Jungfrau an und sang mit sanfter Stimme:

Wann wird er kommen, geliebte Mutter,
wann wird er kommen, der schöne Tag,
wo ich aus meiner Verbannung hienieden
eingehen werde ins ewige Leben?

2

Der heftige Schmerz in ihrer Seite hatte in der Nacht aufgehört. Herr de Cornière horchte sie ab und fand sie genauso krank wie vorher, sie aber bezweifelte, dass sie bald sterben würde.

Ich bin wie ein armer kleiner Robinson auf seiner Insel. Solange man mir nichts versprochen hatte, war ich genauso in der Verbannung, aber ich dachte nicht daran, meine Insel zu verlassen. Nun aber kündigt man mir ein Schiff an, das mich bald in mein Vaterland zurückbringen wird, und so bleibe ich an der Küste und schaue ... und da ich am Horizont nichts auftauchen sehe, sage ich mir: Sie haben mich getäuscht? Ich werde nicht fortkommen!

3

Sie zeigte mir im kleinen Brevier vom Heiligsten Herzen die Worte, die unser Herr zur seligen Marguerite-Marie gesprochen und die sie am Himmelfahrtstag gezogen hatte:

»Das Kreuz ist das Bett meiner Bräute, dort werde ich dich die Wonnen meiner Liebe verkosten lassen.«

Und sie erzählte mir, dass einmal eine Schwester aus demselben Buch eine Stelle gezogen hatte und auf eine strenge Stelle gekommen war. Da hatte sie sie aufgefordert, nun ihrerseits zu ziehen, und sie zog das folgende Wort:

»Vertrau dich mir an ...«

4

Ich kann mich für mein Vertrauen auf nichts, auf keines meiner Werke stützen. So wäre ich froh gewesen, mir sagen zu können, ich habe alle meine Totenoffizien gebetet. Aber diese Armut ist für mich ein wahres Licht, eine wahre Gnade gewesen. Ich habe mir gedacht, dass ich nie in meinem Leben auch nur eine einzige meiner Schulden dem lieben Gott gegenüber hätte abtragen können, dass gerade darin für mich ein wahrer

Reichtum und eine Kraft liegen, wenn ich es nur will. Deshalb habe ich so gebetet: Oh mein Gott, ich flehe dich an, tilge die Schuld, die ich gegen die Seelen im Fegefeuer eingegangen bin, aber tu es als Gott, weil es dann unendlich wertvoller ist, als wenn ich meine Totenoffizien verrichtet hätte. Und mit inniger Freude habe ich an das Wort aus dem Lobgesang des heiligen Johannes vom Kreuz gedacht: »Tilge jede Schuld.«[13] Ich hatte das immer auf die Liebe bezogen … Ich fühle, dass diese Gnade sich nicht wiedergeben lässt … Die Seligkeit war zu groß! Ganz arm zu sein, einzig auf den lieben Gott zu zählen, das verleiht einen unbeschreiblich tiefen Frieden.

5

… Oh wie wenige vollkommene Ordensfrauen gibt es doch, die etwas nur halb tun, weil sie sich sagen: Dazu bin ich schließlich nicht verpflichtet … Es ist nicht weiter schlimm, wenn ich hier spreche, wenn ich mich mit dem begnüge … Wie selten sind jene, die alles so gut wie möglich machen! Und doch sind gerade diese die Glücklichsten. Wie gut ist zum Beispiel das Stillschweigen für die Seele, wie viele Verstöße gegen die Liebe und wie viele Kümmernisse aller Art vermeidet man dadurch. Ich spreche vor allem vom Stillschweigen, weil gegen diesen Punkt am meisten gefehlt wird.

6

Wie stolz war ich, als ich beim Offizium *Hebdomadarin*[14] war und mitten im Chor mit lauter Stimme die Orationen sprach! Ich dachte daran, dass der Priester bei der Messe die gleichen Worte sprach und dass ich gleich ihm ganz laut vor dem Allerheiligsten Sakrament beten und das Evangelium vorlesen durfte, als ich erste Kantorin war.

… Aber ich kann sagen, das Offizium war gleichzeitig meine Seligkeit und mein Martyrium, denn obgleich ich so sehr wünschte, es gut zu rezitieren und keine Fehler zu machen, kam es doch vor, dass ich manchmal infolge einer völlig unfreiwilligen Zerstreuung den Mund nicht auftat, wenn der Augenblick gekommen war, obwohl ich eine Minute vorher überdacht hatte, was ich zu sagen hatte. Und doch glaube ich nicht, man hätte sehnlicher als ich wünschen können, das Offizium auf vollkommene Weise zu rezitieren und am Chorgebet teilzunehmen.

... Darum habe ich volles Verständnis für die Schwestern, die etwas vergessen oder einen Fehler machen.

7

Sr. St. Stanislaus, ihre erste Krankenpflegerin, war während der Vesper weggegangen und hatte dabei Tür und Fenster des Krankenzimmers offen gelassen, sodass ein starker Luftzug herrschte. Als unsere Mutter sie in dieser Situation vorfand, war sie sehr verärgert und verlangte eine Erklärung.[a)]

Therese sagte zu mir:

Ich habe unserer Mutter die Wahrheit gesagt, aber während ich redete, ist mir eine Form eingefallen, die der Liebe besser entspricht als jene, die ich zuerst verwenden wollte, obgleich auch die nicht schlimm war, ganz gewiss nicht. Ich folgte

---

a) Die *Grünen Hefte* bringen dazu folgende Einzelheiten:

Eine der Krankenpflegerinnen hatte sie immer zur Vesperzeit in einem starken Luftzug zurückgelassen. Sr. Therese vom Kinde Jesus hatte ihr durch ein Zeichen angedeutet, sie möge die Tür schließen. Aber die Schwester verstand sie nicht. Sie glaubte, Therese wünsche eine Decke, und so legte sie ihr eine Decke auf die Füße. Therese versuchte zu sprechen, aber infolge ihrer Beklemmung konnte sie sich noch immer nicht verständlich machen, und die gute Schwester brachte eine weitere Decke, ein Kissen usw., weil sie glaubte, Therese sei kalt. Die arme Kleine war ganz erstickt, versuchte aber keine weitere Erklärung.
Als Sr. XXX von der Vesper zurückkam, bemerkte sie den Luftzug und wie die Last all dieser Decken die sanfte Kranke erstickte und äußerte ganz laut ihre Missbilligung. Unsere Mutter kam und forderte eine Erklärung von Sr. Therese vom Kinde Jesus, die bei diesem Anlass ebenso viel Liebe wie Geduld bewies.

meiner Eingebung und der liebe Gott hat es mir durch einen großen inneren Frieden vergolten.

8

Am Abend während der Matutin fragte ich sie, wie sie das verstehe: »Vor dem lieben Gott ein kleines Kind bleiben.« Sie erwiderte:

Es besteht darin, dass man sein Nichts anerkennt, alles vom lieben Gott erwartet, so wie ein kleines Kind alles von einem Vater erwartet; dass man sich um nichts Sorgen macht, kein Vermögen erwirbt. Auch bei den Armen gibt man dem Kind, was es braucht, sobald es aber groß wird, will sein Vater es nicht mehr erhalten. Er sagt zu ihm: Jetzt musst du arbeiten, du kannst dich jetzt selbst erhalten.

Weil ich das nicht hören wollte, wollte ich nicht groß werden, denn ich fühlte mich unfähig, meinen Lebensunterhalt zu verdienen, nämlich das ewige Leben im Himmel. So bin ich immer klein geblieben, und meine einzige Beschäftigung bestand darin, Blumen zu pflücken[15], Blumen der Liebe und des Opfers, um sie dem lieben Gott anzubieten zu seiner Freude.

Klein sein heißt auch, nicht die Tugenden, die man übt, sich selbst zuschreiben, nicht sich selbst für irgendetwas fähig zu halten, sondern anzuerkennen, dass der liebe Gott diesen Schatz in die Hand seines kleinen Kindes legt, damit es ihn benutzt, wenn es ihn braucht; aber der Schatz gehört immer dem lieben Gott. Schließlich heißt es, dass man sich nie durch seine Fehler entmutigen lässt, denn Kinder fallen oft, aber sie sind zu klein, um sich sehr wehzutun.

7. August

1

Sr. X …, die ausgetreten ist[16], wollte mir ihr Herz ausschütten, obgleich ich nicht mehr Priorin bin.

… Hören Sie sie ja nicht an, auch wenn sie wie ein Engel wäre. Es würde Sie sehr unglücklich machen, weil Sie darin nicht Ihre Pflicht erfüllten. Es wäre eine Schwäche, die dem lieben Gott gewiss Schmerz bereiten würde.

2

… Oh wie wenig wird der liebe Gott auf Erden geliebt! … Sogar von den Priestern und Ordensleuten … Nein, der liebe Gott wird nicht sehr geliebt …

3

Sie zeigte mir die Fotografie von Unserer Lieben Frau vom Sieg, auf die sie das Blümchen aufgeklebt hatte, das Papa ihr in den Buissonnets an jenem Tag gegeben hatte, als sie ihm von ihrer Berufung sprach.[17] Die Wurzel war abgebrochen, und es sah so aus, als hielte das Jesuskind die Blume in der Hand und als lächelten das Kind und die allerseligste Jungfrau sie an.

… Dass dieses Blümchen seine Wurzel verloren hat, will Ihnen sagen, dass ich im Himmel bin, deshalb tun sie mir so schön …

(die allerseligste Jungfrau und das Jesuskind).

4

Oh, wenn ich untreu wäre, wenn ich auch nur die geringste Untreue beginge, ich fühle, ich würde mit schrecklicher Unruhe dafür büßen müssen und ich könnte den Tod nicht mehr annehmen. Darum sage ich unaufhörlich zum lieben Gott:

»Oh mein Gott, ich bitte dich, bewahre mich vor dem Unglück, untreu zu sein.«

»Von welcher Untreue sprechen Sie denn?«

Von einem willentlich genährten Gedanken des Hochmuts. Wenn ich mir zum Beispiel sagen würde: Diese Tugend habe ich erworben, ich weiß, dass ich sie üben kann. Denn das würde heißen, dass man sich auf die eigenen Kräfte verlässt, und wenn man so weit kommt, läuft man Gefahr, in den Abgrund zu stürzen. Dagegen werde ich das Recht haben, bis zu meinem Tod kleine Dummheiten zu machen, ohne den lieben Gott dadurch zu beleidigen, wenn ich nur demütig bin, wenn ich nur ganz klein bleibe. Schauen Sie die kleinen Kinder an: Sie haben ihre Eltern sehr, sehr lieb, und doch zerreißen und zerbrechen sie unaufhörlich etwas und fallen immer wieder hin. Wenn ich auf diese Weise falle, so bringt mir das mein Nichts noch mehr ins Bewusstsein, und ich sage mir: Was würde ich tun, was würde aus mir werden, wenn ich mich auf meine eigenen Kräfte stützte?! …

Ich verstehe sehr gut, dass der heilige Petrus gefallen ist.[18] Dieser arme heilige Petrus hat sich auf sich selbst verlassen anstatt einzig auf die Kraft des lieben Gottes. Ich schließe daraus, dass meine Versuchungen noch ärger sein würden und ich bestimmt fallen würde, wenn ich sagte: »Oh mein Gott, du weißt wohl, ich liebe dich zu sehr, um mich bei einem einzigen Gedanken gegen den Glauben aufzuhalten.«

Ich bin sicher, hätte Petrus demütig zu Jesus gesagt: »Ich bitte dich, gib mir die Kraft, dir bis in den Tod zu folgen«, er hätte sie sogleich erhalten.

Auch bin ich sicher, dass unser Herr seinen Aposteln durch seine Lehren und seine sinnlich wahrnehmbare Gegenwart nicht mehr sagte, als er uns durch die guten Eingebungen seiner Gnade sagt. Er hätte ohne Weiteres zum heiligen Petrus sagen können: Erbitte von mir die Kraft, um zu vollbringen, was du willst. Aber nein, er tat es nicht, denn er wollte ihm seine Schwäche bewusst machen und an sich selbst erfahren lassen, was der Mensch ohne die Hilfe Gottes vermag, bevor er ihm die ganze Kirche, die voller Sünder ist, zur Leitung anvertraute.

... Vor seinem Fall sagte unser Herr zu ihm: »Nach deiner Umkehr stärke deine Brüder.«[19] Damit wollte er sagen: Überzeuge sie aus eigener Erfahrung von der Unzulänglichkeit der menschlichen Kräfte.

5
Ich möchte Sie immer bei mir haben, Sie sind meine Sonne.

8. August

1
Ich sagte ihr, ich würde ihre Tugenden später zur Geltung bringen.

Nur den lieben Gott darf man zur Geltung bringen, denn an meinem kleinen Nichts ist nichts zur Geltung zu bringen.

2
Sie betrachtete durch das Fenster des Krankenzimmers den Himmel, und Sr. Maria vom Heiligen Herzen sagte zu ihr: »Mit wie viel Liebe Sie den Himmel anschauen!« In diesem Augenblick war sie besonders müde und so antwortete sie nur mit einem Lächeln. Später vertraute sie mir an, was sie gedacht hatte.

Ah! Sie glaubt, ich betrachte das Firmament und denke dabei an den wahren Himmel! Aber nein, es ist ganz einfach, weil ich den natürlichen Himmel bewundere; der andere ist mir mehr und mehr verschlossen. Gleich darauf aber habe ich mir mit inniger Freude gesagt: Oh ja doch! Ich betrachte den Himmel wirklich aus Liebe, ja es geschieht aus Liebe zum lieben

Gott, denn alles, was ich tue, jede Bewegung, jeder Blick – seit meiner Weihe als Opfer der barmherzigen Liebe[20] geschieht alles aus Liebe.

3

Heute habe ich an mein vergangenes Leben gedacht, an meinen Akt der Tapferkeit damals zu Weihnachten[21], und dabei ist mir das Lob eingefallen, das man Judit gespendet hat: »Du hast mit männlichem Mut gehandelt, und dein Herz ist gestärkt worden.«[22] Viele Seelen sagen: Aber ich habe nicht die Kraft, dieses Opfer zu bringen. Mögen sie doch tun, was ich getan habe – eine große Anstrengung machen. Der liebe Gott versagt nie diese erste Gnade, die den Mut zum Handeln gibt; danach wird das Herz stark, und man schreitet von Sieg zu Sieg.

4

Hätten unser Herr und die allerseligste Jungfrau nicht selbst an Festmahlen teilgenommen, ich hätte nie den Brauch verstanden, dass man seine Freunde zum Essen einlädt. Mir schien, beim Essen sollte man sich verbergen oder wenigstens müsste die Familie unter sich bleiben. Einander einladen ja, aber nur, um miteinander zu sprechen, einander von Reisen, von Erinnerungen zu erzählen, mit einem Wort, um geistiger Dinge willen.

Mir tat immer das Personal leid, das bei großen Festessen bediente. Wenn sie das Pech hatten, ein paar Tropfen auf die Serviette oder auf einen der Gäste fallen zu lassen, dann sah ich den strengen Blick der Dame des Hauses auf die Armen gerichtet, die vor Scham erröteten, und während ich innerlich aufbegehrte, sagte ich mir: Wie klar beweist dieser Unterschied zwischen Herren und Dienern hier auf Erden, dass es einen Himmel gibt, wo jeder nach seinen inneren Verdiensten seinen Platz erhalten wird, wo alle an der Tafel des Familienvaters sitzen werden. Wer aber wird dann unser Diener sein, da doch Jesus gesagt hat: »Er werde kommen und gehen und uns bedienen!«[23] Das wird vor allem für die Armen und Kleinen der Augenblick sein, da sie für ihre Verdemütigungen reichlich belohnt werden.

9. August

1
Ich sagte von ihr: »Unser Krieger ist ja ganz niedergeschlagen!«

Ich bin nicht ein Krieger, der mit irdischen Waffen gekämpft hat, sondern mit »dem Schwert des Geistes, welches das Wort Gottes ist«.[24] So hat mich auch die Krankheit nicht übermannen können, und erst gestern Abend habe ich mich einer Novizin gegenüber meines Schwertes bedient. Ich habe es gesagt: Ich werde mit den Waffen in der Hand sterben.

2
Über ihr Manuskript:

Es wird darin für jeden Geschmack etwas zu finden sein, nur nichts über die außergewöhnlichen Wege.

3
Sie sind für mich wieder das geworden, was Sie mir in meiner Kindheit waren ... Ich kann es nicht ausdrücken, was Sie für mich bedeuten!

4
Man sagte ihr, sie sei eine Heilige.

Nein, ich bin keine Heilige; ich habe nie die Taten der Heiligen vollbracht. Ich bin eine ganz kleine Seele, die der liebe Gott mit Gnaden überhäuft hat, das bin ich. Was ich sage, ist die Wahrheit. Im Himmel werden Sie es sehen.

10. August

1
Sie betrachtete das am Vorhang ihres Bettes angesteckte Bild des Théophane Vénard. Es stellt den Missionar dar, wie er mit dem Finger zum Himmel weist.

Glauben Sie, dass er mich kennt! Schauen Sie, was er mir zeigt … Genauso gut hätte er nicht diese Haltung haben können …

2
Man sagte ihr, dass Seelen, die wie sie zur vollkommenen Liebe gelangt sind, ihre eigene Schönheit sehen[25]*, und dass sie eine von ihnen sei.*

Welche Schönheit? … Ich sehe durchaus nicht meine Schönheit, ich sehe nur die Gnaden, die ich vom lieben Gott empfangen habe. Sie irren sich immer; Sie wissen also nicht, dass ich weiter nichts bin als ein ganz kleiner Kern … eine kleine Mandel …

(Ich bin gestört worden und habe die nachfolgende Erklärung nicht aufschreiben können.)

3
Indem sie mit einem lustigen, liebreizenden Ausdruck das Bild von Th. Vénard anschaute:

… Ah! Aber! …

»Warum sagen Sie: ›Ah! Aber!‹«, fragte Sr. Genoveva.

Weil er jedes Mal, wenn ich ihn anschaue, auch mich anschaut, und dabei sieht es so aus, als ob er mich aus dem Augenwinkel verschmitzt beobachtete.

4
Man zeigte ihr eine Fotografie von Jeanne d'Arc in ihrem Gefängnis.

Die Heiligen machen auch mir Mut in meinem Gefängnis. Sie sagen mir: Solange du in Ketten liegst, kannst du deine Sendung nicht erfüllen; aber später, nach deinem Tod, wird die Zeit der Arbeit und der Eroberungen für dich anbrechen.

5
Ich denke an die Worte des heiligen Ignatius von Antiochien: »Auch ich muss durch das Leiden gemahlen werden, um zu Weizen Gottes zu werden.«[26]

6
Während der Matutin:

Wenn Sie wüssten, was Sie für mich sind! Aber ich sage Ihnen immer dasselbe.

7
… Ich erzählte ihr vom Himmel, von unserem Herrn und von der allerseligsten Jungfrau, die dort mit Leib und Seele sind.
Sie stieß einen tiefen Seufzer aus:

Ah! …

»Wollen Sie mir damit sagen, wie schwer Sie unter Ihrer Versuchung leiden?«[27]

Ja! … Ist es möglich, dass man den lieben Gott und die allerseligste Jungfrau so liebt und dabei solche Gedanken hat? … Aber ich bleibe nicht dabei stehen.

11. August

1

... Ich habe immer gefunden, Mütterchen, dass Sie mit zu viel Eifer bei der Arbeit sind – *(es handelte sich um Wäschewaschen).*

2

Ich sagte ihr, nach ihrem Tod würden wir sehr tugendhaft sein, und die Kommunität würde erneuert werden.

... »Wahrlich, wahrlich, Ich sage euch: Wenn das Weizenkorn nicht stirbt, nachdem es in die Erde gefallen ist, bleibt es allein. Wenn es aber stirbt, bringt es reiche Frucht.«[28]

3

Ich hatte nicht erwartet, dass ich so leiden würde; ich leide wie ein kleines Kind.

... Niemals möchte ich den lieben Gott um größere Schmerzen bitten. Wenn er sie vermehrt, so werde ich sie gern und mit Freude tragen, weil sie von ihm kommen. Aber ich bin zu klein, um aus mir selbst die Kraft zu haben. Wenn ich um Leiden bitten würde, so wären es meine eigenen Leiden, ich müsste sie allein tragen, und ich habe nie allein etwas zustande bringen können.

4

... Die allerseligste Jungfrau hat keine allerseligste Jungfrau, die sie lieben könnte. Sie ist weniger glücklich als wir.

(Das hatte sie mir schon früher bei der Rekreation gesagt.)

5

Ich bitte oft die Heiligen, ohne dass sie mich erhören, aber je tauber sie meinen Bitten gegenüber scheinen, desto mehr liebe ich sie.

Warum das?

Weil ich mehr danach verlangt habe, den lieben Gott und die Heiligen nicht zu schauen und in der Nacht des Glaubens zu bleiben, als andere sich danach sehnen zu schauen und zu begreifen.

6
Sie hatte uns alles Mögliche aus der Zeit der Grippeepidemie erzählt.[29] *Am Schluss sagte ich zu ihr: »Wie viel Mühe haben Sie sich gemacht! Und wie freundlich und lieb Sie gewesen sind! Sicher ist all diese Fröhlichkeit nicht aufrichtig, Sie leiden zu sehr an Leib und Seele.« Lachend:*

»Ich täusche nie etwas vor«, ich bin nicht wie die Frau des Jerobeam.[30]

12. August

1
(Sie hatte kommuniziert.)

... »Lebt wohl, meine Schwestern, ich trete eine lange Reise an.«

(Anspielung auf meine »Abreise« für meine Professexerzitien.)

2
Sie betrachtete eine Fotografie von Pater Bellière als Soldat:

... Diesem Soldaten da mit seiner munteren Miene gebe ich Ratschläge wie einem kleinen Mädchen! Ich zeige ihm den Weg der Liebe und des Vertrauens.

3
Seit der Ähre denke ich noch geringer von mir selbst. Aber wie groß ist die neue Gnade, die ich heute früh in dem Augenblick empfangen habe, da der Priester, bevor er mir die Kommunion reichte, das *Confiteor* anstimmte und die Schwestern es fortsetzten. Ich sah den guten Jesus bereit, sich mir zu schenken, und da schien mir dieses Bekenntnis als eine so notwendige Verdemütigung. »Ich bekenne Gott, dem Allmächtigen, der seligen, allzeit reinen Jungfrau Maria und allen Heiligen, dass ich viel gesündigt habe …« Oh ja, sagte ich mir, es ist gut, dass man in diesem Augenblick von Gott und allen Heiligen Verzeihung für mich erfleht … Ich fühlte mich wie der Zöllner als eine große Sünderin. Ich fand den lieben Gott so barmherzig! Ich fand es so ergreifend, dass man sich an den ganzen himmlischen Hof wandte, um durch seine Fürsprache die Verzeihung Gottes zu erlangen. Ach, fast hätte ich geweint, und als die heilige Hostie auf meinen Lippen lag, war ich tief ergriffen.

… Wie außerordentlich ist es doch, dass ich das während des *Confiteor* empfunden habe! Ich glaube, es kommt von meiner gegenwärtigen Verfassung; ich fühle mich so armselig! Mein Vertrauen ist nicht kleiner geworden, im Gegenteil, und das Wort »armselig« ist nicht richtig, denn ich bin reich an allen göttlichen Schätzen; aber gerade deshalb verdemütige ich mich noch mehr. Wenn ich an alle Gnaden denke, die der liebe Gott mir erwiesen hat, muss ich mich zusammennehmen, um nicht beständig Tränen der Dankbarkeit zu weinen.

… Ich glaube, die Tränen, die ich heute früh vergossen habe, waren Tränen der vollkommenen Reue. Ah, wie unmöglich ist es doch, aus sich heraus solche Gefühle hervorzurufen! Es ist der Heilige Geist, der sie gibt, er, der »weht, wo er will«.[31]

4
Wir erinnerten sie daran, wie sehr sie sich gesträubt hatte, als wir sie beschworen, sich zu schonen, nicht zur gleichen Zeit aufzustehen wie die Kommunität, nicht zur Matutin zu gehen. Sie sagte:

Sie haben mich nicht verstanden, als ich darauf bestand; ich tat es, weil ich sehr wohl fühlte, dass man unsere Mutter beeinflussen wollte. Ich wollte unserer Mutter die ganze Wahrheit sagen, damit sie selbst entscheiden konnte. Ich versichere Ihnen, hätte sie von sich aus von mir verlangt, dass ich sogar nicht einmal zur Messe, zur Kommunion, zum Offizium gehe, ich hätte ihr aufs Vollkommenste gehorcht.

5
Es ist wirklich unerhört – jetzt, da ich nicht mehr essen kann, habe ich Lust auf alle möglichen leckeren Sachen wie Huhn, Rippchen, den sonntäglichen Reis mit Sauerampfer, Thunfisch! …

6
… Von mir werden Sie sagen können: »Sie lebte nicht auf dieser Welt, sondern im Himmel, wo ihr Schatz ist.«

13. August

Ich teilte ihr einen Gedanken über den Himmel mit, der mir während der Komplet gekommen war.

… Was mich betrifft, so habe ich nur Erleuchtungen, die mich mein kleines Nichts erkennen lassen. Das nützt mir mehr als Erleuchtungen über den Glauben.

14. August

Kommunion:

... Viele kleine Kümmernisse am heutigen Tag ... Ah! Wie schwer mache ich es Ihnen doch!

Während der Matutin sagte ich zur ihr: »Heute haben Sie viel Kummer erfahren.«

Ja, aber da ich das liebe ... ich liebe alles, was der liebe Gott mir schickt.

15. August

1
Kommunion:
Ich erinnerte sie an das, was der heilige Johannes vom Kreuz über den Tod der Seelen sagt, die von der Gottesliebe verzehrt werden.[32]
Sie seufzte und sagte:

Man wird sagen müssen, dass nur im Grunde meiner Seele »Freude und Verzückung« waren ... Aber das würde die Seelen nicht so ermutigen, wenn man glauben würde, dass ich nicht viel leiden musste.

»Ich fühle wohl, dass Sie in Ängsten sind! Und doch haben Sie mir seit einem Monat so schöne Dinge über den Liebestod gesagt.«

Was ich Ihnen sagte, werde ich Ihnen noch öfter sagen.

2
Sie fühlte sich sehr beengt, und da es immer schlimmer wurde, sagte sie zu mir:

Ich weiß nicht, was noch aus mir werden wird!

»Beunruhigt Sie der Gedanke, was aus Ihnen werden wird?«
Mit einem Lächeln in liebenswürdigem Ton:

Oh nein! ...

3
Während des Stillschweigens[33] habe ich geträumt, dass Sie zu mir sagten: Es wird Sie sehr ermüden, wenn die Kommunität kommt und alle Schwestern Sie anschauen und Sie gezwungen sind, ein wenig mit ihnen zu sprechen. Ich habe Ihnen erwidert: Ja, aber wenn ich dann einmal da droben bin, werde ich mich von allem ausruhen.

4
Gestern Abend bat ich die allerseligste Jungfrau, nicht mehr husten zu müssen, damit Sr. Genoveva schlafen könnte.[34] Aber ich fügte hinzu: Wenn du es nicht tust, werde ich dich noch mehr lieben.

5
Unsere neuen Glocken läuteten zur Vesper. Ich machte die Tür auf, damit sie die Glocken gut hören konnte, und sagte: »Hören Sie die schönen Glocken läuten?« Nachdem sie zugehört hatte:

… Noch nicht ganz schön!

6
Der liebe Gott schenkt mir Mut im Verhältnis zu meinen Leiden. Ich fühle, dass ich im Augenblick nicht mehr ertragen könnte, aber ich habe keine Angst, denn wenn sie noch stärker werden, so wird er zugleich auch meinen Mut vermehren.

7
Ich frage mich, wie der liebe Gott sich so lange zurückhalten kann, mich zu holen ….

… Und dann wird man sagen, er will mir »weismachen«, dass es keinen Himmel gibt! …

… Und alle die Heiligen, die ich so liebe, wo sind sie wohl »untergebracht«? …

… Ah! Ich *tu nicht nur so*, sondern es ist wirklich wahr, dass ich kein Zipfelchen davon sehe. Na ja, ich muss in meinem Herzen laut singen:

»Nach dem Tod ist das Leben unsterblich«[35],
sonst würde es schlimm ausgehen …

8
Nach der Matutin war sie erschöpft, und als man ihre Kissen aufschütteln wollte, sagte sie zu uns:

Machen Sie mit mir jetzt, was Sie wollen.

16. August

1
Sie war so schwach und ihre Beklemmung war so stark, dass sie nicht mehr sprechen konnte.

… Nicht … einmal … mehr … sprechen können … mit Ihnen! … Oh! Wenn man wüsste! Wenn ich den lieben Gott nicht liebte! … Ja, aber …

2
Im Sprechzimmer soll man nicht über alles und jedes sprechen, zum Beispiel über Kleider.

3
Sie werden kein »Thereschen« haben, das Sie holen kommt.
Sie schaute lächelnd auf die Statue der allerseligsten Jungfrau und dann auf das Bild von Théophane Vénard und wies mit dem Finger zuerst auf die eine und dann auf den anderen.

4
Die Engel können nicht leiden, sie sind nicht so glücklich wie ich. Aber wie würden sie sich wundern, wenn sie leiden und fühlen würden, was ich fühle! … Ja, sie wären sehr erstaunt, denn sogar ich selbst bin es.

5
Während der Matutin wachte sie plötzlich auf und schaute mich mit sanftem Lächeln an:

Mein hübsches Mütterchen!

17. August

1
Kommunion:

Ich fühle wohl, der liebe Gott will, dass ich leide. Die Mittel, die mir helfen sollten und den anderen Kranken guttun, bekommen mir schlecht.

2
Man hatte sie gerade gehoben, und da man ihr wehgetan hatte, als man das Bett machte und ihr gewisse Akte der Pflege angedeihen ließ, bat sie um einen kleinen Lappen. Man zögerte, ihren Wunsch zu erfüllen, weil man nicht wusste, was sie damit machen wollte. Da sagte sie sanft:

Wenn ich um etwas bitte, sollte man mir glauben, denn ich bin ein sehr braves »kleines Mädchen«
(das heißt, das nur um Unentbehrliches bittet).

Als sie wieder im Bett lag, fühlte sie sich am Ende ihrer Kraft:

Ich bin ein sehr krankes, ja sehr krankes »kleines Mädchen«!

3
Sie legte ein Immergrün auf das Bild des Théophane Vénard; dieses Immergrün habe ich aufbewahrt.

4
»Ich werde die allerseligste Jungfrau bitten, Ihre Beklemmung zu mildern.«

Nein, man muss die da oben machen lassen!

5
Während der Matutin schaute sie das Bild von Théophane Vénard an und sagte:

Ich weiß nicht, was ich habe, ich kann ihn nicht mehr anschauen, ohne zu weinen.

6
Nach der Matutin fühlte sie sich weniger beklommen, und, indem sie auf mich wies, sagte sie zu Sr. Genoveva:

Sie hat zu Maria gebetet, und seither habe ich nicht mehr Schluckauf gehabt.

(Diesen Ausdruck benutzte sie in einem so niedlichen Ton, um uns zum Lachen zu bringen, wenn sie sagen wollte, dass sie bis zum Ersticken gehustet hatte.)

18. August

1
Ich leide sehr, aber leide ich gut? Darauf kommt es an!

2
Bébé ist erschöpft! …

Während des mittäglichen Stillschweigens hatte ich mich zum Schreiben etwas hinter dem Bett verborgen.

Rücken Sie mehr an die Seite, damit ich Sie sehe.

3
Mama, Sie müssen mir den Brief[36] vorlesen, den Sie für mich bekommen haben. Ich habe es mir versagt, Sie während des innerlichen Gebets darum zu bitten, als Vorbereitung auf meine morgige Kommunion und weil es nicht erlaubt ist.

(Das war während der Rekreation.)
Als sie sah, dass ich den Bleistift nahm, um das aufzuschreiben:

Ob vielleicht mein Verdienst verloren geht, weil ich es Ihnen gesagt habe und Sie es aufschreiben?

»Sie wollen also Verdienste erwerben?«

Ja, aber nicht für mich; für die armen Sünder, für die Bedürfnisse der ganzen Kirche, mit einem Wort, um allen Blumen zu streuen, Gerechten und Sündern.

4
Ich sagte ihr, sie sei sehr geduldig:

Noch keine Minute habe ich Geduld gehabt. Das ist nicht meine eigene Geduld! … Man täuscht sich fortwährend!

5
Man sagt, dass alle Seelen im Augenblick des Todes vom Teufel versucht werden, und so werde auch ich da hindurch müssen. Aber nein, nicht doch! Ich bin zu klein. Mit den ganz Kleinen kann er nicht …

6
Ich sagte: Es würde wohl sehr befremdlich für Sie sein, wenn Sie wieder gesund würden?

Wenn es der Wille Gottes wäre, würde ich ihm dieses Opfer mit Freude bringen. Aber ich versichere Ihnen, es wäre nichts Geringes, denn so weit fortgehen und dann wieder zurückkommen! Hören Sie! …

7
Ich frage mich, was bei meinem Schwächezustand aus mir werden würde, wenn ich auf unserem Bett eine dicke Spinne sähe. Na ja, ich will auch noch diese Ängste für den lieben Gott auf mich nehmen.

… Aber wenn Sie doch die allerseligste Jungfrau bitten würden, dass es nicht geschehen möge?

19. August

1
Als sie vor der Kommunion hörte, wie man das Miserere – wenn auch mit leiser Stimme – rezitierte, wäre sie fast ohnmächtig geworden. Unter heißen Tränen sagte sie später zu mir:

Vielleicht werde ich noch das Bewusstsein verlieren! Oh, wenn man wüsste, was das heißt, diese Schwäche, die ich fühle.

Heute Nacht konnte ich nicht mehr; ich bat die allerseligste Jungfrau, sie möge meinen Kopf in ihre Hände nehmen, damit ich es ertragen kann.

2
Bleiben Sie bei mir, Mütterchen, das ist für mich wie eine Stütze, wenn ich Sie um mich habe.

3
Sr. Genoveva reichte ihr das Kruzifix. Sie küsste innig das Gesicht des Gekreuzigten. In diesem Augenblick war sie schön wie ein Engel. Auf diesem Kreuz war das Haupt Christi geneigt. Sie betrachtete es und sagte:

Er, er ist tot! Mir ist lieber, wenn man ihn tot darstellt, dann denke ich, er leidet nicht mehr.

4
Sie erbat gewisse Handreichungen der Pflege, die ihr sehr schwer ankamen, die aber der Arzt unserer Mutter empfohlen hatte. Sr. Genoveva sagte zu ihr, wie man zu einem kleinen Kind spricht: »Wer hat das von bobonne[37] *verlangt?«*

Bébé, aus Treue.

5
Sie streichelte Théophane Vénard beide Wangen.
(Das Bild war etwas entfernt von ihr am Vorhang befestigt.)
»Warum liebkosen Sie ihn so?«

Weil ich ihn nicht küssen kann.

6
Zu Sr. Maria von der Eucharistie:

Man sollte sich nicht so quer auf die Stühle setzen. Das steht geschrieben.

7

Zu Sr. Genoveva, die ihre Kissen in Ordnung brachte, ohne dabei auf die Bilder am Vorhang zu achten:

Achtung auf den kleinen Théophane!

8

Wenn wir alle drei gleichzeitig bei ihr waren, wurde zu viel gesprochen. Es strengte sie an, weil man zu viele Fragen auf einmal an sie richtete.

»Worüber sollen wir heute reden?«

Am besten wäre es, gar nichts zu sagen, denn – um der Wahrheit die Ehre zu geben – es gibt nichts zu sagen.

»Alles ist gesagt, nicht wahr?«
Mit einem anmutigen Zeichen mit dem Kopf:

Ja!

9

Ganz gleich, was Sie mir sagen, auch die unbedeutendsten Dinge; mir kommen Sie vor wie ein anmutiger Troubadour, der seine Balladen nach immer neuen Melodien singt.

Und sie machte kleine Schlückchen, um mir zu zeigen, dass sie meine Worte trinke.

10

... Ich leide nur einen Augenblick. Man verliert ja nur deshalb den Mut und verzweifelt, weil man an die Vergangenheit und die Zukunft denkt.

20. August

1

Zu Sr. Genoveva in kindlichem Ton:

Sie wissen wohl, dass Sie ein todkrankes *bébé* pflegen …

Und dann *(indem sie auf ihr Glas wies)* müsste man etwas Gutes in das große Glas tun, denn *bébé* hat einen schrecklichen Fäulnisgeschmack im Mund.

2

Sie hatte gebeten, sie wenig zu küssen, denn sie war so schwach, dass der Hauch sie ermüdete.

»Darf man Sie bloß ein bißchen streicheln?«

Ja, denn die Hände atmen nicht.

3

Man erzählte ihr, wie schwer die arme Mutter des Herzens Jesu den Krankenpflegerinnen ihr Amt mache.

Oh, wie gern wäre ich Krankenpflegerin gewesen, nicht aus natürlicher Neigung, sondern »weil mich die Gnade dazu drängte«. Auch glaube ich, ich hätte Mutter des Herzens Jesu sehr glücklich gemacht! Ja, ich hätte an all dem Geschmack gefunden … Und ich hätte es mit so viel Liebe getan, ich hätte an das Wort des lieben Gottes gedacht: »Ich war krank und ihr habt mich erquickt.«[38] Diese schöne Gelegenheit findet man noch selten im Karmel.

4

Mit fröhlicher, verschmitzter Miene:

Bald werde ich in den Schrecken des Grabes sein! Und auch Sie werden eines Tages dort sein, Mütterchen! … Und wenn ich Sie neben mir ankommen sehen werde, »werden meine zerschlagenen Gebeine vor Freude frohlocken«.[39]

5
… Sobald ich etwas trinke, passiert mir das. *(Sie hustet und sagt zu ihrem Glas Mundwasser):* Das ist nicht zum Trinken! *Abgewandt:* – Es versteht es nicht! – *Lauter:* Das ist nicht zum Trinken, sage ich dir!

6
Sie konnte die Milch nicht mehr sehen, die sie übrigens nie gern getrunken hatte und die ihr nun heftigen Abscheu einflößte. Ich sagte: »Würden Sie diese Tasse wohl trinken, um mir das Leben zu retten?«

Oh ja! … Also gut, schauen Sie, und sollte ich sie nicht aus Liebe zum lieben Gott trinken?

Und sie trank die Tasse in einem Zug leer.

7
Wir versuchten uns in Deutungen des Zeichens †F, mit dem die Decke des Krankenzimmers versehen war.

Nein, es bedeutet nicht das, was Sie sagen. Es bedeutet, dass man das Kreuz (†) tragen muss, um danach noch über das Firmament (F) hinauf aufzusteigen.

8
Wenn ich sehr leide, bin ich froh, dass ich es bin. Ich bin froh, dass es nicht eine von euch ist.

9
»Mit dir bin ich am liebsten zusammen, mein liebes Klärchen.«

(Das hatte Mutter Genovevas[40] kleiner Bruder einmal zu dieser gesagt.)

10

Weil sie fühlte, dass sie die Kommunion nicht würde empfangen können und wegen all der Bemerkungen, die sie zu diesem Thema gehört hatte, war dieser Tag ein Tag der Herzensangst und der Versuchungen, von denen ich erriet, dass sie schrecklich waren.[a]

Am Nachmittag bat sie mich, eine Zeit lang still zu sein und sie nicht einmal anzusehen. Sie sagte ganz leise zu mir:

Ich würde zu viel weinen, wenn ich Ihnen sofort von meinem Kummer sprechen würde, und ich fühle mich so beengt, ich würde sicherlich ersticken.

Nachdem wir mindestens eine Stunde lang geschwiegen hatten, sagte sie zu mir, verbarg dabei aber ihr Gesicht hinter dem Lichtschirm, den man ihr gegen die Fliegen gegeben hatte, denn sie war noch zu aufgewühlt.

---

[a] Die *Grünen Hefte* enthalten dazu folgende Einzelheiten:

An jenem Tag litt sie an qualvollen Angstzuständen aus folgendem Grund: Während ihrer Krankheit war für sie die Kommunion, nach der sie sich früher immer so gesehnt hatte, zu einem Gegenstand der Qual geworden. Wegen des Erbrechens, der Beklemmungen, der Schwäche befürchtete sie peinliche Zwischenfälle. Sie hätte deshalb gewünscht, wir würden ihr nahelegen, nicht mehr zu kommunizieren. Sie selbst wollte diese Verantwortung nicht auf sich nehmen, aber da sie nichts sagte, glaubten wir, ihr einen Dienst zu erweisen, indem wir darauf bestanden, dass sie die Kommunion empfing. Sie bewahrte ihr Schweigen, aber an diesem Tag konnte sie es nicht mehr ertragen und brach in Tränen aus.

Wir ahnten den Grund für ihren Kummer nicht und beschworen sie, ihn uns zu sagen. Aber die durch ihr Schluchzen verursachte Beklemmung war so arg, dass sie nicht nur uns nicht mehr antworten konnte, sondern uns sogar ein Zeichen machte, wir sollten kein einziges Wort mehr sagen, ja sie nicht einmal anschauen.

Nachdem ich mehrere Stunden allein bei ihr geblieben war, wagte ich, mich ihr zu nähern und ihr zu sagen, dass ich den Grund für ihre Tränen sehr wohl erraten hatte. Ich tröstete sie, so gut ich konnte, es schien, als würde sie vor Kummer sterben. Niemals hatte ich sie in solchen Ängsten gesehen.

Sie empfing die heilige Kommunion nicht mehr bis zu ihrem Tod. Am Tag ihrer letzten Kommunion – es war der 19. August und das Fest des heiligen Hyacinth – hatte sie die Kommunion für die Bekehrung des unglücklichen Paters Hyacinth aufgeopfert. Diese Bekehrung war ihr zeitlebens ein Anliegen gewesen.

11
Sie sprach von dem Brief eines Priesters, der schrieb, die allerseligste Jungfrau habe aus eigener Erfahrung keine physischen Schmerzen gekannt.

Als ich heute die allerseligste Jungfrau betrachtete, habe ich verstanden, dass das nicht wahr ist; ich habe verstanden, dass sie nicht nur seelisches, sondern auch körperliches Leid erfahren hat. Sie hat auf ihren Reisen sehr viel gelitten, Kälte, Hitze, Müdigkeit. Sie hat oft gefastet.

… Ja, sie weiß, was leiden heißt.

… Aber vielleicht ist es nicht recht, wenn man darauf besteht, dass die allerseligste Jungfrau gelitten hat? Ich, die ich sie so sehr liebe!

12
Sie fühlte sich sehr beengt.
Seit einiger Zeit fand sie in diesen so qualvollen Beklemmungen eine Art Erleichterung, wenn sie dabei in regelmäßigen Abständen kleine Schreie ausstieß, wie »Oh! là là!« oder »Agne! Agne!«.

Immer, wenn die Beklemmung von unten kommt, sage ich »Agne! Agne!«, aber das ist gar nicht nett, es missfällt mir. Jetzt werde ich »Anne! Anne!« sagen.

»Das wird man in Ihren Nachruf schreiben.«

Das wird sich ausnehmen wie ein Küchenrezept.

13
Sie haben mir den Trost verschafft, dass ich das Porträt von Théophane Vénard habe; ein ungemein großer Trost. Aber geradeso gut hätte er mir auch nicht gefallen können! … Aber er ist mir »sehr angenehm«, er ist »sehr liebenswert«.[1]

---

[1] Ausdrücke, die sie gehört hatte und die sie amüsierten.

14

Wie köstlich wird es sein, im Himmel alles zu erfahren, was sich in der Heiligen Familie zugetragen hat! Als der kleine Jesus größer wurde, hat er, als er seine Mutter fasten sah, vielleicht zu ihr gesagt: »Ich möchte auch gern fasten.« Und die allerseligste Jungfrau erwiderte: »Nein, mein kleiner Jesus, du bist noch zu klein, du hast noch nicht die Kraft dazu.« Oder vielleicht wagte sie nicht, es ihm zu untersagen.

Und der gute heilige Joseph! Oh, wie liebe ich ihn! Er konnte nicht fasten wegen seiner Arbeit.

Ich sehe ihn, wie er hobelt und sich von Zeit zu Zeit den Schweiß von der Stirn wischt. Oh, wie leid tut er mir! Wie einfach muss ihr Leben doch gewesen sein! Die Frauen aus dem Dorf kamen, um mit der allerseligsten Jungfrau freundschaftlich zu plaudern. Manchmal baten sie sie, ihnen ihren kleinen Jesus anzuvertrauen, damit er mit ihren Kindern spielte. Und der kleine Jesus schaute die allerseligste Jungfrau an, um zu sehen, ob er gehen sollte. Manchmal gingen die guten Frauen sogar direkt zum Jesuskind und sagten ohne Umstände: »Komm mit meinem kleinen Jungen spielen«, usw.

… Mir tut es gut, mir die Heilige Familie in einem ganz gewöhnlichen Leben vorzustellen, wenn ich an sie denke. Nicht all das, was man uns erzählt, all das, was man sich ausdenkt, wie zum Beispiel, dass das Jesuskind Vögel aus Lehm knetete, sie dann anhauchte und dadurch lebendig machte. Ach nein, der kleine Jesus tat keine solchen unnötigen Wunder, nicht einmal, um seiner Mutter eine Freude zu machen. Oder warum wären sie dann nicht durch ein Wunder nach Ägypten versetzt worden, wenn es der liebe Gott für notwendig erachtet hätte und es für ihn so leicht gewesen wäre. Im Nu wären sie dort gewesen. Aber nein, alles in ihrem Leben hat sich so abgespielt wie in unserem.

Und wie viel Mühe und Enttäuschungen! Wie oft hat man dem guten heiligen Joseph Vorwürfe gemacht! Wie oft hat man sich geweigert, seine Arbeit zu bezahlen! Oh, wie würde man sich wundern, wenn man wüsste, was sie alles durchgemacht haben! Usw. usw.

Sie hat sehr lange mit mir darüber gesprochen und ich konnte nicht alles aufschreiben.

15
… Ich möchte ganz sicher sein, dass sie mich liebt, die allerseligste Jungfrau.

16
… Wenn man bedenkt, wie schwer es mir mein ganzes Leben lang gefallen ist, meinen Rosenkranz zu beten![41]

17
Wenn ich die Absolution empfangen habe, dann verliere ich mich nicht in Danksagungen an den lieben Gott, sondern ich denke ganz einfach voll Dankbarkeit, dass er mir ein weißes Kleidchen angezogen und meinen Kittel gewechselt hat. Weder das eine noch das andere war besonders schmutzig, aber das tut nichts zur Sache, meine Kleidchen sind leuchtender und der ganze Himmel sieht mich besser.

18
Niemand ahnt, wie viele Mortifikationen mich Sr. Maria vom Heiligen Herzen hat machen lassen, als sie Dispensatorin war. Sie liebt mich so sehr, dass es schien, als würde ich sehr verwöhnt; aber unter diesen Umständen ist die Mortifikation noch größer.

… Sie umsorgte mich nach ihrem Geschmack, der dem meinen genau entgegengesetzt ist.

21. August

1
Sie litt sehr und ich kniete neben ihr und schaute sie schweren Herzens an.

Traurige Äuglein, warum?

– »*Weil Sie so leiden!*«

– Ja, aber auch Frieden, Frieden!

2
… Es gibt nichts mehr für *bébé* als schlafen … alles, alles tut weh!

Gleich darauf begann sie wieder zu husten und konnte nicht einschlafen.

Nicht einmal mehr schlafen kann *bébé!* Es ist aus! Eines Nachts werde ich ersticken, das fühle ich!

3*
Wie gern wäre ich Priester gewesen, um über die allerseligste Jungfrau predigen zu können! Ein einziges Mal hätte mir genügt, um alles zu sagen, was ich darüber denke!

Zuerst hätte ich aufgezeigt, wie wenig man über ihr Leben weiß.

Man sollte nicht unwahrscheinliche Dinge sagen oder Dinge, die man nicht weiß, wie zum Beispiel, dass sie, als sie noch ganz klein war, als Dreijährige, in den Tempel gegangen ist, um sich Gott in glühender Liebe und mit ganz außerordentlichen Gefühlen darzubringen; in Wirklichkeit ist sie vielleicht einfach hingegangen, um ihren Eltern zu gehorchen.

Und warum wird gesagt, die allerseligste Jungfrau habe von dem Augenblick an, als sie die prophetischen Worte des greisen Simeon hörte, unablässig die Passion Jesu vor Augen gehabt? »Ein Schwert des Leidens *wird* deine Seele durchbohren«[42], hat der Greis gesagt. Das galt also nicht für die Gegenwart, wie Sie sehen, Mütterchen; es war eine allgemeine Vorhersage für die Zukunft.

Damit mir eine Predigt über die allerseligste Jungfrau gefällt und nützt, muss ich ihr Leben vor mir sehen, wie es wirklich war, aber nicht ein erdachtes Leben; und ich bin überzeugt, dass ihr wirkliches Leben ganz einfach gewesen sein muss. Man stellt sie unnahbar dar, aber man müsste sie nachahmbar zeigen, ihre Tugenden aufzeigen, sagen, dass sie aus dem Glauben lebte wie wir, die Beweise aus dem Evangelium dafür anführen, wo wir lesen: »Sie verstanden nicht, was er zu ihnen sagte.«[43] Und diese andere, nicht minder geheimnisvolle Stelle: »Seine Eltern waren voll Bewunderung über das, was man über ihn sagte.«[44] Diese Bewunderung setzt ein gewisses Staunen voraus, finden Sie nicht, Mütterchen?

Man weiß, dass die allerseligste Jungfrau die Königin des Himmels und der Erde ist, aber sie ist mehr Mutter als Königin, und man sollte nicht ihrer Vorzüge wegen sagen, sie verdunkle die Herrlichkeit sämtlicher Heiligen, wie die Sonne bei ihrem Aufgang die Sterne zum Verschwinden bringt. Mein Gott, ist das merkwürdig! Eine Mutter, die den Glanz ihrer Kinder zum Verschwinden bringt! Ich denke genau das Gegenteil, ich glaube, sie wird den Glanz der Auserwählten noch stark erhöhen.

Es ist gut, dass man von ihren Vorzügen spricht, aber man sollte nicht ausschließlich darüber sprechen, denn wenn man in einer Predigt von Anfang bis zum Ende unablässig »Ah! Ah!« ausrufen muss, dann wird es zu viel! Wer weiß, ob das nicht manche Seele so weit bringt, dass sie schließlich einem dermaßen überlegenen Geschöpf gegenüber eine gewisse Entfremdung fühlt und sich sagt: »Wenn das so ist, dann kann man sich besser in eine kleine Ecke verziehen und dort leuchten, so gut man eben kann!«

Die allerseligste Jungfrau hatte uns voraus, dass sie nicht sündigen konnte, dass sie frei vom Makel der Erbsünde war, aber andererseits hatte sie auch wieder weniger Glück als wir, denn sie hat keine allerseligste Jungfrau zum Lieben gehabt, und das ist eine so große Seligkeit mehr für uns und eine ebenso große Seligkeit weniger für sie!

Mit einem Wort, in meinem Loblied »Warum ich dich liebe, o Maria!« habe ich alles gesagt, was ich über sie predigen würde.

22. August

1
Heute ist das Fest des guten Papa

(heiliger Joachim).

2
Oh Mütterchen, was würde aus mir werden, wenn mir der liebe Gott nicht die Kraft gäbe? Es gibt nur noch die Hände![45] ... Man weiß nicht, was es heißt, so zu leiden. Nein, man muss es selbst spüren.

3
»... Man hat Sie bei dieser Gelegenheit unvollkommen gefunden ...« Mit Genugtuung:

Oh! Gut! Umso besser!

4

Mit den Eingeweiden und … auch sonst litt sie grausam, man befürchtete den Brand.[a)]

… Nun gut, wenn man schon sehr und überall leiden muss, ist es besser, wenn man gleich mehrere Krankheiten auf einmal hat. Es ist dann wie bei einer Reise, auf der man alle möglichen Beschwerden auf sich nimmt, weil man genau weiß, dass das alles schnell vorbeigeht und der Genuss dadurch noch größer sein wird, wenn man einmal das Ziel erreicht hat.

5

Zu einer Bemerkung, die jemand (ich weiß nicht mehr, aus welchem Anlass) ihr gegenüber gemacht hatte:

Glauben Sie, dass die allerseligste Jungfrau solche Verrenkungen gemacht hat wie die heilige Magdalena![46] Ach nein! Das hätte nicht zu ihr gepasst. Der *Schluckauf* passt zu mir!

6

Sie hatte Lindenblütentee über das Bett verschüttet; um sie zu trösten, sagte man ihr, es mache nichts.

---

a) Die *Grünen Hefte* bringen dazu folgende Einzelheiten (CV, I, S. 8–9):

(…) es haben sich schreckliche Schmerzen in den Eingeweiden eingestellt, ihr Bauch ist hart wie ein Stein, die Verdauungsfunktionen gehen nur noch unter unerträglichen Schmerzen vor sich. Wenn man sie aufsetzt, um bei lang anhaltendem Husten eine noch stärkere Beklemmung zu verhüten, glaubt sie, auf Eisenspitzen zu sitzen. Sie beschwört uns, für sie zu beten, denn es ist, wie sie sagt, wie um den Verstand zu verlieren. Sie bittet, man möge in ihrer Reichweite keine äußerlich anwendbaren giftigen Medikamente stehen lassen, und sie rät, solche niemals in der Nähe von Kranken zu lassen, die ebensolche Folterqualen erleiden, aus ebendem Grund, dass es ist, wie um den Verstand zu verlieren, und dass man sich leicht töten könnte, weil man nicht mehr weiß, was man tut. Übrigens würde sie, wenn sie nicht den Glauben hätte, nicht einen Augenblick zögern, sich zu töten.

Mit einer Miene, die zum Ausdruck brachte, dass sie auf jede erdenkliche Weise leiden musste:

Ah! Das macht nichts, nein!

7
Während der Stunde des innerlichen Gebets schaute sie mit ihrem so sanften und tiefen Blick zuerst mich und dann ihr Bild von Théophane Vénard an.

Einige Zeit später wollte sie sprechen, um mir Freude zu machen, obgleich sie kaum atmen konnte. Ich bat sie, lieber das Schweigen zu bewahren.

Nein? Ich soll nicht sprechen? … Aber … ich glaubte … Ich liebe Sie so! … Ich werde brav sein … Oh Mütterchen!

8
Wir wollten sie daran hindern, sich damit abzuplagen, uns zu trösten:

– … muss mich meine kleinen »Späßchen« machen lassen.

9
Es hat mich froh gemacht zu denken, dass für mich gebetet wird, und so habe ich dem lieben Gott gesagt, ich wünschte, er möchte es den Sündern zugutekommen lassen.

– *»Sie wollen also nicht, dass es für Sie ist, damit Sie weniger leiden?«*

– Nein!

10
Sie hatte arge Schmerzen und stöhnte.

Mütterchen! … Ja! … Ich will gern! …
… Ich darf nicht mehr klagen, das nützt nichts. Betet für mich, Schwesterchen, aber sitzend, nicht auf den Knien.

(Wir knieten.)

23. August

1
Eine so schlechte Nacht habe ich noch nicht gehabt. Oh, wie gut muss der liebe Gott sein, dass ich das alles aushalten kann, was ich leide! Nie hätte ich gedacht, so leiden zu können. Und doch glaube ich nicht, dass ich schon am Ende meiner Leiden bin. Aber er wird mich nicht verlassen.

2
Sie haben der allerseligsten Jungfrau in Ihrem Lied gesagt:
»Alles, was Jesus mir gegeben hat, kann er mir wieder nehmen.
Sag ihm, auf mich braucht er nie Rücksicht zu nehmen.«[47]

Sie hat es ihm gesagt und er nimmt sie beim Wort. Das freut mich und ich bereue es nicht.

3
… Nein, einen nahen Tod lässt der liebe Gott mich nicht vorausahnen, wohl aber noch viel größere Leiden … Aber ich quäle mich nicht, ich will nur an den gegenwärtigen Augenblick denken.

4
Ich sagte ihr, man habe mir eine große Decke für den Winter gegeben, sie sei wirklich zu groß.

Oh! Aber nein! Im Winter hat man nie warm genug … Ihnen wird kalt sein, wenn mir nicht kalt ist! Das tut mir leid.

5
Küssen Sie mich auf die Stirn.

Zu Sr. Genoveva:

Beten Sie inständig für mich zur allerseligsten Jungfrau, Sie, die Sie meine Krankenpflegerin sind, denn wenn Sie krank wären, würde ich sehr viel für Sie beten! Aber wenn es für einen selbst ist, wagt man es nicht.

6

Sie hatte ihre Leiden für Hochwürden de Cornière aufgeopfert, der damals Seminarist war und schwere Versuchungen hatte. Er hatte es erfahren und einen ungemein demütigen und rührenden Brief geschrieben.

Oh, wie hat mich dieser Brief getröstet! Ich habe gesehen, dass meine kleinen Leiden Frucht brachten. Haben Sie bemerkt, wie viel Demut in dem Brief zum Ausdruck kommt? Gerade das wünschte ich.

… Und wie wohl tut es mir zu sehen, dass man in so kurzer Zeit so viel Liebe und Dankbarkeit für eine Seele empfinden kann, die einem Gutes erwiesen hat und die man bis dahin nicht kannte. Wie wird es erst im Himmel sein, wenn die Seelen jene kennenlernen werden, von denen sie gerettet worden sind?!

7

Inmitten ihrer so großen Schmerzen:

Mütterchen! … Mütterchen! … Oh! … Oh! … Ja! … Mama! Mama! Mama! …

8

… Wenn man die allerseligste Jungfrau gebeten hat, und sie erhört einen nicht, so ist das ein Zeichen, dass sie nicht will. Dann muss man sie machen lassen, wie sie es will, und darf sich nicht abquälen.

9
Sie sagte zu mir, dass nichts von all dem, was sie in Predigten über die allerseligste Jungfrau gehört hatte, sie berührt habe.

Möchten die Priester uns doch Tugenden aufzeigen, die wir üben können! Von ihren Vorzügen zu reden ist gut, aber vor allem müsste man sie nachahmen können. Ihr ist Nachahmung lieber als Bewunderung und ihr Leben ist so einfach gewesen! Eine Predigt über die allerseligste Jungfrau mag noch so schön sein, wenn man aber dabei gezwungen ist, ununterbrochen »Ah! … Ah! …« zu sagen, dann bekommt man genug.

Wie gern singe ich ihr:

Du hast den geraden Weg in den Himmel sichtbar gemacht (*sie sagte:* den leichten).

Indem du immer die demütigsten Tugenden geübt hast.[48]

10
… Mama! … Ach! Ich beklage mich fortwährend! … Nun ja! Aber! … Und doch will ich gern krank sein … Aber wenn ich die ganze Zeit huste und nicht kann …

(Heute hat man mit der Milchdiät aufgehört.)

Nach der Matutin habe ich ihre Stirn gestreichelt.

Oh, wie lieb ist das!

24. August

1
»Sind Sie entmutigt?«

Nein! … Und doch wird alles immer schlimmer! Bei jedem Atemzug leide ich grausam. Aber schließlich, es ist noch nicht zum Schreien.

(An diesem Morgen schaute sie besonders sanft und friedvoll aus.)

2
… Ich möchte so gern mit Ihnen sprechen! … Welch eine Abtötung! … Wissen Sie, das fällt mir schwer!

3
… Mütterchen, möchten Sie, dass ich trotzdem mit Ihnen spreche?

(Ich betreute sie schon lange schweigend.)
Eine halbe Stunde später, während der Rekreation:

Mütterchen! … Ah! Ich liebe Sie so sehr!

Während der Matutin wachte sie auf:

… Oh weh! Wie lange spreche ich schon zu Ihnen! Und ich sehe, dass Sie nicht das erste Wort davon wissen!

(Sie hatte erklärt, was sie während eines Albtraums leiden musste.)

Und jetzt fühle ich den Husten drohen!

»Mit einem Wort: Alles wird immer schlimmer, nicht wahr?«

– Nein, immer besser.

4
Ich hatte sie bemitleidet und auf eine Bemerkung von Sr. Genoveva, dass das nicht viel nütze, sagte sie:

Aber ja! Gerade das macht es leichter für die Kranken.

25. August

1
Ich sagte ihr, dass ich gern das Datum ihres Todes wüsste.

Ah! Ich wünsche mir das nicht! Welch ein Frieden ist in mir! Das macht mir gar keine Sorge.

Während des Stillschweigens blieb die Tür des Krankenzimmers offen und Sr. St. Johannes vom Kreuz kam jeden Abend herein, stellte sich ans Fußende des Bettes und schaute sie lange Zeit hindurch mit einem Lachen an.

– »*Wie indiskret ist dieser Besuch und wie lästig muss er Ihnen sein!*«

– Aber ja, es ist sehr peinlich, lachend angeschaut zu werden, wenn man leidet. Aber ich denke, unser Herr am Kreuz ist inmitten seiner Schmerzen genauso angeschaut worden. Das war noch viel schlimmer, weil man sich wirklich über ihn lustig machte. Steht nicht im Evangelium, dass man ihn ansah und den Kopf schüttelte?[49] Dieser Gedanke hilft mir, ihm dieses Opfer herzlich gern zu bringen.

2

»*Wie Sie leiden! Oh, wie schwer ist das! Sind Sie traurig?*«

– Oh nein, ich bin durchaus nicht unglücklich! Der liebe Gott schickt mir genau das, was ich tragen kann.

3

Man hatte ihr von unserer Tante hübsche künstliche Vergissmeinnichtzweiglein gebracht. Wir schmückten damit ihre Bilder.

Während des Stillschweigens in anmutigem, kindlichem Ton:

Ich hatte das Verlangen, etwas zu bekommen, ich dachte nicht viel darüber nach, was und weshalb; aber ich hatte einfach ein Verlangen danach, und nun hat man mir das gebracht.

4

»*Ach ja, mein armes Mädchen, Sie können wohl sagen: ›Wie lange dauert doch meine Verbannung!‹*«[50]

– Aber ich finde, sie dauert nicht lange; weil ich leide, ist sie nicht länger.

5

Sie jammerte leise:

... Oh! Wie ich wehklage! Und doch möchte ich nicht weniger leiden.

6

Sie beschwor uns zu beten und die anderen aufzufordern, für sie zu beten.

... Oh! Wie sehr muss man für die Sterbenden beten! Wenn man wüsste!

Ich glaube, der Teufel hat den lieben Gott um Erlaubnis gebeten, mich durch äußerste Leiden zu versuchen, damit ich gegen die Geduld und gegen den Glauben fehle.

Sr. Maria vom Heiligen Herzen gegenüber hatte sie den Hymnus der Komplet im Zusammenhang mit den Versuchungen durch den Geist der Finsternis und die Schreckgespenster der Nacht erwähnt.[51]

7

Es war das Fest des heiligen Ludwig, sie hatte inbrünstig zu Papa gebetet und war nicht erhört worden:

... Trotz allem, was ich im ersten Augenblick empfand, habe ich dem lieben Gott wieder gesagt, dass ich ihn noch mehr liebe und alle Heiligen auch.

8

Ich sagte ihr, wie mich der Gedanke an alles, was sie noch leiden müsste, betrübe.

Ich bin zu allem bereit ... Sie sehen ja, dass es bis jetzt nicht über meine Kräfte gegangen ist.

... Man muss sich ausliefern. Ich wünschte, Sie würden sich freuen.

9
… Oh ja! Ich will gern! Ja! Ich will gern! Ja! Aber es ist gut so! …

– »*Was denn?*«

– Ich werde ersticken!

26. August

1
Man hatte die ganze Nacht hindurch die geweihte Kerze bei ihr brennen lassen.

Es war wegen der geweihten Kerze, dass ich keine allzu schlechte Nacht hatte.

2
Während der Stunde des innerlichen Gebets zu unserer Mutter:

Ich bin wirklich froh, den lieben Gott um nichts gebeten zu haben, so ist er gezwungen, mir Mut zu geben.[52]

3
Ich sagte ihr, sie sei dafür geschaffen, viel zu leiden, ihre Seele sei von diesem Schlag.

Ah! Seelisch leiden, ja, da kann ich viel ertragen … Aber was körperliche Leiden betrifft, da bin ich wie ein kleines, ein ganz kleines Kind. Ich mache mir keine Gedanken, ich leide von Minute zu Minute.

4
Sie musste beichten:

Mütterchen, ich hätte Ihnen viel zu sagen, wenn ich könnte. Ich weiß nicht, ob ich Herrn Pfarrer Youf sagen muss, dass ich feinschmeckerische Gedanken gehabt habe, weil ich an Dinge gedacht habe, die ich gern mag. Aber ich biete sie dem lieben Gott an.

5
Sie hatte einen Erstickungsanfall.

… Ah! Ich werde ersticken! … Ja! …

(Mit sanfter, klagender Stimme, das »Ja« war wie ein kleiner Schrei.)

6
Während der Matutin sagte ich zu ihr, sie solle sich nach Belieben bewegen, um es sich leichter zu machen.

… Wie schwer ist es, Erleichterung zu finden bei dem, was ich habe!

7
An der Einfassung ihres Gewandes waren einige Stiche aufgegangen. Ich versuchte, sie nachzunähen, aber es war sehr schwer, und ich ging ungeschickt zu Werke, ich ermüdete sie sehr. Sie konnte es nicht mehr aushalten und sagte später zu mir:

Oh Mütterchen, man darf sich wirklich nicht wundern, wenn eine arme Krankenpflegerin manchmal mit ihren Kranken ärgerlich wird. Sie sehen, wie schwierig ich bin! Wie sehr liebe ich Sie! … Sie sind wirklich sanft. Ich bin Ihnen sehr dankbar, ich könnte vor Dankbarkeit weinen!

8
»Wie lange zieht sich doch Ihre Krankheit hin, meine arme Kleine!«

Oh nein, ich finde es nicht lange! Sie werden sehen, wenn es zu Ende sein wird, werden Sie es im Rückblick nicht mehr als lange empfinden.

9
Oh Mütterchen, wie notwendig ist es, dass der liebe Gott hilft, wenn man so leidet!

27. August

1
– »*Oh wie unglücklich ist man, wenn man krank ist!*«

– Aber nein, man ist nicht unglücklich, wenn es zum Sterben ist. Ah! Wie komisch ist es, sich vor dem Sterben zu fürchten.

… Schließlich, wenn man verheiratet ist, wenn man Mann und Kinder hat, dann ist es verständlich; aber ich, die ich nichts habe! …

2
… Wie sehr wünschte ich, Monsignore würde mich nicht besuchen kommen. Aber schließlich, der Segen eines Bischofs ist eine Gnade.

Lachend:

Wenn es bloß der heilige Nikolaus wäre, der drei kleine Kinder wieder zum Leben erweckt hat!

(Msgr. Hugonin war in Lisieux.)

3
Wundern Sie sich nicht, Mütterchen, über die Art, wie ich leide? … Mit einem Wort, im Grunde bin ich in tiefem Frieden.

4
– »*Sie haben seit heute Morgen nichts zu sich genommen.*«

– Nichts zu mir genommen! Aber ich habe zwei Tassen Milch getrunken, ich bin vollgestopft, ich bin ein Reisigbündel[53], man braucht keine zu kaufen.

5
Diese arme kleine Sr. Genoveva muss um meinetwillen schlaflose Nächte verbringen!

6
Während der Mittagsrekreation:

– »Heute Morgen haben Sie gesagt, Sie hätten nichts und Sie haben doch Schwesterchen und ein Mütterchen.«

– Nein, ich habe nichts, weil ich sie nicht verlasse!

Mit schelmischer Miene:

– Sehen Sie! Wenn ich dächte, ich würde sie verlassen!

7
– »Ach! Wenn Sie bis zum nächsten Frühjahr krank wären! Das fürchte ich, und was würden Sie dazu sagen?«

– Nun, ich würde sagen: umso besser!

8
Am Nachmittag fühlte sie sich vorübergehend viel besser und so erwies sie uns auf alle mögliche Weise ihre Liebe.

9
Sie litt fortwährend unter Durst.[a] *Sr. Maria vom Heiligen Herzen fragte sie: »Wollen Sie Eiswasser?«*

– Oh! Ich habe große Lust darauf!

– »Unsere Mutter hat es Ihnen zur Pflicht gemacht, um alles zu bitten, was Sie benötigen.«

– Tatsächlich bitte ich um alles, was ich brauche.

---

[a] Die *Grünen Hefte* enthalten folgende Einzelheiten (CV, I, S. 7):
Sie leidet noch immer unter schrecklichem Durst: »Mein Durst ist nie gestillt, sagte sie. Wenn ich trinke, wird der Durst schlimmer. Es ist, als ob ich Feuer in mein Inneres gießen würde.« *Jeden Morgen ist ihre Zunge so trocken, dass sie einem Reibeisen gleicht, einem Stück Holz.*

– *»Sie bitten nur um das Notwendige? Nie um Dinge, die Ihnen eine Erleichterung verschaffen könnten?«*

– Nein, nur um das Notwendige. Wenn ich zum Beispiel keine Trauben habe, bitte ich nicht darum.

Einige Zeit, nachdem sie getrunken hatte, schaute sie ihr Glas mit Eiswasser an.

– *»Trinken Sie noch ein wenig«, sagte man zu ihr.*

– Nein, meine Zunge ist nicht trocken genug.

28. August

1
Man hatte ihr Bett gegen das Fenster gedreht.

Oh, wie froh bin ich!
Setzen Sie sich mir gegenüber, Mütterchen, damit ich Sie gut sehe.

2
Man berichtete ihr, dass unsere Mutter und andere Schwestern sagten, sie sei hübsch.

Ah! Was liegt mir daran! Es bedeutet mir weniger als nichts, es langweilt mich. Wenn man dem Tod so nahe ist, kann man sich nicht über so etwas freuen.

3
Während des mittäglichen Stillschweigens:

Schauen Sie! Sehen Sie dort unten das schwarze Loch *(unter den Kastanienbäumen neben dem Friedhof)*, wo man nichts mehr unterscheiden kann; in einem solchen Loch bin ich mit Seele und Leib. Oh ja! Was für eine Finsternis! Aber ich bin darin im Frieden!

4
Sie konnte es nicht mehr ertragen und sie wimmerte.

Ich glaube, dem lieben Gott wäre es lieber, wenn ich nichts sagte.

5
Mütterchen, fangen Sie mir dieses hübsche kleine weiße Ding.

– *»Was ist es denn?«*

– Jetzt ist es weg! Es ist ein hübsches kleines Ding, wie sie im Sommer herumfliegen

(ein Samen).

6
Durch eine kleine Öffnung im Vorhang betrachtete sie die Statue der allerseligsten Jungfrau[54]*, die ihr gegenüberstand.*

Sieh da! Sie beobachtet mich!

7
Ich liebe die Blumen sehr, die Rosen, die roten Blumen und die schönen rosa Tausendschönchen.

8
Wenn sie hustete und auch nur die kleinsten Bewegungen in ihrem Bett machte, bewegten sich die Vergissmeinnichtzweiglein um ihre Bilder.

Die Blümchen zittern mit mir, das gefällt mir.

9
... Liebe allerseligste Jungfrau, das ist der Grund, warum ich fort möchte: Ich ermüde meine Schwesterchen zu sehr und mache ihnen Kummer, weil ich so krank bin ... Ja, ich möchte gern fort!

10
Nach der Matutin:

Oh liebe allerseligste Jungfrau, hab Mitleid mit mir ... »dieses eine Mal«!

29. August

1
Ich las ihr das Sonntagsevangelium vor, das Gleichnis vom Samariter.[55]

Ich bin wie diese arme Reisende *semivivo*, halb tot, halb lebendig.

2
– *»Es ist wirklich schwer, ohne jeden inneren Trost zu leiden.«*

– Ja, aber es ist ein Leiden ohne Unruhe. Ich leide gern, weil der liebe Gott es will.

3
Mütterchen?

(Sie rief mich.)
»Was möchten Sie?«

Ich habe gerade auf dem Pflaumenbaum vor dem Fenster neun Pflaumen gezählt. Es müssen noch viel mehr drauf sein. Das freut mich, Sie werden davon essen. Das Obst ist so gut!

4
Heute Abend hat sie uns ein Küsschen gegeben.

30. August

1

Sie hat eine sehr friedliche, ruhige Nacht verbracht, so wie die Nacht vom 6. August: sehr glücklich in dem Gedanken, dass sie vielleicht sterben würde.

... Ich faltete ganz sanft die Hände und erwartete den Tod.

2

»Wären Sie froh, wenn man Ihnen ankündigte, dass Sie ganz gewiss spätestens in einigen Tagen sterben würden? Das wäre Ihnen doch lieber, als wenn man Ihnen sagte, dass Sie noch monatelang und jahrelang mehr und mehr leiden müssten?«

Oh nein! Das wäre mir gar nicht lieber. Nur eines macht mich glücklich: den Willen Gottes zu erfüllen.

3

Man hatte sie auf das Faltbett gelegt und bis zu der in den Kreuzgang führenden Chortür gerollt. Dort hatte man sie ziemlich lange ganz allein gelassen. Sie betete, ihren so tiefen Blick auf das Gitter gerichtet. Dann streute sie Rosenblätter hin.

Bevor man sie zurückbrachte, hat man sie fotografiert.[56]

Dr. La Néele ist gekommen und sagte zu ihr: »Es wird bald sein, Schwesterchen, ich bin sicher.« Da hat sie ihn mit einem glücklichen Lächeln angesehen. Abbé Youf ist auch gekommen und hat ihr Folgendes gesagt, was sie mir berichtete:

»Sie haben schon mehr gelitten als Sie jetzt noch leiden werden.

... Wir beenden unseren Dienst gemeinsam, Sie als Karmelitin, ich als Priester.«

31. August

1
Neuerlicher Besuch von Dr. La Néele.

2
– »Wenn Sie morgen sterben würden, hätten Sie nicht doch ein wenig Angst, wenn es so nahe wäre?«

– Ah! Und wenn es heute Abend wäre, ich hätte keine Angst, ich würde mich nur freuen.

3
Wie viel Mut brauche ich, um ein Kreuzzeichen zu machen! … Ah! Schwesterchen! Ah! Mein Gott! Mein Gott!

… Mein Gott, hab Mitleid mit mir! … Das ist alles, was ich noch sagen kann.

4
– »Bald wird das Bett, in dem Sie liegen, leer stehen; welch ein Schmerz für uns!«

– Ah! Wie froh wäre ich an Ihrer Stelle!

5
… Jetzt habe ich den Appetit meines Lebens. Immer hab ich gegessen wie eine Märtyrerin und jetzt möchte ich alles verschlingen. Es kommt mir vor, als würde ich vor Hunger sterben.

… Wie muss die heilige Veronika gelitten haben!

(Sie hatte gelesen, dass diese Heilige verhungert ist.)

6
Eine von uns bemerkte: »Wie schrecklich ist ihre Beklemmung! Es könnte durchaus sein, dass sie heute stirbt.«

Welch ein Glück!

7

Am Nachmittag – man sagte mir, sie schlafe; sie öffnete die Augen und sagte:

Aber nein, kommen Sie näher, es ist eine solche Freude für mich, Sie zu sehen!

8

Ich habe ein solches Verlangen, die Herrlichkeit des Himmels zu sehen! Nichts auf Erden berührt mich.

9

Während der Matutin:

Ah! Es ist unglaublich, wie all meine Hoffnungen sich erfüllt haben. Als ich den heiligen Johannes vom Kreuz[57] las, flehte ich den lieben Gott an, er möge in mir wirken, wie der Heilige es sagt, nämlich ebenso viel, wie wenn ich sehr alt würde; mit einem Wort, dass die Liebe mich schnell verzehrt. Und ich bin erhört worden!

10

Nachdem sie lange die Statue der allerseligsten Jungfrau angesehen hatte:

... Wer hätte wohl die allerseligste Jungfrau erfinden können?

11

Zu mir:

Ah! Wenn Sie mich lieben, wie sehr liebe auch ich Sie!

12

Sie erzählte mir, dass sie früher beim Essen an abstoßende Dinge dachte, um sich abzutöten.

... Aber später habe ich es einfacher gefunden, alles, was mir schmeckte, dem lieben Gott anzubieten.

13
… Vorhin wollte ich ein richtiges Mittagessen einnehmen, und so habe ich eine Beere von einer Traube genommen und dann einen kleinen Schluck Wein, und alles habe ich der allerseligsten Jungfrau angeboten. Dann habe ich das Gleiche für das Jesuskind getan und mein kleines Mittagessen war zu Ende.

September

In den ersten Tagen des Monats hält die relative Beruhigung der furchtbaren Schmerzen vom 22. bis zum 27. August zunächst noch weiter an. Therese nimmt etwas Nahrung zu sich und die Familie Guérin bemüht sich, der Kranken jeden ihrer kleinen Wünsche zu erfüllen. Alle anderen Symptome aber lassen keine Hoffnung aufkommen. Therese ist schrecklich abgemagert und ihre Schwäche hat den äußersten Grad erreicht. Sie kann nicht einmal mehr die Hände bewegen, sie leidet so sehr, dass man sie nicht mehr anrühren darf. Am 12. September beginnen ihre Füße anzuschwellen. Am 14. gibt ihr Dr. de Cornière nur noch vierzehn Tage. Vom 21. an ringt sie nach ihren eigenen Worten unausgesetzt mit dem Tod. In Wahrheit beginnt die Agonie erst am 29., dem Tag vor ihrem Tod.

Der Wert der Septembernotizen des *Gelben Heftes* liegt nicht nur in den Worten, die es uns überliefert, sondern ebenso in der Beschreibung des Mienenspiels, der Gesten der Kranken. Mehr denn je erweist sich Therese als Lehrmeisterin des Lebens. Ihre kurzen Äußerungen tragen den Stempel der Glaubhaftigkeit, ja geradezu der buchstäblichen Wahrhaftigkeit. Die Themen Krankheit, Leiden, Tod herrschen vor. Die Glaubensprüfung dauert weiter an. Das Gebet der Kranken findet seine Stütze in den Bildern und der Statue, die sie vom Bett aus sehen kann. Therese hat Freude an der Betrachtung der Natur, zuweilen scherzt sie sogar noch. Sie kann noch zwei Jahrestage feiern: am 8. ihren Professtag (an diesem Tag schreibt sie zum letzten Mal ihre Unterschrift) und am 24. den Jahrestag ihres Schleierfestes.

Da die Familie Guérin sich in Lisieux aufhält, liegen für diesen Monat nur sehr wenige Briefe – es sind ihrer sieben – mit Berichten über diese letzten Tage vor, die einen Gang auf den Kalvarienberg einschließen. Die zahlreichen Zeugenberichte über den 30. September dagegen gestatten uns, Thereses Todeskampf fast Stunde für Stunde nachzuvollziehen.

2. September

1

»Sie werden gewiss an einem Feiertag sterben.«

Es wird auf jeden Fall ein sehr schönes Fest sein! Ich habe nie danach verlangt, an einem Feiertag zu sterben.

2

… Ich war ungefähr zwei Jahre hier, als der liebe Gott meine Prüfung in Bezug auf Sr. Maria von den Engeln[1] aufhören ließ, sodass ich ihr meine Seele öffnen konnte. Zum Schluss tröstete sie mich wirklich.

3

… Es kostete mich viel, die Erlaubnis zu erbitten, im Refektorium Abtötungen machen zu dürfen, denn ich war schüchtern, ich errötete; dennoch machte ich es getreulich zwei Mal in der Woche. Dann, als diese Prüfung der Schüchternheit vergangen war, achtete ich nicht mehr so sehr darauf, und ich muss wohl mehr als einmal meine zwei Abtötungen vergessen haben.

4

Wir sagten ihr, sie sei der Anführer der Gruppe, sie habe alle Feinde besiegt und wir bräuchten ihr nur noch nachzufolgen. Da gab sie uns ein Zeichen, das wir sehr gut kannten. Sie hielt eine Hand in einem ganz kleinen Abstand über die andere und sagte:

So hoch in der Familie!

Und dann mit einer wegwerfenden Handbewegung:

Kleiner Däumling!

5
Sr. Genoveva sagte zu ihr: »Wenn man bedenkt, dass man Sie in Saigon noch erwartet!«

– Ich werde gehen; schon bald werde ich gehen. Wenn Sie wüssten, wie schnell ich meine Reise antreten werde!

6
… Wenn man den Kummer darüber, böse gewesen zu sein, auf sich nimmt, kommt der liebe Gott sofort wieder zurück.

7
Meine innere Prüfung gegen den Glauben habe ich vor allem für eine Person aufgeopfert, die unserer Familie nahesteht und keinen Glauben hat

(für Herrn Tostain).

8
… Oh ja! Ich habe Sehnsucht nach dem Himmel! »Zerreiß der süßen Einigung Gewebe«[2], oh mein Gott!

3. September

1
Ich berichtete ihr, was man mir über die Ehrenbezeugungen erzählt hatte, die dem Zaren von Russland in Frankreich erwiesen worden waren.

Ah! All das macht auf mich gar keinen Eindruck! Sprechen Sie mir vom lieben Gott, vom Beispiel der Heiligen, von allem, was Wahrheit ist …

2
»Wenn man bedenkt, dass wir eine kleine Heilige pflegen!«

Nun ja, umso besser! Aber ich wünschte, der liebe Gott würde das sagen.

3
Die arme Mutter vom Herzen Jesu[3] *wurde immer anspruchsvoller, und die Krankenpflegerinnen klagten darüber, dass sie ihren Launen nachgeben müssten.*

… Ah! Wie sehr hätte mich das alles angezogen!

4. September

1
Man sagte ihr, Sr. St. Stanislaus nenne sie einen Engel, weil sie ihr jeden kleinsten Dienst mit Lächeln und Liebkosungen[4] *vergelte.*

… So habe ich es mit dem lieben Gott gemacht und deshalb werde ich in meiner Todesstunde von ihm so gut empfangen werden.

2
Ich bin froh, dass mir das Fleisch Widerwillen einflößt, denn so finde ich wenigstens kein Vergnügen daran.

(Man reichte ihr etwas Fleisch.)

3
Im Augenblick, als ich das Krankenzimmer verließ, um ins Refektorium zu gehen:

»Ich liebe Sie!«

4

Man läutete zum Angelus.

Muss ich meine Hände herausziehen?

»Nein, Sie sind sogar zu schwach, um den Angelus zu beten. Rufen Sie nur die allerseligste Jungfrau an, indem Sie ›Jungfrau Maria!‹ sagen.« Sie sagte:

Jungfrau Maria, ich liebe dich von ganzem Herzen!

Sr. Genoveva sagte zu ihr: »Sagen Sie, dass Sie sie auch für mich lieben.« Da fügte sie ganz leise hinzu:

Für »Fräulein Lili«, für Mama, für die Patin, für Léonie, für Mariechen, für Onkel, für Tante, für Johanna, für Franz, für »Moritz«, für den »kleinen Roulland« und für alle, die ich liebe.[5]

5

Sie hatte auf ein – übrigens ganz einfaches – Gericht Lust gehabt und eine von uns hatte es unserem Onkel mitgeteilt.

… Das ist wirklich komisch, dass man das allen mitteilt! Schließlich habe ich es dem lieben Got aufgeopfert.

Ich sagte zu ihr, es sei nicht meine Schuld, denn ich hatte es tatsächlich verboten. Sie nahm den kleinen Teller und erwiderte:

Ah! Es ist dem lieben Gott aufgeopfert! Es macht mir nichts mehr aus. Mögen sie denken, was sie wollen!

6

Während der Matutin:

Mütterchen! Oh wie liebe ich Sie!

Mit einem reizenden Lächeln, während sie sich anstrengte zu sprechen:

Sagen wir trotzdem etwas, sagen wir …

… Wenn Sie wüssten, wie mich der Gedanke so gar nicht bewegt, dass ich bald in den Himmel komme. Und doch bin ich sehr glücklich, aber ich kann nicht sagen, dass ich eine lebhafte Freude empfinde, dass ich vor Freude hingerissen bin, nein!

7

»Aber trotzdem wollen Sie lieber sterben als leben?«

Oh Mütterchen, ich ziehe weder das eine noch das andere vor. Ich könnte nicht mit unserer heiligen Mutter Teresa sagen: »Ich sterbe, weil ich nicht sterbe.«[6] Was der liebe Gott vorzieht und für mich wählt, das gefällt mir besser.

5. September

1

»Es macht Ihnen also keinen Kummer, Mama zu verlassen?«
(Mit kindlicher Miene):

Nein! … Wenn es kein ewiges Leben gäbe, ja, dann wohl! … Aber es mag eines geben … ja, das ist sogar sicher!

2

»Wenn man Ihnen sagte, dass Sie plötzlich sterben würden, noch in diesem Augenblick, würde Sie das doch ein wenig erschrecken?«

… Ah! Welches Glück! Ich möchte gehen!

»Dann möchten Sie also lieber sterben als leben?«

Nein, keineswegs. Würde ich gesund werden, so würden mich die Ärzte ganz verblüfft anschauen, und ich würde zu ihnen sagen: »Meine Herrn, ich bin sehr froh, gesund geworden zu sein, um dem lieben Gott noch länger auf Erden zu dienen, weil es sein Wille ist. Ich habe gelitten, als müsste ich sterben, schön: Ich werde noch einmal von vorn anfangen.«

3

Mit dem Finger zeigte sie auf ihr Glas mit gewässertem Wein und sagte mit einem so lustigen, lieben Ausdruck:

Trinken, Mütterchen, bitte. Es ist Eis drin. Es ist gut!

Nachdem sie getrunken hatte:

Ich habe ohne Durst getrunken! Ich bin ein kleiner »Trinkt-ohne-Durst«.

Ich sagte zu ihr, während des Stillschweigens habe sie weniger gelitten.

Oh! Genauso viel! Sehr viel, sehr viel gelitten! Aber ich habe der allerseligsten Jungfrau vorgejammert!

4

Besuch von Dr. La Néele. Bei seiner früheren Visite hatte er bestätigt, dass sie sterbenskrank sei, ja sogar ganz plötzlich sterben könne, wenn sie sich im Bett umdrehe. Diesmal sagte er:

»Sie sind wie ein Schiff, das weder vor- noch zurückfährt.«

Sie war zunächst verblüfft.

Sie haben es gehört, *sagte sie zu mir,* Sie sehen, wie sich das ändert! Aber ich will mich nicht ändern, ich will mich weiterhin gänzlich dem lieben Gott überlassen.

6. September

1

... Sagen Sie mir ein paar liebe Worte nach dem, was mir gestern zugestoßen ist.[7]

»Ah! Was kann ich tun, um Sie zu trösten, meine arme Kleine? Ich bin ganz ohnmächtig.«

... Mit einem Ausdruck tiefen Friedens:

Ich brauche keinen Trost ...

2
Als man ihr am Nachmittag eine Reliquie vom ehrwürdigen Théophane Vénard brachte, weinte sie vor Freude.

Zu meinem Geburtstag schenkte sie mir ein kleines Gänseblümchen mit großer Zärtlichkeit.

Den ganzen Nachmittag war sie sehr liebevoll zu uns und in jeder Hinsicht bezaubernd. Ich sagte zu ihr:

»Ich habe bemerkt, dass Sie, wenn Sie nur irgend können, ganz so werden wie früher.«

… Ja, das ist wohl wahr! Ja, wenn ich kann, tue ich mein Möglichstes, um fröhlich zu sein, um Freude zu machen.

3
Sie erwartete Abbé Youf zur Beichte. Er konnte nicht kommen und das war eine richtige Enttäuschung für sie. Aber gleich darauf hatte sie ihren schönen, friedlichen Ausdruck zurückgewonnen.

4
Man brachte ihr eine Kleinigkeit zum Essen; es ging ihr besser mit ihrem Magen.

Oh weh! Wie steht es also mit meiner Krankheit? Da haben wir's! Jetzt esse ich!!

7. September

Sie hatte vom Morgen an noch kein Wort zu mir gesagt, sodass ich am Nachmittag dachte, heute werde ich nichts zu schreiben haben.

Aber fast augenblicklich sagte sie:

Ah! Eine Seele wie Sie gibt es nicht ein zweites Mal …

Dann begann sie bitterlich zu weinen aus Angst, mir wehgetan zu haben bei einem bestimmten Anlass, den ich nicht einmal bemerkt hatte.

8. September

Ein kleines Rotkehlchen kam und hüpfte auf ihrem Bett herum.

Léonie hat ihr die Spieldose geschickt, die man aufbewahrt hatte. Sie spielt zwar nur profane Melodien, aber sie sind so niedlich, dass sie sie sehr gern anhörte. Schließlich brachte man ihr einen Strauß Wiesenblumen, um ihren Professtag zu feiern. Als sie sich so reich beschenkt sah, weinte sie vor Dankbarkeit und sagte zu uns:

Ich weine wegen der zarten Aufmerksamkeiten, die mir der liebe Gott erweist. Äußerlich bin ich damit überschüttet und doch dauert im Innern die Prüfung an … aber auch der Friede.

9. September

1
Man hatte die Spieldose überdreht, sie schien kaputt. Auguste[8] *reparierte sie, aber seither fehlte (bei einer bestimmten Melodie) die schönste Note. Mir tat das leid und ich fragte sie, ob auch sie darüber betrübt sei.*

Oh, überhaupt nicht! Es tut mir nur leid, dass Sie betrübt sind.

2
… Ah! Ich weiß, was leiden heißt!

10. September

1
Als Herr de Cornière sie untersuchte, schien er ganz bestürzt über ihren Zustand.

»Nun, sind Sie zufrieden?«, fragte ich sie, als der Arzt gegangen war.

Ja, aber ich bin nun schon ein wenig daran gewöhnt, dass sie etwas sagen und es dann wieder zurücknehmen!

2
Am Abend, während man ihre Kissen zurechtlegte, stützte sie ihren Kopf an mich und schaute mich zärtlich an. Dabei musste ich an den Blick denken, mit dem das Jesuskind auf einem bestimmten Bild die allerseligste Jungfrau anschaut, während es der Musik des Engels lauscht. Therese hatte von der allerseligsten Jungfrau auf diesem Bild gesagt: »Das ist Pauline im Ideal.«

11. September

1
Das Mütterchen wird als Letzte sterben, wir werden sie mit Théophane Vénard abholen, wenn sie mit ihrer Arbeit für mich fertig ist …

… es sei denn, die kleinen Seelen brauchen sie noch.

2
Ich habe Sie sehr lieb, aber sehr!

Wenn ich höre, dass jemand die Tür öffnet, glaube ich immer, Sie sind es; und wenn dann nicht Sie kommen, bin ich ganz traurig.

Geben Sie mir einen Kuss, einen Kuss, den man hören kann; mit einem Wort, die Lippen müssen »pit« machen!

Erst im Himmel werden Sie wissen, was Sie für mich sind ... Sie sind für mich eine Lyra, ein Lied ... viel mehr als eine Spieldose, kommen Sie schon! Sogar wenn Sie nichts sagen.

3
Sie hatte für die allerseligste Jungfrau zwei Kränze aus Kornblumen gemacht, der eine lag zu ihren Füßen, den anderen hielt sie in der Hand. Ich sagte:
– »Sie denken ohne Zweifel: Den, den sie in der Hand hält, wird sie Ihnen geben.«

– Oh nein! Sie soll machen, was sie für richtig hält. Was ich ihr gebe, ist ihr zur Freude.

4
... Ich fürchte, vor dem Tod Angst gehabt zu haben ... Aber vor dem Danach habe ich keine Angst, gewiss nicht! Und um das Leben tut es mir nicht leid, oh nein! Es ist nur, weil ich mir sage: Was ist das, diese geheimnisvolle Trennung von Seele und Leib? Es ist das erste Mal, dass ich das empfunden habe, aber ich habe mich sogleich dem lieben Gott anvertraut.

5
Bitte, geben Sie mir mein Kruzifix, damit ich es nach dem Akt der Reue küssen kann, um für die Seelen im Fegefeuer den vollen Ablass zu gewinnen. Ich gebe ihnen nicht mehr als das!

Geben Sie mir jetzt das Weihwasser. Reichen Sie mir die Reliquien von Mutter Anna von Jesus und von Théophane Vénard, ich möchte sie küssen.

Dann liebkoste sie ihr Bild von der Jungfrau Maria. Zuerst streichelte sie das Jesuskind und dann die allerseligste Jungfrau.

Sie konnte nicht einschlafen und sagte zu mir:

Ich kenne das, es ist die Bosheit des Teufels; er ist wütend, weil ich nicht meine kleinen Andachtsübungen vergessen habe. Wenn ich sie aus dem einen oder anderen Grund unterlasse, dann schlafe ich ein und wache einige Minuten nach Mitternacht auf. Es ist, als wollte er meiner spotten, weil ich den vollkommenen Ablass nicht erworben habe.

6
Muss ich Angst haben vor dem Teufel? Mir scheint nicht, denn ich tue alles im Gehorsam.

7
Oh nein! Ich möchte den lieben Gott nicht auf Erden sehen! Und doch liebe ich ihn! Auch die allerseligste Jungfrau und die Heiligen liebe ich sehr, aber auch sie möchte ich nicht sehen.

12. September

Es war das Fest Maria Namen. Sie bat mich, ihr das Evangelium vom Sonntag vorzulesen. Ich hatte das Messbuch nicht da und sagte ihr einfach: »Es ist das Evangelium, wo unser Herr uns sagt, dass »niemand zwei Herren dienen kann.«[9] *Da sagte sie mir die ganze Stelle von Anfang bis zum Ende auf im Ton eines Kindes, das seine Aufgabe hersagt.*

13. September

Es ging ihr viel schlechter und seit dem Vorabend hatte sie geschwollene Füße. Man durfte nicht die kleinste Bewegung bei ihr machen, wie zum Beispiel das Bett ein wenig rücken, vor allem aber sie berühren, ohne ihr starke Schmerzen zu verursachen, so schwach war sie. Wir dachten nicht, dass es so schlimm sei, und nach mir hatte ihr Sr. Maria vom Heiligen Herzen sehr lange den Puls gefühlt. Um uns nicht zu betrüben, ließ sie sich zunächst ihre Erschöpfung nicht anmerken, aber schließlich konnte sie nicht mehr und fing an zu weinen. Und als man dann ihre Kissen und Polster in Ordnung brachte, seufzte sie und sagte so sanft:

Oh! Ich möchte … Ich möchte …

– *»Was denn?«*

– Meinen Schwesterchen keinen Kummer mehr machen und deshalb schnell fortgehen.

Dabei schaute sie Sr. Maria vom Heiligen Herzen mit einem bezaubernden Lächeln an, denn sie war es, von der sie am meisten fürchtete, ihr wehgetan zu haben. Es glückte nicht, ihr Kissen gut zurechtzulegen, weil man nicht wagte, sie stärker zu bewegen. Da stützte sie sich auf ihre Hände und versuchte, selbst wegzurücken, wobei sie liebenswürdig sagte:

Warten Sie, ich werde mich mit den Bewegungen einer kleinen Heuschrecke ans Bettende befördern.

2

Eine Schwester[10] *hatte für sie im Garten ein Veilchen gepflückt. Sie brachte es ihr und zog sich zurück. Da sagte unser Thereschen zu mir, während sie die Blume betrachtete:*

Ah! Der Duft der Veilchen!

Dann machte sie mir ein Zeichen, wie um zu fragen, ob sie ihn einatmen dürfte, ohne gegen die Abtötung zu verstoßen.

14. September

1

Man brachte ihr eine Rose. Sie entblätterte sie mit großer Andacht und Liebe über dem Kruzifix. Sie nahm jedes einzelne Blatt und liebkoste damit die Wunden des Herrn.

Noch im September, *sagte sie,* entblättert Thereschen die »Frühlingsrose«.

»Für dich, um deine Tränen zu trocknen,
entblättere ich die Frühlingsrose!«[11]

Als die Blätter von ihrem Bett auf den Boden des Krankenzimmers hinabglitten, sagte sie sehr ernst:

Sammelt diese Blätter sorgfältig, Schwesterchen, später werdet ihr damit Freude machen können … Verliert keines davon …

2

… Ah! Jetzt …
»Das lässt mich hoffen, dass meine Verbannung kurz sein wird!«[12]

3

Dr. La Néele hatte ihr versichert, sie würde keinen Todeskampf haben, nun aber, da sie mehr und mehr litt, sagte sie:

… Und doch hat man mir gesagt, ich werde keinen Todeskampf haben! …

… Aber schließlich möchte ich ja einen haben.

»Wenn man Ihnen die Wahl ließe, ob Sie einen haben oder nicht?«

Ich würde nichts wählen!

15. September

1
– *»Wenn Sie einmal im Himmel sind, dann werden Ihnen Ihre großen Leiden von jetzt ganz gering vorkommen.«*

– Oh! Sogar auf der Erde finde ich, dass es sehr wenig ist.

2
Am Abend während der Rekreation:

Als Sr. Martha sich nach meinem Ergehen erkundigte und Sr. Genoveva ihr sofort erwiderte: »Sie ist sehr müde!«, dachte ich bei mir: Das ist wirklich wahr, so ist es! Ja, ich bin wie ein müder, erschöpfter Reisender, der am Ziel seiner Reise hinfällt … Ja, aber es sind die Arme Gottes, in die ich falle!

3
Unsere Mutter hat zu mir gesagt, ich bedarf keiner besondern Vorbereitung auf das Sterben, denn ich bin bereits vorbereitet.

16. September

Zu mir allein als Antwort auf Fragen, die ich an sie gerichtet hatte:

Wir ziehen die Erkenntnis und die Hilfe Gottes, die wir brauchen, um Seelen zu leiten und zu trösten, dadurch auf uns herab, dass wir nicht über unsere eigenen Kümmernisse reden, um uns Erleichterung zu verschaffen. Außerdem ist das gar keine wirkliche Erleichterung, es regt eher auf, als zu beruhigen.

17. September

1
Bei den Kranken muss man fröhlich sein.

(Wir hatten ihr von unserem Kummer erzählt.)

Sehen Sie, man darf nicht klagen wie Menschen, die keine Hoffnung haben.[13]

Etwas schelmisch:

Sie werden es noch dahin bringen, dass es mir um das Leben leidtut.

– *»Oh! Das würde uns wirklich wehtun!«*

– Es ist wahr. Ich habe das gesagt, um Ihnen Angst zu machen.

2
Sie sprach von ihrer Kindheit und erzählte mir, dass man ihr eines Tages einen kleinen Korb gegeben hatte und dass sie in ihrem Glück ausgerufen hatte:

Jetzt wünsche ich nichts mehr auf Erden!

Aber nach kurzem Besinnen hatte sie schnell hinzugefügt:

Doch, ich wünsche noch etwas, nämlich den Himmel!

18. September

1
Ich sagte zu ihr, ich fürchte, sie durch das Sprechen anzustrengen.

Mütterchen, Ihr Sprechen ist so angenehm für mich! Oh nein! Sie ermüden mich nicht. Es ist für mich wie Musik … Es gibt nicht zwei wie Sie auf Erden. Oh! Wie liebe ich Sie!

2
Sie betrachtete durch das Fenster das rote Weinlaub an der Einsiedelei vom Heiligen Antlitz:

Das Heilige Antlitz zeigt sich in seinem ganzen Glanz. Schauen Sie, einzelne Zweige des wilden Weins reichen über die Kastanienbäume hinauf.

3
Heute Nachmittag geht es mir besser.

Tatsächlich interessierte sie sich für alles. Mit Vergnügen schaute sie die Decke an, die Sr. Genoveva für den Altar im Oratorium machte, und den Ornat für Abbé Denis.

Aber am Morgen, als Sr. Amata von Jesus sie in ihre Arme nahm, damit man ihr Bett etwas zurechtmachte, glaubte ich, sie würde sterben.

19. September

Man hatte von draußen einen Strauß Dahlien gebracht. Voll Freude betrachtete sie den Strauß und ließ ihre Finger auf eine so reizende Weise durch die Blätter gleiten!

Nach der ersten Messe von Abbé Denis bat sie, ihr seinen Kelch zu zeigen. Lange schaute sie auf den Grund des Kelches, sodass man sie fragte: »Warum schauen Sie denn so aufmerksam auf den Grund des Kelches?«

Weil ich mich darin spiegle. Ich tat das so gern in der Sakristei. Es machte mich glücklich zu denken: Meine Züge haben sich dort gespiegelt, wo das Blut Jesu geruht hat und wohin es wieder herabkommen wird.

Wie oft habe ich auch daran gedacht, dass sich in Rom mein Gesicht in den Augen des Heiligen Vaters gespiegelt hat.[14]

20. September

1
Besuch von Dr. de Cornière, der uns sagte, sie müsse ein wahres Martyrium durchmachen. Im Weggehen drückte er seine Bewunderung über ihre heroische Geduld aus. Ich berichtete ihr ein wenig von dem, was er gesagt hatte.

Wie kann er sagen, ich sei geduldig! Das ist ja eine Lüge! Ich stöhne unaufhörlich, ich seufze, ich rufe die ganze Zeit Ach und Weh! Und dann: Mein Gott, ich kann nicht mehr! Hab Mitleid, hab Mitleid mit mir!

2
Am Nachmittag wechselte man ihr Gewand und wir waren betroffen, sie so mager zu sehen, denn ihr Gesicht hatte sich nicht verändert. Ich ging, um unsere Mutter zu holen, damit sie ihren Rücken anschaue. Sie kam lange nicht, und ich bewunderte, wie sanft und geduldig unsere arme kleine Kranke auf sie wartete. Unsere Mutter war schmerzlich überrascht und sagte in gütigem Ton: »Was ist denn das? So ein mageres Mädchen?«

Ein Skelett!

21. September

1
Ich war, ohne etwas zu sagen, hinausgegangen, um ihre Brechschüssel auszuleeren, und ich stellte sie neben sie hin, wobei ich bei mir dachte: Wie froh wäre ich, wenn sie mir sagen würde, dass sie mir das im Himmel vergelten wird! Und im nächsten Augenblick wandte sie sich mir zu und sagte:

Im Himmel werde ich Ihnen das vergelten.

2

»Wenn ich denke, dass sie bald sterben wird«, sagte Sr. Genoveva.

Ah! Ja gewiss! Sofort! Ich glaube dran!

3

»Zu denken, dass es kein Thereschen mehr gibt zum Liebhaben!«

… Er nannte mich sein Thereschen!

»Wer?«

Aber Pater Bellière!

Er hatte gerade geschrieben und ich wollte ihr seinen Brief noch einmal vorlesen, weil ich dachte, es werde sie freuen, dieses Wort darin wiederzufinden. Aber sie war zu müde und sagte:

Oh nein! Genug! Ich habe genug von Thereschen!

Dann in kindlichem Ton zu mir:

Nicht genug von Paulinchen! Oh nein!

4

»Ich gehe Geschirr waschen. Ich komme zweimal dran.«[15]

Sehr hart für mich, ach ja!

5

Sr. Genoveva bat mich um einen Bleistift und obgleich auch ich den meinen brauchte, borgte ich ihn ihr trotzdem. Da sagte Therese mit Entschiedenheit:

Das ist lieb.

6

Ah! Wie ist wohl der Todeskampf? Mir scheint, ich bin ununterbrochen im Todeskampf!! …

7
Als sie sich die Augen abtrocknete, hatten sich einige Wimpern von ihren Lidern gelöst.

Nehmen Sie diese Wimpern, Schwesterchen Genoveva, man soll möglichst wenige davon der Erde übergeben.

Dann machte sie mit dem Namen von Vater Alaterre[16] *(einem Arbeiter), dem Bruder von Sr. St. Vinzenz von Paul, ein Wortspiel:*

Der arme gute Mann, wenn es ihm aber doch Freude machen würde!

So war sie, immer fröhlich, trotz ihrer großen seelischen und körperlichen Leiden.

22. September

1
Nachdem ich ihr verschiedene Momente ihres Ordenslebens in Erinnerung gerufen hatte, in denen sie sehr verdemütigt worden war, fügte ich hinzu: »Oh, wie oft haben Sie mir leidgetan!«

Es wäre nicht notwendig gewesen, mich so zu bemitleiden, ich versichere es Ihnen. Wenn Sie wüssten, wie leicht ich über all das hinweggekommen bin! Aus den Verdemütigungen ging ich gestärkt hervor; niemand konnte im Feuer tapferer sein als ich.

2
Sie wollte mit mir sprechen, aber sie konnte es nicht.

… Oh wie hart ist es, so ohnmächtig zu sein!
… Mit Ihnen! Es war so schön, als ich mit Ihnen sprechen konnte! Das ist das Schwerste.

3

Ich schaute das Bild von Théophane Vénard an und sagte: »Da ist er mit seinem flachen Hut, und zu guter Letzt kommt er gar nicht, um Sie abzuholen!«

Lächelnd:

Oh, ich spotte nicht über die Heiligen … Ich liebe sie sehr … Sie wollen sehen …

»Was? Ob Sie die Geduld verlieren?«
Schelmisch und ernst zugleich:

Ja! … Vor allem, ob ich das Vertrauen verliere … wie weit ich im Vertrauen wachsen werde …

4

Sie hatte Sr. Genoveva ihre »bobonne« genannt, Sr. Maria von der Dreifaltigkeit ihre »Puppe«, weil sie fand, sie habe ein Puppengesicht. All das tat sie, um uns zu zerstreuen, niemals, weil sie ausgelassen oder kindisch war. Aber diese Beinamen wurden missbraucht und sie sagte:

Man sollte sich nicht allerlei Namen geben. Das gehört sich doch nicht für Ordensleute!

5

»Die Zeit muss Ihnen wohl lang vorkommen?«

Nein, die Zeit kommt mir nicht lang vor; mir scheint, als ob ich erst gestern am Kommunitätsleben teilgenommen und das Heft geschrieben hätte *(ihr Leben).*

6

»Was für eine schreckliche Krankheit und wie viel haben Sie gelitten!«

Ja!!! Welche Gnade, den Glauben zu haben! Hätte ich nicht den Glauben gehabt, ich hätte mich umgebracht, ohne einen Augenblick zu zögern …

23. September

1

… Oh! Wie viel ich Ihnen verdanke! … Deshalb liebe ich Sie! … Aber ich will nichts mehr darüber zu Ihnen sagen, weil ich weinen würde …

(Weinen schadete ihr sehr.)

2

»Morgen ist der Jahrestag Ihres Schleierfestes und ohne Zweifel auch Ihr Todestag.«

Ich weiß nicht, wann es sein wird, ich warte immer, aber ich weiß wohl, dass es nicht mehr lange dauern kann.

3

Sie lächelte uns oft zu, bald der einen, bald der anderen, aber wir bemerkten es nicht immer.

… Oft habe ich für *bobonne* oder eine andere ein schönes Lächeln umsonst gelächelt …

4

Am Abend hatte man durch das geschlossene Fenster so etwas wie ein Vogelgezwitscher gehört. Wir fragten uns, was das sein könnte. Die eine sagte: »Es ist eine Turteltaube«, die andere: »Vielleicht ist es ein Raubvogel«.

Umso schlimmer, wenn es ein Raubvogel ist! Die Raubvögel kamen ja, um die Märtyrer zu fressen.

5
Eine Schwester hatte ihr eine nicht sehr wichtige vertrauliche Mitteilung gemacht und sie gebeten, sie als Geheimnis zu bewahren.

... Wenn die Schwestern es verbieten, ist es heilig ... Auch wenn es sich um etwas ganz Geringfügiges handelt, darf man es nicht weitersagen.

6
Nach einem sehr langen Schweigen, indem sie Sr. Maria vom Heiligen Herzen und mich, die wir in diesem Augenblick bei ihr waren, anschaute:

Meine Schwesterchen, Ihr habt mich erzogen! ...

Und ihre Augen füllten sich mit Tränen.

24. September

1
Am Jahrestag ihres Schleierfestes hatte ich die Messe für sie feiern lassen.

Danke für die Messe!

Da ich sah, wie sehr sie litt, sagte ich traurig: »Ah! Sehen Sie, es ist Ihnen nicht leichter geworden!«

Sie haben es also deshalb erreicht, dass man die Messe für mich liest, damit es mir besser gehe?

– *»Für Ihr Wohl.«*

– Mein Wohl ist ohne Zweifel das Leiden ...

2

Sie erzählte mir, was für einen Schmerz sie einmal empfunden hatte, als man in jenem Jahr die Kastanienbäume viel zu spät geschnitten hatte.

Zunächst war mein Schmerz bitter und in mir tobten heftige Krämpfe. Ich liebte den Schatten so sehr und in diesem Jahr würde es keinen geben. Die Äste, die schon grün waren, lagen in Bündeln auf der Erde. Nur die Stämme waren übrig geblieben! Dann aber, plötzlich, habe ich mich darüber erhoben, indem ich mir sagte: Wenn ich in einem anderen Karmel wäre, was würde es mir ausmachen, wenn man im Karmel von Lisieux die Kastanienbäume ganz und gar absägen würde?! Und ich empfand einen großen Frieden und eine himmlische Freude!

3

Visite von Herrn de Cornière, der sich mehr und mehr erbaut zeigt. Er sagte zu unserer Mutter: »Sie ist ein Engel! Sie hat das Gesicht eines Engels, trotz ihrer großen Leiden hat sich ihr Gesicht überhaupt nicht verändert. Das habe ich noch nie gesehen. Bei ihrem Zustand allgemeiner Abmagerung – das ist übernatürlich.«

4

… Ich möchte auf den Himmelswiesen herumlaufen …
… Ich möchte über die Wiesen laufen, wo das Gras nicht niedergetreten wird, wo es schöne Blumen gibt, die nicht welken, und hübsche kleine Kinder, die Engelchen sind.

»Sie schauen nie so aus, als wären Sie des Leidens müde. Sind Sie es im Grunde?«

Aber nein! Wenn ich nicht mehr kann, dann kann ich nicht mehr, das ist alles!

5
Ich hatte Lust, zu Herrn de Cornière zu sagen: Ich lache, weil Sie mich trotz allem nicht hindern konnten, in den Himmel zu gehen. Aber wenn ich dort bin, werde ich Sie zum Dank für Ihre Mühe daran hindern, schon bald dort hinzukommen.[17]

6
Bald werde ich nur noch die Sprache der Engel sprechen.

7
»Im Himmel werden Sie zu den Seraphim kommen.«

Ah! Aber wenn ich zu den Seraphim komme, so werde ich es nicht machen wie sie. Umso schlimmer! Sie bedecken sich alle mit ihren Flügeln vor dem lieben Gott. Ich werde mich hüten, mich mit meinen Flügeln zu bedecken.[18]

8
… Mein Gott! … Habe Mitleid mit dem kleinen Mä … Mä … Mädchen!

(Dabei drehte sie sich unter großen Schmerzen um.)

9
– *»Wie Sie Ihren Théophane liebkosen, gereicht ihm zur Ehre!«*

– Das sind keine Ehrbezeugungen …

– *»Was sind es dann?«*

– Es sind ganz einfach Liebkosungen!

(Sie streichelte das Bild von Théophane Vénard.)

10
»… Sie haben also kein Vorgefühl, an welchem Tag Sie sterben werden?«

– Oh Mutter! Vorgefühle! Wenn Sie wüssten, wie armselig ich bin! Ich weiß nichts, was Sie nicht auch wissen; ich errate nichts, als was ich sehe und fühle, aber meine Seele ist trotz der Dunkelheit in einem erstaunlichen Frieden.

11
Wer hat Sie auf der Erde am liebsten? …

25. September

1
Ich hatte ihr erzählt, was man in der Rekreation über Abbé Youf gesagt hatte, der den Tod sehr fürchtete. Die Schwestern hatten über die Verantwortung der Menschen gesprochen, denen die Sorge für die Seelen obliegt und die ein langes Leben haben.

… Was die Kleinen betrifft, so werden sie mit äußerster Milde gerichtet werden.[19] Und man kann sehr wohl klein bleiben, auch wenn man höchst verantwortungsvolle Aufgaben hat, auch wenn man sehr lange lebt. Ob ich mit achtzig Jahren sterben würde, ob ich in China gewesen wäre, überall wäre ich genauso klein gestorben wie heute, das fühle ich wohl. Und es steht geschrieben, dass »der Herr sich am Jüngsten Tag erheben wird, um alle Sanften und Demütigen auf Erden zu retten«.[20] Es steht nicht *richten*, sondern *retten*.

2
An einem der letzten Tage hatte sie mir von schrecklichen Schmerzen gesprochen:

Oh Mutter, es ist leicht, schöne Dinge über das Leiden zu schreiben; aber Schreiben ist nichts, nichts! Man muss sie erleben, um zu wissen! …

Dieses Wort hatte einen schmerzlichen Eindruck in mir hinterlassen. Heute nun schien sie sich an das zu erinnern, was sie zu mir gesagt hatte, denn sie schaute mich mit einem ganz eigenartigen, gleichsam feierlichen Blick an und sagte die folgenden Worte:

Ich fühle jetzt klar, dass alles, was ich gesagt und geschrieben habe, in allem wahr ist … Es ist wahr, dass ich sehr viel leiden wollte für den lieben Gott, und es ist wahr, dass ich es immer noch wünsche.

3
Man sagte ihr: »Ah! Es ist schrecklich, was Sie erleiden!«

Nein, es ist nicht schrecklich. Ein kleines Opfer der Liebe kann das nicht schrecklich finden, was sein Gemahl ihm aus Liebe schickt.

26. September

Sie hatte keine Kraft mehr.

Oh! Wie bin ich zerschlagen! …

Durch das Fenster betrachtete sie ein totes Blatt, das sich vom Baum gelöst hatte und an einem dünnen Faden in der Luft schwebte:

Sehen Sie, das ist ein Gleichnis für mich, mein Leben hängt nur noch an einem dünnen Faden.

Nach ihrem Tod, noch am Abend des 30. September, fiel das Blatt, das bis dahin als Spielball der Winde in der Luft gehangen hatte, zur Erde. Ich habe es aufgehoben mitsamt seinem Spinnenfaden, der immer noch daran haftete.

27. September

Zwischen zwei und drei Uhr wollten wir ihr zu trinken geben. Sie bat um Lourdeswasser und sagte:

Bis 3 Uhr mag ich lieber Lourdeswasser, es ist frömmer.

28. September

1
… *Mama*[21]… Die Luft der Erde fehlt mir, wann wird der liebe Gott mir die Luft des Himmels geben? …

… Ah! Noch nie war er so kurz! *(Ihr Atem).*

2
– »*Arme Kleine, Sie sind wie die Märtyrer im Amphitheater, wir können nichts mehr für Sie tun!*«

– O ja! Schon allein Sie zu sehen, tut mir gut.

Den ganzen Nachmittag schenkte sie uns ihr Lächeln. Als ich ihr die folgenden Stellen aus dem Offizium des heiligen Michael vorlas, hörte sie aufmerksam zu:

»Der Erzengel Michael kam mit einer großen Schar von Engeln. Ihm hat Gott die Seelen der Heiligen anvertraut, damit er sie in die Freuden des Paradieses heimholt.

Erzengel Michael, ich habe dich zum Fürsten gesetzt über alle Seelen, die aufgenommen werden sollen.«

Sie streckte die Hand nach mir aus und legte sie dann auf ihr Herz zum Zeichen, dass ich dort sei in ihrem Herzen.

29. September

1
Seit dem Morgen schien sie in Agonie zu sein; sie hatte ein sehr schmerzhaftes Röcheln und konnte nicht atmen. Die Kommunität wurde gerufen und versammelte sich um ihr Bett, um die Gebete aus dem Manuale zu rezitieren. Nach ungefähr einer Stunde entließ unsere Mutter die Schwestern wieder.

2
Zu Mittag sagte sie zu unserer Mutter:

Mutter, ist das der Todeskampf? … Wie werde ich es nur fertigbringen zu sterben? Nie werde ich zu sterben verstehen! …

3
Ich las ihr noch weitere Stellen aus dem Offizium des heiligen Michael und die Gebete für die Sterbenden auf Französisch vor. Als von den bösen Geistern die Rede war, machte sie eine kindliche Gebärde, wie um ihnen zu drohen, und rief lächelnd:

Oh! Oh!

in einem Ton, als wollte sie sagen: Die fürchte ich nicht.

4
Nach der Visite des Arztes sagte sie zu unserer Mutter:

– Ist es heute, Mutter?

– *»Ja, mein Töchterchen.«*

Da sagte eine von uns:
»Heute ist der liebe Gott voll Freude.«

Ich auch.
Wenn ich sogleich sterben würde – welch ein Glück!

5
… Wann werde ich endlich ganz und gar ersticken?! … Ich kann nicht mehr! Ah! Beten Sie für mich! … Jesus Maria!
… Ja! Ich will, ich will schon …

6
Sr. Maria von der Dreifaltigkeit war gekommen; nach wenigen Augenblicken hatte sie sie auf sehr freundliche Weise aufgefordert, sich zurückzuziehen. Als sie gegangen war, sagte ich: »Arme Kleine! Sie hat Sie so geliebt!«

War es böse von mir, sie wegzuschicken?

Und ihr Gesicht wurde traurig, aber ich tröstete sie gleich wieder.

7

6 Uhr: Ein Insekt war in ihren Ärmel hineingekrochen, man quälte sie damit, es herauszuholen.

Lassen Sie nur, es macht nichts.

– *»Oh doch, es wird Sie stechen.«*

– Nein, lassen Sie es, lassen Sie es! Ich sage Ihnen, ich kenne diese Tierchen.

8

Ich hatte heftige Kopfschmerzen und gegen meinen Willen schloss ich die Augen, während ich den Blick auf sie gerichtet hatte.

Schlafen Sie ein bisschen … und ich auch!

Aber sie konnte nicht schlafen und sagte zu mir:

Oh Mutter, wie tun mir die Nerven weh!

9

Während der Abendrekreation:

… Ah! Wenn Sie wüssten!

(Wenn Sie wüssten, wie ich leide.)

10

Ich möchte Ihnen die ganze Zeit zulächeln, und dabei kehre ich Ihnen den Rücken zu! Schmerzt Sie das?

(Das war während des Stillschweigens.)

11
Als unsere Mutter nach der Matutin kam, um nach ihr zu sehen, hatte sie die Hände gefaltet und sagte mit sanfter, ergebener Stimme:

– Ja, mein Gott, ja, mein Gott, ich will alles, gern!

– *»Es ist doch schrecklich, was Sie leiden!«, sagte unsere Mutter.*

– Nein, Mutter, nicht schrecklich, aber viel, viel … gerade so viel, wie ich ertragen kann.

Sie bat, in der Nacht allein bleiben zu dürfen, aber unsere Mutter wollte es nicht. Sr. Maria vom Heiligen Herzen und Sr. Genoveva teilten miteinander diesen großen Trost.[a] *Ich blieb in der Zelle, direkt neben dem Krankenzimmer, die zum Kreuzgang führt.*

---

[a] Die *Grünen Hefte* fügen hinzu:

Sie hatte unser Angebot, während ihrer Krankheit die Nächte bei ihr zu verbringen, nicht angenommen. Auch in der letzten Nacht ihres Lebens vom 29. auf den 30. September beschwor sie uns, sie allein zu lassen. Schließlich gelang es Sr. Maria vom Heiligen Herzen und Sr. Genoveva, diesen Trost miteinander zu teilen … Sie fanden sie einzig darauf bedacht, nicht die Ruhe derjenigen zu stören, die gerade bei ihr wachte. Und was für Schmerzen hat sie dabei durchgemacht!
Sr. Maria vom Heiligen Herzen schlief ein, nachdem sie ihr einen Arzneitrank gereicht hatte. Mit tiefer Rührung sah sie bei ihrem Erwachen, dass die Kleine immer noch das Gläschen in ihren vor Fieber zitternden Händen hielt und geduldig darauf wartete, dass ihre Schwester erwachte und es zurückstellte.

†

30. September

Donnerstag,
Tag ihres kostbaren Todes

Am Morgen während der Messe war ich bei ihr. Sie sagte kein Wort zu mir. Sie war erschöpft, sie keuchte; ich erriet, dass sie unbeschreiblich litt. Einmal faltete sie für einen Augenblick die Hände, blickte auf die Statue der allerseligsten Jungfrau und sagte:

Oh! Ich habe inbrünstig zu ihr gebetet! Aber es ist die reine Agonie ohne jeden Trost.

Ich sagte ihr einige mitfühlende, liebe Worte und fügte hinzu, dass sie mich während ihrer Krankheit sehr erbaut habe.

– Und Sie! All der Trost, den Sie mir gespendet haben! Ah! Er war sehr groß!

Ohne zu übertreiben kann man sagen, dass sie den ganzen Tag wahre Folterqualen litt ohne einen Augenblick der Ruhe.

Sie schien am Ende ihrer Kräfte und doch konnte sie sich zu unserer großen Überraschung bewegen und sich im Bett aufsetzen.

… Sehen Sie, *sagte sie zu uns,* wie viel Kraft ich heute habe! Nein, ich werde noch nicht sterben! Es reicht noch für Monate, vielleicht für Jahre!

– »Und wenn der liebe Gott das wollte«, sagte unsere Mutter, »würden Sie es annehmen?«

In ihrer Herzensangst begann sie zu sagen:

Ich müsste wohl …

Aber sogleich fasste sie sich und während sie auf ihre Kissen zurücksank, sagte sie mit einem Ausdruck erhabener Ergebenheit:

Ich will es gern!

Ich konnte wohl die Worte aufschreiben, die sie sagte, aber der Ausdruck, mit dem sie sie sagte, lässt sich unmöglich wiedergeben.

Ich glaube nicht mehr an den Tod für mich … Ich glaube nur noch an das Leben … Nun gut, umso besser!

Oh mein Gott! …
Ich liebe ihn, den lieben Gott!
Oh liebe allerseligste Jungfrau, komm mir zu Hilfe!

Wenn das der Todeskampf ist, was ist dann der Tod?! Ah! *Guter* Gott! … Ja, er ist gut, ich finde, sehr gut! …

Indem sie die allerseligste Jungfrau ansah:

Oh! Du weißt, dass ich ersticke!

Zu mir:

Wenn Sie wüssten, was es heißt zu ersticken!

– »Der liebe Gott wird Ihnen helfen, meine arme Kleine, und bald wird es vorbei sein.«

– Ja, aber wann?

… Mein Gott, hab Mitleid mit deinem armen kleinen Mädchen! Hab Mitleid mit ihm!

Zu unserer Mutter:

Oh Mutter, ich versichere Ihnen, der Kelch ist voll bis zum Rand! …

… Aber der liebe Gott wird mich nicht verlassen, sicher nicht …
… Er hat mich nie verlassen.

… Ja, mein Gott, alles, was du willst, aber hab Mitleid mit mir!

Schwesterchen, Schwesterchen, betet für mich!

… Mein Gott, mein Gott! Du, der du so gut bist!!!
… Oh ja, du bist gut! Ich weiß es …

Nach der Vesper legte unsere Mutter ein Bild Unserer Lieben Frau vom Berge Karmel auf ihre Knie.

Sie schaute sie einen Augenblick an und, nachdem unsere Mutter ihr versichert hatte, dass sie bald die allerseligste Jungfrau so liebkosen werde, wie es das Jesuskind auf diesem Bild tut, sagte sie:

Oh Mutter, bringen Sie mich schnell zur allerseligsten Jungfrau. Ich bin ein *bébé,* das nicht mehr kann! … Bereiten Sie mich auf ein gutes Sterben vor.

Unsere Mutter erwiderte ihr, sie, die immer die Demut verstanden und geübt habe, sei vollkommen vorbereitet. Sie dachte einen Augenblick nach und sprach dann demütig die folgenden Worte:

Ja, es scheint mir, dass ich immer nur die Wahrheit gesucht habe; ja, ich habe die Demut des Herzens begriffen … Es scheint mir, dass ich demütig bin.

Und sie wiederholte noch einmal:
Alles, was ich über mein Verlangen nach Leiden geschrieben habe – oh! Das ist trotz allem wirklich wahr!

… Und ich bereue nicht, mich der Liebe ausgeliefert zu haben.

Mit Nachdruck:

Oh nein, ich bereue es nicht, im Gegenteil!

Etwas später:
Nie hätte ich geglaubt, dass es möglich wäre, so zu leiden![1] Nie! Nie! Ich kann mir das nur aus meinem glühenden Verlangen erklären, Seelen zu retten.

Gegen 17 Uhr war ich allein bei ihr. Plötzlich ging mit ihrem Gesicht eine Veränderung vor sich; ich begriff, dass der Todeskampf einsetzte.

Als die Kommunität das Krankenzimmer betrat, empfing sie alle Schwestern mit einem liebevollen Lächeln. Sie hielt ihr Kruzifix und schaute es unablässig an.

---

[1] Man hat ihr nie auch nur eine einzige Morphiumspritze gegeben.

Über zwei Stunden lang zerriss ihr ein schreckliches Röcheln die Brust. Ihr Gesicht war rot angelaufen, ihre Hände waren violett, ihre Füße eiskalt, und sie zitterte an allen Gliedern. Reichlicher Schweiß trat ihr in riesigen Tropfen auf die Stirn und rieselte auf ihre Wangen herab. Ihre Beklemmung nahm dauernd zu, und um sich Luft zu verschaffen, stieß sie von Zeit zu Zeit unfreiwillig kleine Schreie aus.

Während wir diese Stunden voll Herzensangst durchlebten, hörte man durch das Fenster ein Gezwitscher von Rotkehlchen und anderen kleinen Vögeln, aber so stark, so nah und so lang! Ich litt sehr darunter und betete zum lieben Gott, er möge die Vögel zum Schweigen bringen, dieses Konzert durchbohrte mir das Herz, und ich fürchtete, es würde unserer armen kleinen Therese lästig fallen.

In einem Augenblick schien ihr Mund so trocken, dass Sr. Genoveva ihr ein kleines Stück Eis auf die Lippen legte, um ihr Linderung zu verschaffen. Sie nahm es mit einem Lächeln für Sr. Genoveva, das ich nie vergessen werde. Es war wie ein letztes Lebewohl.

Um 18 Uhr, als es zum Angelus läutete, schaute sie lange zur Statue der allerseligsten Jungfrau hin.

Einige Minuten nach 19 Uhr schließlich, nachdem unsere Mutter die Kommunität fortgeschickt hatte, seufzte sie:

Mutter! Ist das noch nicht der Todeskampf? … Werde ich nicht sterben?

– »Doch meine arme Kleine, das ist der Todeskampf, aber vielleicht will der liebe Gott ihn einige Stunden verlängern.«

Tapfer erwiderte sie:

Also gut! … Weiter! … Weiter! …
Oh! Ich möchte nicht weniger lang leiden …

Indem sie das Kruzifix ansah:

Oh! Ich liebe ihn!
Mein Gott! … Ich liebe dich!

Als sie diese Worte ausgesprochen hatte, sank sie plötzlich sanft zurück, den Kopf nach rechts geneigt. Unsere Mutter ließ unverzüglich die Glocke des Krankenzimmers läuten, um die Kommunität zusammenzurufen.

– »Öffnet alle Türen«, sagte sie gleichzeitig. Dieses Wort hatte etwas Feierliches an sich, sodass ich denken musste, der liebe Gott sagt jetzt im Himmel das Gleiche zu seinen Engeln.

Die Schwestern hatten noch Zeit, sich rings um das Bett zu knien, und wurden Zeuge der Ekstase der kleinen heiligen Sterbenden. Ihr Gesicht hatte seine Lilienfarbe, die ihm bei voller Gesundheit eigen gewesen war, zurückgewonnen, ihre Augen blickten nach oben, strahlend in Frieden und Freude. Sie bewegte den Kopf auf anmutige Weise, so als habe jemand sie mit einem Liebespfeil göttlich verwundet, dann den Pfeil herausgezogen, um sie von Neuem zu verwunden …

Sr. Maria von der Eucharistie näherte sich mit einer brennenden Kerze, um ihren erhabenen Blick aus der Nähe besser zu sehen. Im Licht dieser Kerze war keine Bewegung ihrer Lider zu sehen. Diese Ekstase dauerte ungefähr so lange wie ein Credo, dann stieß sie ihren letzten Seufzer aus.

Nach ihrem Tod blieb ein himmlisches Lächeln auf ihrem Gesicht. Sie war bezaubernd schön. Sie hielt ihr Kruzifix so fest, dass man es ihr aus den Händen reißen musste, bevor man sie begrub. Sr. Maria vom Heiligen Herzen und ich taten es zusammen mit Sr. Amata von Jesus, und wir bemerkten dabei, dass sie nicht älter aussah als zwölf oder dreizehn Jahre.

Ihre Glieder blieben geschmeidig bis zu ihrem Begräbnis am Montag, dem 4. Oktober 1897.

Sr. Agnes von Jesus r. c. i.

Anhang

30. September

… Alle meine kleinen Wünsche haben sich erfüllt … Da muss auch dieser große *(aus Liebe sterben)* sich erfüllen!

Am Nachmittag:

Ah! Wie viel Kraft ich heute habe! … Es reicht noch für Monate! Und morgen und alle Tage wird es noch schlimmer sein! …
… Nun gut! Umso besser!

Ich kann nicht atmen, ich kann nicht sterben …[1]
… Nie werde ich zu sterben verstehen!

… Ja, mein Gott! … Ja!
… Ich will gern noch leiden …

Gegen 5 Uhr ließ Mutter Maria von Gonzaga die Reliquien vom seligen Théophane Vénard und von der Mutter Anna von Jesus, die rechts am Vorhang des Krankenbettes angenadelt waren, fallen. Man hob sie auf, und Therese strich zärtlich darüber.

---

(1) Sie hat nie Sauerstoff geatmet – ich glaube, das kannte man damals nicht.

Letzte Gespräche Thereses mit Céline

Juli – September 1897

12. Juli

1
Mitten in einem Gespräch unterbrach sich Thereschen plötzlich. Sie schaute mich mitleidig an und sagte:

Ah! … Schwesterchen Genoveva wird es am meisten spüren, wenn ich nicht mehr da sein werde. Gewiss, sie kommt mir am bedauernswertesten vor, denn immer, wenn sie einen Kummer hat, kommt sie gleich zu mir, und nun wird sie niemanden mehr haben …

… Ja, aber der liebe Gott wird ihr Kraft geben … und dann, ich werde wiederkommen! …

Und an mich gewandt:

Ich werde so bald wie möglich kommen, um Sie abzuholen, und ich werde Papa mitbringen, Sie wissen ja, er war immer in Eile …(1)

2
Später, während ich um sie herum meinen Aufgaben als Krankenpflegerin nachging und dabei wie immer über die nahe bevorstehende Trennung sprach, trällerte sie ein Liedchen, das sie sich ausdachte, während sie sang, und in dem sie mich an ihre Stelle setzte (nach der Melodie des Lobgesanges »Mein ist er«):

Mein ist sie, die zu rauben mir
sogar der Himmel, der ganze Himmel kam.
Mein ist sie, ich liebe sie! Oh ja, ich liebe sie.
Nichts wird uns jemals scheiden können.

---

(1) *(Damit wollte sie nicht sagen, er sei ein gehetzter Mensch gewesen, sondern sie meinte damit seine Veranlagung, die es ihm unmöglich machte, etwas auf morgen zu verschieben, was er heute tun konnte. Nie zögerte er die Durchführung einer einmal getroffenen Entscheidung hinaus.)*

3

Ich sagte zu ihr: »Gleich nach Ihrem Tod wird mich der liebe Gott nicht holen können, denn ich werde noch nicht genug Zeit gehabt haben, gut zu sein.« Sie erwiderte:

– Das macht nichts! Denken Sie an den heiligen Joseph von Copertino. Seine Intelligenz war durchschnittlich, er war ungebildet und hatte nur eine Stelle aus dem Evangelium ganz begriffen: *Beatus venter qui te portavit.*[1] Als man ihn gerade über diese Stelle befragte, antwortete er so gut, dass alle voll Bewunderung waren, und ohne jede weitere Prüfung wurden er und seine drei Gefährten mit großen Ehren in den Priesterstand aufgenommen, denn aus seinen wunderbaren Antworten schloss man, dass seine Gefährten ebenso viel wissen mussten wie er.

So werde ich für Sie antworten und der liebe Gott wird Ihnen *gratis* alles geben, was er mir gegeben hat.

4

Am selben Tag, während sie mir zuschaute, wie ich im Krankenzimmer ein und aus ging, sagte sie zu mir:

Mein kleiner Valerianus …

(Manchmal verglich sie unsere innige Verbundenheit mit jener zwischen der heiligen Cäcilia und dem heiligen Valerianus.)

Juli

1

Wenn sie mich ansah, stiegen spontan Gedanken in ihr auf wie die folgenden:

Wir werden sein wie zwei kleine Küken: Sie wissen, wie sie immer beisammenbleiben!

Wie traurig wäre es für mich, wenn ich sehen würde, dass auf dem anderen Knie des lieben Gottes jemand anders sitzt! Ich würde den ganzen Tag weinen! …

Die Stelle im Evangelium, wo es Jesus den Söhnen des Zebedäus abschlägt, zu seiner Rechten und zu seiner Linken zu sitzen[2], hatte Thereschen beeindruckt, und sie sagte:

Ich stelle mir vor, der liebe Gott hat diese Plätze »kleinen Kindern« vorbehalten …

Dabei hoffte sie, sie und ich, wir würden diese beiden bevorzugten Kinder sein … (Das ist der Grund, warum ich immer wieder Fragen stellte, in denen meine leider begründete Angst zum Ausdruck kam, dass ich einer solchen Gunst niemals würdig sein würde.) – Die Gnade des Haec facta est mihi[3], die mir ungefähr drei Wochen nach ihrem Tod zuteilwurde, war die Antwort auf die innerliche Frage, die plötzlich während der Terz in mir aufstieg: – »Therese hat mir nicht gesagt, dass sie den erhofften Platz auf den Knien des lieben Gottes erhalten hat? …« Und genau in diesem Augenblick sprach der Chor die Worte: Haec facta est mihi … Ich verstand diese Worte nicht und kaum war das Offizium zu Ende, schlug ich die Übersetzung nach: Haec facta est mihi …

So ist mir geschehen …

2

Ich hatte gesagt, wenn ich sie verliere, werde ich verrückt werden. Sie erwiderte:

Wenn Sie verrückt werden, *bobonne*, wird der »Gute Erlöser«[4] kommen, Sie abzuholen! …

(Bobonne war ein Beiname, den sie mir mit Erlaubnis unserer Mutter gab, denn weil ich sie pflegte, musste sie mich immerzu rufen, und da fand sie bobonne weniger mühsam als meinen Namen.)

3

Ich äußerte meine Betrübnis darüber, dass ich nicht alles aufschreiben konnte, sondern nur hastig jene Worte notierte, die mir ganz persönlich galten, während ich sah, wie Mutter Agnes von Jesus all die schönen Aussprüche unseres Engels aufschrieb:

– »Ich mache es nicht wie die anderen, ich schreibe gar nicht alles auf, was Sie sagen.« Sie erwiderte prompt:

– Sie werden es nicht brauchen, ich werde kommen, um Sie abzuholen …

(Bevor man sie an einem Tag im Juni in das Krankenzimmer hinuntergebracht hatte, sah sie, wie verzweifelt ich über die Aussicht auf ihren baldigen Weggang war. Da wandte sie sich an das Jesuskind und, indem sie mit einer reizenden Gebärde den Finger hob, sagte sie zu ihm, wie um ihm Bescheid zu sagen:)

Kleiner Jesus, wenn du mich holst, musst du auch Fräulein Lili(1) holen. Das ist meine Bedingung. Also überlege dir gut, was du tust … Einen Mittelweg gibt es nicht, entweder nehmen oder lassen!

4

Am 22. Juli schrieb ich an meine Tante, Frau Guérin: … Vor ein paar Tagen las ich meiner kleinen Kranken eine Stelle über die himmlische Seligkeit(2) vor. Da hat sie mich unterbrochen, um mir zu sagen:

Das zieht mich nicht an …«

– »Was denn sonst?«, fragte ich sie.

– Oh! Die Liebe! Lieben, geliebt zu werden und auf die Erde zurückzukommen …[5]

(Das steht nicht im handschriftlichen Manuskript.)

---

(1) Ein Beiname aus unserer Kindheit, mit dem sie mich immer noch anredete, wenn wir unter uns waren. Er stammte aus einer Kindergeschichte: Herr Toto und Fräulein Lili – sie war Herr Toto und ich Fräulein Lili.

(2) Ich saß nahe am Fenster.

5

In der Nacht hatte sie Blut gehustet. Voll Freude zeigte sie mir von Zeit zu Zeit in ihrer kindlichen Art den Napf.[6] *Dabei wies sie oft mit trauriger Miene auf den Rand, als wollte sie sagen: Ich wünschte, er wäre voll bis hier!*

Ich entgegnete ihr gleichfalls traurig:

– »Oh! Es kommt nicht darauf an, ob da wenig oder viel drin ist, schon die Tatsache allein ist ein Zeichen für Ihren Tod …«

– Dann fügte ich hinzu: – »Ach ja! Sie sind glücklicher als ich, denn für meinen habe ich noch kein Zeichen!«

Prompt entgegnete sie:

– Oh ja! Sie haben ein Zeichen! Mein Tod ist ein Zeichen für den Ihren! …

21. Juli

Während ich meiner Arbeit als Krankenpflegerin nachging und das Zimmer in Ordnung brachte, folgte sie mir mit den Augen und plötzlich unterbrach sie das Schweigen durch ein Wort, das durch nichts hervorgerufen worden war:

Im Himmel werden Sie neben mir Platz nehmen!

Und später zitierte sie eine Stelle aus einem schönen Gedicht über Ludwig XVII:[7]

»Bald werden Sie mit mir kommen,
… zu wiegen das weinende Kind.
Und die Sonnen in ihrer brennenden Behausung
verjüngen mit leuchtendem Hauch …«

Dann werde ich Ihnen die azurblauen Flügel eines purpurnen Cherubs anstecken … *ich selbst werde sie festmachen,* denn Sie würden nicht wissen, wo der richtige Platz ist, Sie würden sie entweder zu weit unten oder zu weit oben anstecken!

24. Juli

1
Sie wusste eine Menge Geschichten und hatte sich viele Stellen gemerkt, die sie gelegentlich verwendete. Das machte ihre Konversation anschaulich und reizvoll.

Sie sind eine Seele voll guten Willens, *sagte sie zu mir,* fürchten Sie nichts, Sie haben ein »Hündchen«, das Sie aus allen Gefahren erretten wird …

(Anspielung auf das Geständnis, das der Teufel Pater Surin während eines Exorzismus gemacht hatte: »Ich erreiche alles, es gibt nur eines, diesen Hund des gutem Willens, gegen den ich nichts vermag.«)

2
Ich sagte zu ihr: »Sie sind mein Vorbild, und dieses Vorbild kann ich nicht erreichen! Oh, wie grausam ist das! Mir scheint, ich habe nicht das, was es dazu braucht. Ich bin wie ein kleines Kind, das kein Gefühl für Entfernungen hat. Vom Arm der Mutter streckt es seine kleine Hand aus, um den Vorhang oder einen Gegenstand zu ergreifen … Es gibt sich keine Rechenschaft darüber, dass es davon sehr weit entfernt ist!«

– Ja, aber am Jüngsten Tag wird der gute Jesus sein Célinchen allem nahebringen, was es gewünscht hat, und dann wird es alles ergreifen.

1. August

Sie sind ganz klein, denken Sie daran, und wenn man ganz klein ist, hat man keine Hintergedanken …

4. August

1

In den ersten Jahren meines Ordenslebens musste ich eine wahre Vernichtung meiner Natur durchmachen, ich sah nichts als Trümmer rings um mich, und so beklagte ich mich oft – in einem solchen Augenblick hörte ich sie einmal singen:

»Bobonne, auf Erden unvollkommen,
Sie werden vollkommen sein im Himmel!« (Dreimal).(1)

2

Mein liebes Schwesterchen hatte sehr heftige Schmerzen in der rechten Schulter und im rechten Arm. Um ihr Linderung zu verschaffen, hatte ich mir ausgedacht, ein breites Stück Leinen, zur Schlinge gebunden, von ihrem Betthimmel herabhängen zu lassen, in dem ihr Arm frei im Raum ruhte. Diese Linderung war allerdings nicht lange wirksam, aber sie war trotzdem sehr dankbar dafür und sagte voll Zärtlichkeit:

Der liebe Gott wird auch für *bobonne* Schlingen machen!

3

Mitten in einem Gespräch überfiel mich der Gedanke an ihren Tod und ich rief aus:
– »Ich werde ohne Sie nicht leben können!«

– Sie haben ganz recht, *entgegnete sie lebhaft,* deshalb werde ich Ihnen zwei bringen ... (Flügel).[8]

---

(1) *Melodie der beiden letzten Zeilen eines Liedes zum heiligen Joseph:*
»Joseph, unbekannt auf Erden,
wie groß bist du im Himmel!« (Dreimal).
(Die erste Strophe dieses Liedes begann so:
»Edles Blut rollte in deinen Adern ...«
und die erste Zeile des Refrains lautete:
»Menschlicher Ruhm ist vergänglich.«)

4

Als ich mit Therese allein war, sagte ich zur ihr: »Sie möchten, dass aus einem Spatzenei ein so entzückendes Vögelchen ausschlüpft wie Sie, aber das ist unmöglich!«

– Ja, aber! Ich werde ein Zauberstück der Natur vollbringen, um alle Heiligen zu unterhalten. Ich werde das kleine Ei nehmen und zu den Heiligen sagen: Schaut gut zu! Ich mache jetzt ein Taschenspielerkunststück:

Hier seht Ihr ein kleines Spatzenei. Gut! Ich werde daraus ein hübsches Vögelchen herauskriechen lassen, wie ich es bin!

Dann werde ich mein kleines Ei dem lieben Gott hinreichen und ganz leise, aber ganz, ganz leise zu ihm sagen: Verwandle die Natur des kleinen Vogels, indem du das Ei anhauchst … Und wenn er es mir dann zurückgegeben hat, werde ich es der allerseligsten Jungfrau reichen und sie bitten, es zu küssen … Dann werde ich es dem heiligen Joseph anvertrauen und ihn bitten, es zu streicheln … Schließlich werde ich mit lauter Stimme zu allen Heiligen sagen:

Sagt alle, dass ihr das Vögelchen, das aus dem Ei ausschlüpfen wird, genauso lieb habt wie ich!

Und sogleich werden alle Heiligen ausrufen: Wir haben das Vögelchen, das aus dem kleinen Ei ausschlüpfen wird, genauso lieb wie du.

Dann werde ich mit triumphierender Miene das kleine Ei zerbrechen, und ein ganz reizendes Vögelchen wird sich neben mich dem lieben Gott auf die Knie setzen. Und alle Heiligen werden sich unbeschreiblich freuen, wenn sie die beiden Vögelchen singen hören …

5. August

1

Zu der Stelle aus dem Evangelium: Zwei Frauen mahlen zusammen, die eine wird aufgenommen, die andere wird zurückgelassen …[9]

– Wir machen unser kleines Geschäft zusammen, ich werde schon sehen, dass Sie den Weizen nicht ganz allein mahlen können, also werde ich kommen, um Sie abzuholen … Wachen Sie also, denn Sie wissen nicht, zu welcher Stunde Ihr Herr kommt.[10]

Immer wieder sagte sie mir, dass wir wie zwei Geschäftspartner seien. Was tut's, wenn der eine unfähig ist? Solange sie sich nicht voneinander trennen, werden sie eines Tages an demselben Gewinn teilhaben.

In ihrem Vergleich vom Vögelchen, das auf der Mauer des Kreuzgangs sitzt und den göttlichen Adler erwartet[11]*, den es unablässig voll Liebe anschaut, sagte mein liebes Thereschen mir immer, dass sie sich dabei nicht allein sehe, sondern dass da zwei Vögelchen seien …*

2

Sie gab sich Mühe, mir die Armut des Geistes und des Herzens beizubringen durch Worte wie:

– *Bobonne* muss an ihrem Platz bleiben, sie darf nicht versuchen, eine große Dame zu sein, niemals!

Und als ich einmal noch eine von den kleinen Horen zu beten hatte, sagte sie in kindlichem Ton:

– Gehen Sie die Non beten. Und denken Sie daran, dass sie eine ganz kleine Nonne sind, die letzte unter den Nonnen![12]

3

– *»Sie werden mich also verlassen!«*

– Oh! Nicht einen Fußbreit!

Und ich nahm mein Lieblingsthema wieder auf: »Glauben Sie, dass ich noch hoffen kann, mit Ihnen im Himmel zu sein? Es scheint mir so unmöglich, wie wenn man von einem kleinen Einarmigen verlangen würde, hoch oben von einem Klettermast den Preis herunterzuholen …«

– Ja, aber wenn da ein Riese ist, der den kleinen Einarmigen auf den Arm nimmt, ihn hochhebt und ihm selbst das gewünschte Ding gibt!

… So wird es der liebe Gott mit Ihnen machen, aber Sie dürfen es nicht selbst machen wollen, Sie müssen dem lieben Gott sagen: Ich weiß wohl, dass ich niemals würdig sein werde, zu erhalten, was ich erhoffe, aber ich halte dir meine Hand hin wie ein kleiner Bettler und ich bin gewiss, du wirst mich erhören, weil du so gut bist! …

8. August

– *»Wenn man Ihr kleines Leben*[13] *schreibt, nachdem Sie von uns gegangen sind, da möchte ich lieber vorher sterben … Glauben Sie mir das?«*

– Ja, ich glaube es, aber man darf nicht die Geduld verlieren … Schauen Sie mich an, wie brav ich bin, so müssen Sie es auch machen.

August

1

Mein liebes Schwesterchen bemühte sich bei jeder Gelegenheit, mich von mir selbst loszuschälen, und sie verglich uns beide mit den auf obigem Bild dargestellten zwei Kindern. Sie ging weg, frei von allem, nur mit einem Hemd bekleidet, nichts in den Händen; nur ihr Schwesterchen hält sie an der Hand und zieht es mit sich. – Dieses aber sträubt sich, es muss Blumen pflücken, sich mit einem großen Strauß beladen, sodass ihm keine Hand frei bleibt.

2

Eines Tages erzählte sie mir die folgende allegorische Geschichte:

Es war einmal ein »Fräulein«, das besaß Reichtümer, die ungerecht machen und auf die es großen Wert legte. Es hatte einen kleinen Bruder, der besaß nichts und lebte doch im Überfluss! Dieses Bübchen wurde krank und sagte zu seiner Schwester: – »Fräulein, wenn Sie nur wollten, würden Sie alle Ihre Reichtümer, die Ihnen nur Sorgen machen, ins Feuer werfen. Sie würden meine *bobonne* werden und Ihren Titel ›Fräulein‹ ablegen und wenn ich dann im Zauberland wäre, in das ich bald gehen muss, käme ich wieder und holte Sie, weil Sie arm gelebt hätten wie ich, ohne sich um das Morgen zu sorgen.«

Das »Fräulein« sah ein, dass sein kleiner Bruder recht hatte. Es wurde arm wie er, es wurde seine *bobonne*, und nie mehr quälten es die Sorgen um seine vergänglichen Reichtümer, die es ins Feuer geworfen hatte …

Sein Brüderlein hielt Wort; es kam, seine Schwester zu holen, als es im Zauberland war, wo der liebe Gott König ist und die allerseligste Jungfrau Königin, und alle beide werden ewig auf den Knien des lieben Gottes leben. Das ist der Platz, den sie gewählt haben, denn sie hatten sich keine Throne verdienen können, weil sie zu arm gewesen waren …

3

Ein anderes Mal spielte sie wieder auf das Gleichnis der beiden Kinder an und fügte noch eine Hausfrau hinzu, der es in all ihren Schränken an nichts fehlte. Sie sagte:

Fräulein zu reich: mehrere Rosenknospen, mehrere Vögel, um ihr ins Ohr zu singen[(1)], einen Rock, eine Küchenausstattung, kleine Päckchen …

4

Eines Abends, als sie mir beim Auskleiden zusah, rief sie beim Anblick unserer armseligen Kleider unter Verwendung eines komischen Ausdruckes, den sie gehört hatte, voll Mitleid aus:

– Arme-Arme![(2)] Wie *fadenscheinig*[(3)] Sie sind! Aber Sie werden nicht immer so sein, das sage *ich* Ihnen!

5

Wenn ich im Himmel bin, werde ich aus den Schätzen des lieben Gottes schöpfen und sagen:

»›Das ist für Marie, das ist für Pauline, das ist für Léonie, das ist für die *ganz kleine Céline* …‹ Und ich werde Papa ein Zeichen geben und sagen: – ›Sie ist jetzt die *Kleinste*, wir müssen uns beeilen und sie abholen!‹«

6

Sie erzählte mir den folgenden Traum, den sie kurz vor ihrer Erkrankung gehabt hatte:

Sie waren mit zwei Personen, die ich nicht kannte, am Meeresstrand. Eine von den beiden schlug vor, man solle einen

---

(1) *Sie griff eine Stelle auf, die sie gelesen hatte, wo der Verfasser seinen Helden Théophane Vénard mit folgenden Worten rühmt: Er hatte eine Rosenknospe auf den Lippen und einen Vogel, der ihm ins Ohr sang.*

(2) *Ein Beiname, den sie mir oft gab.*

(3) *»Tore« – lateinisch »torus«: Strick, Seil, Schnur.*

Spaziergang machen, aber diese und ihre Gefährtin waren sehr geizig. Sie sagten, statt eines Esels solle man ein Lamm mieten, auf das sich alle drei zusammen setzen sollten. Als Sie nun das Lamm, beladen mit den beiden Frauen sahen, sagten Sie, Sie würden zu Fuß gehen.

Das arme Lamm ging ganz an der Hecke entlang, aber bald konnte es nicht mehr und brach unter seiner Last erschöpft zusammen.

Da erschien an einer Wegbiegung vor Ihnen ein bezauberndes ganz weißes Lämmlein, das sich Ihnen anbot. Da verstanden Sie, dass es Sie auf der Reise durchs Leben tragen würde und das Lämmlein fügte hinzu: »Weißt du, ich möchte auch dein Herzschlag sein …«

– Nachher habe ich verstanden, dass das die Belohnung für die Barmherzigkeit war, die Sie diesen beiden Personen erwiesen hatten, indem Sie sie ertrugen, ohne sich zu beklagen. Deshalb ist Jesus selbst gekommen, um sich Ihnen hinzugeben.

16. August

Ich war sehr früh aufgestanden und fand mein liebes Schwesterchen vor Schmerzen und Angst bleich und entstellt vor. Sie sagte:

Der Teufel ist um mich, ich sehe ihn nicht, aber ich spüre ihn … Er quält mich, er hält mich wie mit eiserner Faust gepackt, um es mir unmöglich zu machen, mir auch nur die kleinste Erleichterung zu verschaffen. Er steigert meine Leiden, damit ich verzweifeln soll … Und ich kann nicht beten! Ich kann nur die Statue der allerseligste Jungfrau anschauen und sagen: Jesus! … Wie notwendig ist die Bitte aus der Komplet: *Procul recedant omnia et noctium phantasmata!* – »Bewahre uns vor den Schreckgespenstern der Nacht!«

Ich fühle etwas Geheimnisvolles … Bis jetzt hatte ich hauptsächlich in der rechten Seite Schmerzen, aber der liebe Gott hat mich gefragt, ob ich für Sie leiden will, und ich habe sofort geantwortet, dass ich es gern will … Im selben Augenblick hat in der linken Seite ein unsagbar heftiger Schmerz angefangen … Ich leide für Sie, und der Teufel will es nicht!

Zutiefst beeindruckt zündete ich eine geweihte Kerze an, und bald darauf hatte sie wieder Ruhe gefunden, ohne dass jedoch ihr neuer physischer Schmerz von ihr genommen worden wäre.

Seither nannte sie ihre rechte Seite »Thereses Seite« und ihre linke Seite »Célines Seite«.

20. August

Oh ja, ich werde kommen, Sie abzuholen, denn so lieb, wie Sie sind, sehen Sie nicht aus, als ob Sie lange leben würden.

21. August

Wenn ich sage: »Ich leide«, fügen Sie hinzu: »Umso besser!«. – Ich habe nicht die Kraft dazu, und so werden Sie hinzufügen, was ich sagen möchte.

In diesem Augenblick war die Beklemmung sehr stark, und um sich das Atmen zu erleichtern, sagte sie so, wie wenn man einen Rosenkranz betet:

Ich leide … Ich leide …

Bald aber warf sie sich vor, sich beklagt zu haben, und darum sagte sie das zu mir, was ich gerade geschrieben habe.

22. August

Mein kleines Fräulein? Ich liebe Sie sehr, und es ist mir sehr lieb, von Ihnen gepflegt zu werden.

Sie hatte mich gerufen, um mir das zu sagen.

24. August

Wir unterhielten uns miteinander in einer Art Kindersprache, die die anderen nicht verstehen konnten. Die erste Krankenpflegerin, Sr. St. Stanislaus, sagte in bewunderndem Ton: »Wie lieb sind diese beiden kleinen Mädchen da mit ihrem unverständlichen Kauderwelsch!«

Etwas später sagte ich zu Therese: »Ja, wir sind wirklich lieb, alle beide! Aber Sie sind auch ganz allein lieb, ich dagegen bin nur mit Ihnen zusammen lieb!«

Sie erwiderte lebhaft:

– Eben deshalb werde ich kommen, um Sie abzuholen!

31. August

Bobonne, ich habe Sie sehr lieb!

3. September

1
Ich hielt mich vor dem Kamin des Krankenzimmers auf, indem ich kam und ging und Ordnung machte, und dabei ärgerte ich mich über etwas, das nicht ging, wie ich wollte. Sie sagte zu mir:

Bobonne, nicht die Ruhe des Geistes verlieren!

2
Am selben Tag, aber nicht bei der gleichen Gelegenheit, teilte ich ihr die folgende Überlegung mit: »Die Menschen werden nicht wissen, dass wir uns so sehr geliebt haben …« Sie erwiderte:

Es bringt nichts, wenn die Menschen es wüssten. Hauptsache ist, dass es so ist …

Und in zuversichtlichem Ton:

Ja, aber! Da wir doch beide auf den Knien des lieben Gottes sitzen werden!

(Sie hatte eine entzückende Art, »Ja, aber!« zu sagen, einen Ausruf, den sie oft verwendete.)

5. September

1
Ich werde Sie beschützen! …

2
Ich geizte sehr mit der freien Zeit am Sonntag, in der es mir erlaubt war, die Notizen, die ich hastig auf Zettel geschrieben hatte, ins Reine zu schreiben. Ich sagte:

– »Der heutige Sonntag war null, ich habe nichts in unser kleines Notizheft geschrieben.«

Sie erwiderte:

– Das ist Lilis Maß, aber nicht Jesu Maß!

11. September

1
Bobonne, Sie sind nicht mehr *bobonne*, Sie sind meine Amme … und Sie pflegen ein *bébé*, das im Sterben liegt.

Sie wandte sich dem Bild ihres lieben Théophane zu und sagte zu ihm:

Bobonne pflegt mich sehr gut, darum werden wir, sobald ich dort oben bin, beide wiederkommen, um sie abzuholen, n' wahr? *(nicht wahr).*

2
Ich liebe meine *bobonne* sehr, aber sehr … und so werde ich, wenn ich gegangen bin, kommen, um sie abzuholen, um ihr dafür zu danken, dass sie mich so gut gepflegt hat.

3
Indem sie mich zärtlich ansah:

… Aber ich werde Sie wiedersehen und Ihr Herz wird sich freuen, und niemand wird Ihnen Ihre Freude nehmen![14]

16. September

1
Ich hatte gerade einen Fehler begangen. Da machte sie ganz runde Augen und sagte zu mir:

Trotzdem werden Sie dort an meiner Seite sein![15]

2
Über die Pflege, die ich ihr angedeihen ließ, zu Tränen gerührt, rief sie aus:

Oh! Wie dankbar bin ich Ihnen, meine arme kleine *bobonne*! … Sie werden sehen, was ich alles für Sie tun werde!

3
Ich fürchtete, es sei ihr kalt, und sagte deshalb zu ihr:

– *»Ich werde gehen, um einen kleinen ›Trost‹*[1] *zu holen.« Aber sie erwiderte lebhaft:*

– Nein, mein kleiner Trost, das sind Sie …

19. September

Meine *bobonne* ist sanft, sie pflegt mich sehr gut … Ich werde es ihr vergelten!

21. September

Ich bin da, um Sie zu lieben … Und wer Sie nicht liebt, ist nicht der liebe Gott! … Das ist der Teufel!

23. September

Sie brauchen nicht zu verstehen, Sie sind zu klein …

(verstehen, was der liebe Gott in mir wirkt).

25. September

Ich werde sterben, das ist gewiss … Ich weiß nicht, wann, aber es ist gewiss!

---

(1) Als »Trost« werden einfache Wollstoffstücke bezeichnet, die das Wäscheamt zusammen mit den Winterkleidern austeilt.

September ohne Datum

1
Eines Tages sagte ich zu ihr: »Sie werden vom Himmel auf uns herabschauen, nicht wahr?« – Da antwortete sie spontan:

– Nein, ich werde herunterkommen!

2
Trotz ihres Einspruchs stand ich in der Nacht mehrmals auf. Bei einem dieser Besuche fand ich mein liebes Schwesterchen mit gefalteten Händen, den Blick zum Himmel gerichtet, vor:

»Was machen Sie denn?«, sagte ich zu ihr, »Sie müssen versuchen zu schlafen.«

– Ich kann nicht, ich habe zu große Schmerzen. Deshalb bete ich …

– *»Und was sagen Sie Jesus?«*

– Ich sage ihm nichts, *ich liebe ihn*!

3
An einem der letzten Tage ihres Lebens, in einem Augenblick, als sie große Schmerzen hatte, flehte sie mich an:

Oh! Schwesterchen Genoveva! Beten Sie für mich zur allerseligsten Jungfrau. Wenn Sie krank wären, würde ich inbrünstig zu ihr flehen! Selbst wagt man nicht zu bitten …

(für sich selbst wagt man nicht zu bitten … das ist der Sinn).
Sie seufzte noch einmal und wandte sich an mich:

Oh! Wie wichtig ist es, dass man für die Sterbenden betet, wenn man wüsste!
(Diese Worte und die meisten anderen, die Mutter Agnes von Jesus laufend aufgeschrieben hat, habe ich gehört, und nur weil ich sah, dass sie ohnehin festgehalten wurden, habe ich sie nicht

aufgeschrieben. Ich war Zeuge von allem, außer von dem, was während der Horen des Offiziums gesprochen wurde, weil da Mutter Agnes von Jesus allein bei ihr blieb.)

Für weitere Einzelheiten verweise ich auf meine schriftliche Aussage.

27. September

Oh, *bobonne*! In meinem Herzen ist eine große Zärtlichkeit für Sie! …

30. September

Letzter Tag der Verbannung meines lieben Thereschens …

Als am Nachmittag ihres Todestages nur Mutter Agnes von Jesus und ich bei ihr waren, rief uns unsere liebe kleine Heilige zitternd und völlig am Ende zu Hilfe … Sie hatte unerträgliche Schmerzen in allen Muskeln. Sie legte einen Arm auf die Schulter von Mutter Agnes von Jesus und den anderen auf meine Schulter, und so blieb sie liegen, die Arme im Kreuz ausgebreitet. In diesem Augenblick schlug es 3 Uhr, und wir mussten an Jesus am Kreuz denken: War unsere arme kleine Märtyrerin nicht sein lebendiges Abbild? …

Auf unsere Frage »Wem wird wohl ihr letzter Blick gelten?«, hatte sie einige Tage vor ihrem Tod geantwortet:

Wenn es der liebe Gott mir überlässt, dann wird er unserer Mutter gelten *(Mutter Maria von Gonzaga).*

Nun, während ihrer Agonie, nur wenige Minuten, bevor sie starb, hielt ich ein kleines Stück Eis an ihre brennenden Lippen, und in diesem Augenblick richtete sie die Augen auf mich und schaute mich mit prophetischer Eindringlichkeit an.

Ihr Blick war erfüllt von Zärtlichkeit, es war darin ein übermenschlicher Ausdruck von Ermutigung und Verheißung zugleich, als wollte sie zu mir sagen:

»Komm, komm! Céline! Ich werde bei dir sein! …«

(Hat ihr damals der liebe Gott den langen und mühevollen Weg geoffenbart, den ich ihretwegen hier unten zurücklegen musste, und wollte er mich durch diesen Blick wegen meiner langen Verbannung trösten? Denn die Erinnerung an diesen letzten Blick, den alle so sehr ersehnt hatten und der mir gegolten hatte, diese Erinnerung ist mir für immer eine Stütze und eine unsagbare Kraft.)

Die anwesende Kommunität hielt bei diesem großartigen Anblick gleichsam den Atem an. Aber gleich darauf senkte unsere liebe kleine Heilige ihre Augen, um unsere Mutter zu suchen, die an ihrer Seite kniete, und ihr verschleierter Blick nahm wieder den leidenden Ausdruck von vorher an.

Letzte Worte unserer lieben kleinen Therese

30. September 1897

Oh! Das ist wirklich das reine Leiden, denn es gibt keinen Trost dabei. Nein, nicht einen!

Oh mein Gott!!! Und doch liebe ich ihn, den lieben Gott … Oh liebe allerseligste Jungfrau, komm mir zu Hilfe!

Wenn das der Todeskampf ist, was ist dann der Tod? …

Oh Mutter! Ich versichere Ihnen, der Kelch ist voll bis zum Rand!

Ja, mein Gott, so viel du willst … Aber habe Mitleid mit mir! Schwesterchen … Schwesterchen … Mein Gott, mein Gott, habe Mitleid mit mir!

Ich kann nicht mehr … Ich kann nicht mehr! Und doch muss ich durchhalten …

Ich bin … Ich bin am Ende … Nein, nie hätte ich geglaubt, dass man so leiden kann … Nie, nie!

Oh Mutter, ich glaube nicht mehr an den Tod für mich … Ich glaube nur noch an das Leiden!

Morgen wird es noch schlimmer sein! Nun gut, umso besser!

Am Abend

(Unsere Mutter hatte gerade die Kommunität weggeschickt, weil der Todeskampf, wie sie sagte, noch länger dauern würde. Sogleich erwiderte die kleine kranke Heilige:)

Gut! Weiter! Weiter! Oh! Ich möchte nicht weniger leiden! …

Oh! Ich liebe ihn …

Mein Gott … ich … liebe dich!

Letzte Worte von Sr. Therese vom Kinde Jesus

gesammelt von Sr. Maria vom Heiligen Herzen

8. Juli

1
Wegen einer Novizin, mit der es Schwierigkeiten gab, sagte ich zu ihr: »Das ist der richtige Kampf für Sie! Haben Sie Angst davor?«

– Ein Soldat hat keine Angst vor dem Kampf, und ich bin ein Soldat.

(Nachdem sie die erwähnte Novizin zurechtgewiesen hatte.)

– Habe ich nicht gesagt, dass ich mit der Waffe in der Hand sterben werde?

2
– Der »Dieb«[1] ist noch weit weg, er ist auf dem Weg, andere Kinder mitzunehmen!

3
– Heute ist der 8. Juli, am 9. Juni sah ich den »Dieb«. Wenn er es so macht, kommt er noch nicht bald, um mich mitzunehmen …

4
– Man hat mich in ein »Unglücksbett« gelegt, in ein Bett, in dem man den Zug versäumt.

Damit spielte sie auf Mutter Genoveva an, die in diesem Bett dreimal die Letzte Ölung empfangen hatte.

9. Juli

Nach der Visite des Arztes, der fand, es gehe ihr besser.

– Der »Dieb« ist wieder gegangen! Nun ja, wie der liebe Gott es will!

12. Juli

– *»Wenn Sie Ihr Leben noch einmal von vorn anfangen müssten, was würden Sie tun?«*

– Ich würde das tun, was ich getan habe.

13. Juli

– Wenn Sie wüssten, wie ich Pläne schmiede, was ich alles machen werde, wenn ich im Himmel bin … Ich werde meine Sendung beginnen …

– *»Was für Pläne haben Sie denn?«*

– Pläne, mit meinen Schwesterchen zurückzukommen, herabzukommen, um den Missionaren zu helfen und zu verhindern, dass die kleinen Eingeborenen sterben, bevor sie getauft sind.

2
Ich sagte ihr, mir scheine, wenn sie einmal von uns gegangen wäre, würde ich nicht mehr den Mut finden, mit jemandem ein Wort zu sprechen, ich würde in einen Zustand völliger Niedergeschlagenheit versinken.

– Das entspricht nicht dem Gebot des Evangeliums. Man muss allen alles sein.[2]

3
– *»Freuen Sie sich, bald werden Sie von aller Trübsal des Lebens befreit sein!«*

– Ich, die ich ein so wachsamer Soldat bin!

4

»Und was soll die kleine Patin tun?«

– Sie soll über allem stehen, was die Schwestern sagen, über allem, was sie tun. Sie sollen sich so verhalten, als wären Sie nicht in Ihrem Kloster, als müssten Sie nicht mehr als zwei Tage hier zubringen. Da würden Sie sich hüten zu sagen, was Ihnen missfällt, weil Sie ja wieder gehen müssten.

(Weil ich diese Worte fertig notierte, während es zum Salve Regina läutete.)

Genau betrachtet wäre es weit besser, das verloren gehen zu lassen und stattdessen einen Akt der Regeltreue zu vollziehen. Wenn man wüsste, was das ist!

16. Juli

– Wenn der liebe Gott zu mir sagte: »Wenn du jetzt gleich stirbst, wirst du in eine sehr große Herrlichkeit eingehen. Wenn du mit achtzig stirbst, wird deine Herrlichkeit lange nicht so groß sein, mir aber würde es viel mehr Freude machen.« Ich würde ohne Zögern antworten: – »Mein Gott, ich will mit achtzig Jahren sterben, denn ich suche nicht meine Herrlichkeit, sondern nur deine Freude.«

Die großen Heiligen haben für die Verherrlichung Gottes gearbeitet. Aber ich, die ich nur eine ganz kleine Seele bin, ich arbeite ausschließlich für seine Freude, für sein Vergnügen, und gern würde ich die größten Leiden ertragen, ja, wenn das möglich wäre, sogar ohne dass der liebe Gott etwas davon wüsste, nicht etwa um vorübergehend zu seiner Verherrlichung beizutragen, sondern einzig, um ihm ein Lächeln abzugewinnen.

25. Juli

Ich beugte mich ein wenig vor und sah durch das Fenster, wie die Sonne unterging und ihr letztes Feuer über die Natur ergoss, sodass die Wipfel der Bäume ganz vergoldet schienen. Da sagte ich mir: Welch ein Unterschied, ob man im Schatten bleibt oder ob man sich im Gegenteil der Sonne der Liebe aussetzt ... da erscheint man ganz golden. Deshalb scheint es, als sei ich ganz golden. In Wirklichkeit bin ich es nicht, und würde ich mich von der Liebe entfernen, so würde ich gleich nicht mehr golden sein.

28. Juli

1
Wir sagten, für jede andere außer ihr würde es uns viel kosten, unsere Rekreation einzubüßen. Augenblicklich erwiderte sie:

– Und ich wäre so glücklich gewesen, sie einzubüßen! Da man auf der Erde lebt, um zu leiden, ist man umso glücklicher, je mehr man leidet ... Man übt viel mehr Liebe, wenn man einem Menschen etwas zuliebe tut, der einem weniger sympathisch ist.

Oh, wie schlecht versteht man doch, auf Erden seine kleinen Vorteile wahrzunehmen!

2
Ich sagte zu ihr, wie glücklich das Sterben für einen Menschen sei, der sein Leben in der Liebe verbracht hat.

– Ja, aber man darf es auch nicht an der Liebe zum Nächsten fehlen lassen.

29. Juli

Ich sagte zu ihr, ein gewisses kleines Konzert zum Fest der heiligen Martha sei eine gute Gelegenheit für sie gewesen, Verdienste zu erwerben. Prompt gab sie zurück:

– Nicht Verdienste! Dem lieben Gott Freude machen … Hätte ich Verdienste gesammelt, wäre ich gleich verzweifelt!

1. August

– Ich weiß nicht, wie ich es anstellen werde, um zu sterben … Ah! Ich liefere mich gänzlich aus … Wie der liebe Gott es will!

10. August

Ich sagte zu ihr: »Ich habe dafür gebetet, dass Sie nicht viel leiden müssen, und nun leiden Sie so!«

Sie erwiderte:

– Ich habe den lieben Gott darum gebeten, kein Gebet zu erhören, das die Erfüllung seiner Pläne für mich hindern würde, und alle entgegenstehenden Schwierigkeiten aus dem Weg zu räumen.

11. August

Ich sagte zu ihr: »Ich werde also Mutter Agnes von Jesus mein Herz nicht ausschütten dürfen?«

– Nur für den Fall, dass sie Trost nötig haben sollte. Zu Ihrem eigenen Trost aber dürfen Sie nie mit ihr sprechen, solange sie nicht Priorin ist. Ich versichere Ihnen, ich habe es immer so gehalten. So hatte unsere Mutter zwar ihr die Erlaubnis gegeben, mit mir zu sprechen, aber ich hatte keine Erlaubnis, und so habe ich ihr nichts über meine Seele gesagt. Das ist es meiner Meinung nach, was das Ordensleben zu einem Martyrium macht. Ohne das wäre es ein leichtes Leben ohne Verdienste.

15. August

1
Am 13.[3] hatte das Confiteor, das die Kommunität rezitierte, bevor sie die heilige Kommunion empfing, sie ganz besonders ergriffen. Sie sagte zu mir:

– Als ich alle Schwestern für mich sagen hörte »Ich bekenne Gott dem Allmächtigen, der allerseligsten Jungfrau Maria und allen Heiligen«, da dachte ich: Oh ja! Es ist gut, dass man alle Heiligen um Verzeihung bittet … Ich kann meine Empfindungen nicht wiedergeben. Auf diese Weise lässt mich der liebe Gott fühlen, wie klein ich bin. Das macht mich so glücklich!

2
Ich sagte: »Mich schmerzt vor allem der Gedanke, dass Sie noch viel leiden werden.«

– Mich nicht, denn der liebe Gott gibt mir, was ich brauche.

3
Wir sagten: Wenn der liebe Gott sie heute Nacht holte, so würde sie von uns gehen, ohne dass wir es merkten … Welch ein Schmerz wäre das für uns!

– Ah! Ich finde, das wäre sehr lieb von ihm, wenn er mich mitnehmen würde!

20. August

– Es ist nicht wie bei den Menschen, die an der Vergangenheit leiden und an der Zukunft leiden. Ich leide nur im gegenwärtigen Augenblick. – Deshalb ist es nicht viel.

22. August

Man weiß nicht, was es heißt, so zu leiden ... Nein, man muss es spüren ...

(Nach diesem Tag ununterbrochenen Leidens.)
– Sehen Sie, wie gut der liebe Gott ist! Heute hatte ich nicht die Kraft zu husten, und ich habe fast nicht gehustet. Jetzt, da es mir etwas besser geht, wird es wieder anfangen.

27. August

Ich frage sie: »Möchten Sie Eiswasser?«

– Oh! Ich habe ein solches Verlangen danach! ...

– *»Unsere Mutter hat es Ihnen zur Pflicht gemacht, um alles zu bitten, was Sie brauchen. Tun Sie es aus Gehorsam.«*

– Ich bitte um alles, was ich brauche.

– *»Nicht um das, was Ihnen Freude macht?«*

– Nein, nur um das, was ich nötig habe. Wenn ich zum Beispiel keine Trauben habe, so bitte ich nicht darum.

– *Einige Zeit, nachdem sie getrunken hatte, schaute sie ihr Wasserglas an. – Ich sagte zu ihr: »Trinken Sie ein wenig.«*

– Nein, meine Zunge ist nicht trocken.

(Wenn ich bedenke, dass Sie immer noch Möglichkeiten finden, sich abzutöten, obwohl Sie so krank sind!)

– Was wollen Sie, wollte ich auf mich hören, würde zu oft trinken.

1. September

(Zum Thema Mutter H. vom Herzen Jesu, der man so viele kleine Dienste erweisen musste.)

– Wie glücklich wäre ich gewesen, ihre Krankenpflegerin zu sein. Meiner Natur wäre es vielleicht schwergefallen, aber ich glaube, ich hätte sie mit großer Liebe gepflegt, weil ich an das denke, was unser Herr gesagt hat: »Ich war krank, und ihr habt Mich erquickt.«[4]

8. September

– Ah! Die allerseligste Jungfrau! Sie ist nicht gekommen, mich abzuholen! …

17. September

(Man sprach vom Friedhof.)

– Dass Ihnen das etwas ausmacht, verstehe ich. Aber ich! Was wollen Sie, was sollte mir das ausmachen? … Man wird etwas Totes in die Erde legen. Es ist nicht so, dass ich nur bewusstlos wäre, dann wäre es grausam.

21. September

Ich wünschte, sie würde etwas über die Vergangenheit sagen, über die Hingabe, mit der ich mich in ihrer Kindheit um sie angenommen hatte. Kaum war dieser Gedanke in mir aufgestiegen, da blickte sie Mutter Agnes von Jesus und mich mit Tränen in den Augen an und sagte:

Schwesterchen … Ihr habt mich aufgezogen! …

25. September

Ich schaute sie zärtlich an.

– Patin, wie schön sind Sie, wenn Ihr Gesicht von einem Strahl der Liebe erhellt wird … das ist so rein!

30. September

– Oh! Das ist wirklich das reine Leiden, weil es ganz ohne Trost ist … Nein, nicht einer!

Oh mein Gott!!! Und doch liebe ich ihn, den lieben Gott … Oh liebe allerseligste Jungfrau, komm mir zu Hilfe!

Wenn das der Todeskampf ist, was ist dann der Tod? …

Oh armes Mütterchen, ich versichere Ihnen, der Kelch ist voll bis zum Rand!

Ja, mein Gott, alles was du willst! … Aber habe Mitleid mit mir!

Schwesterchen … Schwesterchen … Mein Gott … Mein Gott, habe Mitleid mit mir! Ich kann nicht mehr … Ich kann nicht mehr! Und doch muss ich es ertragen … Ich bin … Ich bin am Ende … Nein, nie hätte ich geglaubt, dass man so leiden kann … Nie! Nie!

Oh Mutter, ich glaube nicht mehr an den Tod für mich … An das Leiden glaube ich wohl!

Wird es morgen noch schlimmer sein? Nun gut, umso besser!

Bei ihrem letzten Wort schaute sie ihr Kruzifix an:

Oh ich liebe ihn … Mein Gott … Ich liebe dich!

Andere Worte Thereses

Mutter Agnes von Jesus

Mai

Eines Tages, als sie zur Messe kam und kommunizierte, obgleich man ihr kurz vorher ein Zugpflaster abgenommen hatte, begann ich zu weinen und konnte nicht zu den Horen gehen. Ich ging ihr nach in ihre Zelle, und ich werde sie immer vor mir sehen, wie sie auf ihrer kleinen Bank saß, den Rücken an den armseligen Bretterverschlag gelehnt. Sie war erschöpft und schaute mich mit einem traurigen und so sanften Ausdruck an! Ich weinte noch stärker, und da ich wohl einsah, wie weh ich ihr damit tat, bat ich sie auf den Knien um Verzeihung. Sie antwortete einfach:

Es ist nicht zu viel zu leiden, um eine Kommunion zu gewinnen! …

Aber diesen Satz zu wiederholen ist nichts, man muss gehört haben, wie sie ihn sagte![1]

*

Damals hustete sie sehr viel, besonders in der Nacht. Sie war dann gezwungen, sich auf ihrem Strohsack aufzusetzen, um die Beklemmung zu mildern und wieder atmen zu können. Wie hätte ich gewünscht, sie wäre in das Krankenzimmer hinuntergezogen, wo man ihr hätte eine Matratze geben können. Aber sie sagte so nachdrücklich, sie bleibe lieber in ihrer Zelle, dass man sie dort ließ, bis es nicht mehr ging.

Hier hört man mich nicht husten, ich störe niemanden, *sagte sie,* und dann habe ich keine Freude mehr, wenn man mich zu gut pflegt.

*

Für ein weiteres Zugpflaster hatte sie ihre Krankenpflegerin, eine sehr gute, sehr fürsorgliche ehrwürdige alte Schwester, diesmal in einem Lehnstuhl im Krankenzimmer untergebracht. Um aber ihren Rücken recht weich abzustützen, türmte sie so viele Kissen übereinander gegen die Lehne des Sessels, dass die arme kleine Kranke bald nur noch am Rand des Lehnstuhls saß und in Gefahr war, jeden Augenblick herunterzufallen. Anstatt sich zu beklagen, dankte sie der guten Schwester herzlich und ließ sich den ganzen Tag von den mitleidigen Besucherinnen beglückwünschen: »Oh gut! Ich hoffe, Sie sitzen gut! Wie viele Kissen haben Sie doch?! Man sieht, dass Sie von einer Mama gepflegt werden«, usw.

Auch ich ließ mich täuschen, bis ein Lächeln, das ich gut kannte, mich alles begreifen ließ … Aber da war es zu spät, um noch etwas zu ändern.

Juni

Am 9. Juni 1897 sagte Sr. Maria vom Heiligen Herzen zu ihr, wir würden nach ihrem Tod sehr traurig sein. Sie entgegnete:

Oh nein! Sie werden sehen … Es wird sein wie ein Regen von Rosen …

Sie fügte hinzu:

Nach meinem Tod werden Sie zum Briefkasten gehen, dort werden Sie Tröstungen finden.[2]

*

Mutter Agnes von Jesus hat die folgende mit Juni datierte Erinnerung, die mit den Milchflaschen zusammenhängt, verzeichnet:

Zu einer Zeit, als es mich sehr betrübte, dass Sr. Therese vom Kinde Jesus so krank war, dass sie nichts anderes zu sich nehmen konnte als Milch, überreichte sie mir mit schelmischem Lächeln die (nachstehend beschriebene) aus einem zufällig gefundenen Zeitungsblatt herausgeschnittene Zeichnung.

Sie tat es, um mich zum Lachen zu bringen. Sie sagte:

Schauen Sie, mir folgt meine Milchflasche genauso treu nach wie diese Flasche dem Trunkenbold, von dem man nur die Spitze des Stockes sieht!

Sie war so lustig, unser kleiner Liebling!

(Loses Manuskriptblatt, in das die fragliche Zeichnung eingeschlagen ist. Sie stellt einen Hund dar, der mit einer Flasche in der Schnauze, vom Stock eines Herrn angeregt, in der Schnelle angerannt kommt.)[2b]

Juli

Der Himmel war für sie die Schau und der volle Besitz Gottes. Nach dem Vorbild verschiedener Heiliger, besonders des heiligen Thomas von Aquin, erstrebte sie keine andere Belohnung als Gott selbst.

Sie dachte an das Wort unseres Herrn: »Das ist das ewige Leben, dass sie dich erkennen …«, und da Gott zu erkennen für sie bedeutete, ihn zu lieben, konnte sie sagen:

Nur eine Erwartung lässt mein Herz höherschlagen, nämlich die Liebe, die ich empfangen und die ich schenken können werde.[3]

*

Ich bat sie, mir den Weg, den sie, wie sie sagte, nach ihrem Tod die Seelen lehren wollte, näher zu erklären.

Mutter, es ist der Weg der geistlichen Kindschaft, es ist der Weg des Vertrauens und der gänzlichen Hingabe. Ich will Ihnen die kleinen Mittel weisen, mit denen es mir so vollkommen gelungen ist, Ihnen zu sagen, dass man hier auf der Erde nur eines zu tun braucht, nämlich Jesus Blumen zu streuen in Form von kleinen Opfern, ihn von der zärtlichsten Seite zu nehmen. So habe ich es mit ihm gemacht und darum werde ich so gut empfangen werden.[4]

August

Eines Abends fühlte sie sich im Krankenzimmer angeregt, mit mir mehr über ihre Leiden zu sprechen als gewöhnlich. Noch nie hatte sie so ausführlich über dieses Thema gesprochen. Bis dahin hatte ich nur ganz vage von ihrer Prüfung gewusst.

Wenn Sie wüssten, *sagte sie zu mir,* von welchen schrecklichen Gedanken ich besessen bin! Beten Sie für mich, damit ich nicht auf den Teufel höre, der mir so viele Lügen einreden will. Es sind die Überlegungen der schlimmsten Materialisten, die sich meines Geistes bemächtigen: Später wird die Wissenschaft, die beständig Fortschritte macht, alles auf ganz natürliche Weise erklären, man wird ein absolutes Wissen haben von allem, was existiert und gegenwärtig noch ein Problem bildet, denn vieles muss erst noch entdeckt werden ... usw. usw.

Ich möchte nach meinem Tod Gutes tun, aber ich werde es nicht tun können! Es wird sein wie bei Mutter Genoveva: Von ihr erwartete man, Wunder zu erleben, stattdessen ist an ihrem Grab völlige Stille eingetreten.

Oh Mütterchen! Muss man solche Gedanken haben, wenn man den lieben Gott so liebt!

Auf alle Fälle opfere ich diese wirklich großen Leiden auf, um das Licht des Glaubens für die armen Ungläubigen zu erlangen, für alle, die sich vom Glauben der Kirche entfernen.

Sie fügte hinzu, sie gehe nie auf diese Gedanken der Finsternis ein:

Ich ertrage sie gezwungenermaßen, *sagte sie,* aber während ich sie ertrage, erwecke ich unaufhörlich Akte des Glaubens.[5]

*

Im Karmel habe ich mich zu Tode gefroren.

Ich war erstaunt, sie das sagen zu hören, denn aus ihrem Verhalten im Winter konnte man in keiner Weise entnehmen, dass sie unter der Kälte gelitten hatte. Nie, auch nicht bei der ärgsten Kälte, habe ich gesehen, dass sie sich die Hände gerieben hätte, dass sie schneller oder gebeugter als gewöhnlich gegangen wäre, wie man es ganz unbewusst tut, wenn einem kalt ist.[6]

*

Wie oft mag sie wohl in dieser Phase ihrer Krankheit durch ihre Geduld dem lieben Gott ein Lächeln abgewonnen haben! Was für Leiden hat sie ertragen müssen! Manchmal wimmerte sie wie ein armes Lämmlein, das geopfert wird:

Achten Sie sorgfältig darauf, Mutter, *sagte sie eines Tages zu mir*, nie giftige Medikamente in Reichweite von Kranken stehen zu lassen, die so starke Schmerzen aushalten müssen wie ich. Ich versichere Ihnen, wenn man so leidet, kann man jeden Augenblick den Verstand verlieren. Und dann könnte man sich leicht vergiften.[7]

September

Eines Tages sprach die Mutter Priorin in ihrer Gegenwart mit dem Arzt darüber, dass man gerade ein neues Grundstück für den Stadtfriedhof gekauft habe, weil im alten kein Platz mehr sei. Man werde jetzt, fügte sie hinzu, die Gräber recht tief graben, damit darin drei Särge übereinander gestellt werden könnten.

Sr. Therese vom Kinde (Jesus) sagte lachend:

So werde also ich es sein, die diesen neuen Friedhof einweiht?

Ganz betroffen sagte der Arzt zu ihr, sie solle doch noch nicht an ihr Begräbnis denken.

Und doch ist es ein sehr heiterer Gedanke, *erwiderte sie*. Aber es beunruhigt mich, wenn das Loch so tief ist, denn es könnte leicht den Männern, die mich hinunterlassen, ein Unglück zustoßen.

Und in scherzendem Ton fuhr sie fort:

Ich höre schon einen Leichenträger rufen: Nicht den Strick so stark anziehen dort! Und ein anderer erwidert: Da herüberziehen! Hoppla! Achtung! Das haben wir es zu guter Letzt geschafft! Man wirft Erde auf meinen Sarg und alle gehen fort.

Als Dr. de Cornière gegangen war, fragte ich sie, ob ihr der Gedanke wirklich nichts ausmache, so tief in die Erde versenkt zu werden. Sie erwiderte erstaunt:

Ich verstehe Sie nicht! Was sollte mir das ausmachen? Selbst wenn ich wüsste, dass man mich in ein Massengrab wirft, würde das für mich nicht abstoßend sein.[8]

Schwester Genoveva

Juni

Zu einer Zeit, als sie schon krank war, hatte sie sich mühsam mit der Kommunität zur Einsiedelei vom Heiligen Herzen geschleppt und sich dort niedergesetzt, während der Lobgesang gesungen wurde. Eine Schwester machte ihr ein Zeichen, sich zum Chor zu stellen. Sie war erschöpft und konnte sich nicht aufrecht halten. Dennoch stand sie sogleich auf und als ich ihr nach der Zeremonie deswegen einen Vorwurf machte, erwiderte sie einfach:

Ich habe mir angewöhnt, jeder zu gehorchen, als sei sie der liebe Gott, der mir seinen Willen kundtut.[9]

Im Laufe des Jahres 1897, noch bevor sie krank wurde, sagte Sr. Therese vom Kinde Jesus zu mir, sie erwarte, noch in diesem Jahr zu sterben. Als sie dann im Juni wusste, dass sie von einer Lungentuberkulose befallen war, gab sie mir dafür die folgende Begründung:

Sehen Sie, *sagte sie*, der liebe Gott nimmt mich in einem Alter hinweg, wo ich noch nicht Zeit gehabt hätte, Priester zu sein … Hätte ich Priester werden können, so hätte ich in diesem Juni die heiligen Weihen empfangen. Kurz und gut, der liebe Gott erlaubt mir, krank zu sein, damit ich nichts zu bedauern habe, denn ich hätte mich sowieso nicht hinbegeben können und würde sterben, bevor ich mein Amt ausgeübt hätte.[10]

Juli

Eine Schwester sagte zu ihr, vielleicht würde ihr doch vor ihrem Tod eine Stunde der Angst beschieden sein, damit sie ihre Sünden abbüße.

Todesangst, um Sünden abzubüßen ...? Das hätte nicht mehr Kraft als schlammiges Wasser! Darum werde ich diese Ängste, wenn ich sie habe, dem lieben Gott für die Sünder aufopfern, denn das wird ein Akt der Liebe sein und dadurch wird dieses Leiden für die anderen eine viel stärkere Wirkung haben als Wasser. – Mich reinigt einzig das Feuer der göttlichen Liebe.[11]

*

Eines Tages, nachdem sie die Kommunion empfangen hatte:

Es war, als hätte man zwei kleine Kinder zusammengebracht und die kleinen Kinder sagen einander nichts. Ich habe ihm jedoch schon ein paar kleine Dinge gesagt, aber er hat mir nicht geantwortet; ohne Zweifel schlief er.

*

Wenn ich gestorben bin, werde ich nichts sagen, ich werde keinen Rat geben: Mag man mich nach rechts oder links drehen, ich werde nicht mithelfen. Man wird sagen: Auf dieser Seite liegt sie besser. Mag man auch neben mir einen Brand legen, so werde ich nichts sagen.

*

Eines Tages, als sie vor einer Bibliothek stand:

– Oh, wie trübselig wäre ich, wenn ich all diese Bücher da gelesen hätte!

– »Warum denn? Es wäre doch ein Gewinn, sie gelesen zu haben. Ich verstehe, dass man traurig werden kann beim Gedanken, sie lesen zu müssen, aber nicht, sie gelesen zu haben.«

– Hätte ich sie gelesen, so hätte ich mir dabei den Kopf zerbrochen, ich hätte kostbare Zeit verloren, die ich ganz einfach dazu hätte verwenden können, den lieben Gott zu lieben …

*

»Ich bin in einer geistigen Verfassung, in der es mir scheint, dass ich nicht mehr denke.«

– Das macht nichts; der liebe Gott kennt Ihre Absichten; solange Sie nur demütig bleiben, werden Sie glücklich sein.

*

Einmal, als die Stunde schlug und ich nicht schnell genug davon Notiz nahm, sagte sie:
Gehen Sie zu Ihrer kleinen *Pflicht*.

Dann verbesserte sie sich:

Nein, zu Ihrer *kleinen Liebe!*

Und ein anderes Mal, als ich sagte: »Ich muss arbeiten, sonst wird Jesus traurig sein«, erwiderte sie:

Aber nein. Sie werden traurig sein. Er kann nicht traurig sein, weil wir es uns bequem machen, aber welch ein Schmerz für uns, ihm nicht alles zu geben, was wir geben können!

*

Bei Anfällen von Bluthusten freute sie sich bei dem Gedanken, ihr Blut für Gott zu vergießen:

Es konnte nicht anders sein, *sagte sie*, und ich wusste wohl, dass ich diesen Trost haben würde zu sehen, wie mein Blut vergossen wird, denn ich sterbe ja als Märtyrerin der Liebe.

*

Ein anderes Mal sagte ich zu ihr: »Da Sie nach Saigon gehen wollten, so werde vielleicht ich an Ihrer Stelle gehen, wenn Sie im Himmel sind, um Ihr Werk zu vollenden: So werden wir gemeinsam ein vollkommenes Werk vollbracht haben.«

Ah! Sollten Sie jemals hingehen, denken Sie nicht, Sie tun es, um etwas zu vollenden. Das ist nicht nötig. Alles ist gut, alles ist vollkommen, vollendet, allein die Liebe zählt … Wenn Sie hingehen, so wird dies Jesu Idee sein, nichts weiter. Glauben Sie nicht, es sei ein *nützliches* Werk, eine *Idee* Jesu wird es sein …[12]

Schwester Maria vom Heiligen Herzen

Mai

Die Krankenpflegerin hatte ihr geraten, jeden Tag eine Viertelstunde spazieren zu gehen. Ich begegnete ihr, wie sie sich mühsam und sozusagen am Ende ihrer Kräfte dahinschleppte. »Es wäre besser«, sagte ich zu ihr, »Sie würden sich ausruhen. Unter solchen Umständen kann Ihnen dieser Spaziergang unmöglich guttun; Sie werden erschöpft sein, das ist alles.«

Das ist wahr, *erwiderte sie,* aber wissen Sie, was mir Kraft gibt? Nun, ich gehe für einen Missionar spazieren. Ich denke mir, dass dort in weiter Ferne einer von ihnen vielleicht erschöpft ist von seinen apostolischen Gängen, und um seine Müdigkeit zu verringern, biete ich dem lieben Gott die meine dar.[13]

Juli

Ihr großes Leid im Karmel war, dass sie nicht jeden Tag kommunizieren konnte. Einige Zeit vor ihrem Tod sagte sie zu Mutter Maria von Gonzaga, die vor der täglichen Kommunion Angst hatte:

Mutter, wenn ich im Himmel bin, werde ich es fertigbringen, dass Sie Ihre Meinung ändern.

Und so kam es. Nach dem Tod der Dienerin Gottes reichte uns unser hochwürdiger Hausgeistlicher täglich die heilige Kommunion und Mutter Maria von Gonzaga war glücklich darüber, anstatt sich dagegen zu sträuben wie früher.[14]

*

Eines Tages sagte ich zu ihr: »Oh, wenn nur ich allein über Ihren Heimgang trauern würde! Aber wie soll ich Mutter Agnes von Jesus trösten, die Sie so liebt?«

Seien Sie beruhigt, *sagte sie,* sie wird keine Zeit haben, an ihren Kummer zu denken, denn sie wird bis an ihr Lebensende mit mir beschäftigt sein. Sie wird gar nicht alles schaffen können.[15]

*

Ungefähr im August 1897, etwa sechs Wochen vor ihrem Tod, war ich mit Mutter Agnes von Jesus und Sr. Genoveva an ihrem Bett. Plötzlich und ohne dass irgendein Gespräch dazu Anlass gegeben hätte, blickte sie uns mit einem überirdischen Ausdruck an und sagte sehr deutlich:

Ihr wisst wohl, dass Ihr eine kleine Heilige pflegt.

Interrogata a R. D. Judice Vicario Generali an Serva Dei aliquam hujusce sermonis explicationem vel correctionem addiderit? – Respondit:

Ich war von diesem Wort sehr ergriffen. Es war, als hätte ich einen Heiligen vorhersagen hören, was nach seinem Tod geschehen würde. Im Banne dieser Ergriffenheit entfernte ich mich für kurze Zeit aus dem Krankenzimmer und ich erinnere mich nicht, noch etwas anderes gehört zu haben.[16]

Schwester Maria von der Eucharistie

11. Juli

Wenn Sie Anfechtungen gegen die Liebe haben, so rate ich Ihnen, lesen Sie in der Nachfolge Christi das Kapitel »Dass man die Fehler der anderen ertragen soll«. Sie werden sehen, Ihre Anfechtungen werden vergehen. Mir hat es immer genützt, es ist sehr gut und sehr wahr.[17]

18. Juli

Ich bat sie, mir große Gnaden zu erwirken, wenn sie im Himmel sei, und sie erwiderte:

Oh, wenn ich im Himmel bin, werde ich sehr vieles tun, *große Dinge* … Es ist unmöglich, dass es nicht der liebe Gott ist, der mir diesen Wunsch eingibt, ich bin sicher, dass er mich erhören wird! – Und außerdem, wenn ich dort oben bin, werde ich ganz in Ihrer Nähe sein und Ihnen folgen! …

Und als ich zu ihr sagte, dass mir das vielleicht Angst machen würde:

Macht Ihnen Ihr Schutzengel Angst? … Und doch folgt er Ihnen die ganze Zeit. Gut, ich werde Ihnen genauso folgen, und ganz aus der Nähe! Ich werde Ihnen nichts durchgehen lassen …

Juli

Es tut dem lieben Gott immer ein ganz klein wenig weh, wenn man das, was die Mutter Priorin sagt, ein bisschen hinterfragt. Und wenn man viel darüber diskutiert, tut es ihm sehr weh, auch wenn man es nur innerlich tut.

2. August

Wenn man mich liebt, verhätschelt, so empfinde ich keinerlei natürliche Freude; wohl aber empfinde ich eine sehr große Freude, wenn man mich demütigt. Wenn ich eine Dummheit gemacht habe, die mich demütigt, und mir zeigt, was ich bin, oh, dann empfinde ich eine natürliche Freude, eine wahre Freude wie Sie, wenn Sie geliebt werden.

11. September

Sie müssen ganz sanft werden; nie harte Worte, nie ein harter Ton; zeigen Sie nie eine harte Miene, seien Sie immer sanft.

So haben Sie gestern Sr. XX wehgetan; kurz darauf hat noch eine andere Schwester sie betrübt. Und was ist geschehen? … Sie hat geweint! … Sehen Sie, wenn Sie nicht hart zu ihr gewesen wären, hätte sie den zweiten Schmerz besser ertragen können, er wäre unbemerkt vorbeigegangen. Aber zwei Kümmernisse so rasch hintereinander haben sie in eine große Traurigkeit versetzt. Wären Sie dagegen sanft gewesen, so wäre nichts geschehen.

*

Eines Tages nahm sie mir das Versprechen ab, eine Heilige zu werden. Sie fragte mich, ob ich Fortschritte mache. Ich erwiderte: »Ich verspreche Ihnen, heilig zu werden, wenn Sie im Himmel sind; von dem Augenblick an werde ich mich mit ganzem Herzen darum bemühen.«

– Oh! Warten Sie nicht darauf, *erwiderte sie mir,* fangen Sie schon jetzt damit an. Mir ist der Monat vor meinem Eintritt in den Karmel eine süße Erinnerung. Am Anfang sagte ich mir wie Sie: »Wenn ich im Karmel bin, werde ich heilig werden; während ich noch warte, werde ich mir keinen Zwang antun ...« Aber der liebe Gott hat mich den Wert der Zeit begreifen lassen; ich habe genau das Gegenteil von dem getan, was ich gedacht hatte. Ich beschloss, mich durch große Treue auf meinen Eintritt vorzubereiten und es ist einer der schönsten Monate meines Lebens geworden.

Glauben Sie mir, warten Sie nie auf morgen, um mit dem Heiligwerden anzufangen.

Schwester Maria von der Dreifaltigkeit

April

Sie erzählte mir den folgenden Vorfall, der sich fünf Monate vor ihrem Tod zugetragen hatte:

Eines Abends kam die Krankenpflegerin und legte mir eine Wärmflasche auf die Füße und rieb mir die Brust mit einer Jodtinktur ein. Das Fieber verzehrte mich und ein brennender Durst marterte mich. Während ich diese Behandlung aushalten musste, konnte ich nicht umhin, mich bei unserem Herrn zu beklagen: »Oh Jesus«, sagte ich zu ihm, »du bist Zeuge dafür, dass ich schon glühe, und man bringt mir noch mehr Wärme und Feuer! Ah! Könnte ich stattdessen ein halbes Glas Wasser haben! ... Oh Jesus! Dein Töchterchen hat schrecklichen Durst! Aber es ist doch glücklich über diese Gelegenheit, das Notwendige zu entbehren, um dir dadurch ähnlicher zu werden und Seelen zu retten.« Bald darauf ging die Krankenpflegerin fort und ich erwartete nicht, sie vor dem nächsten Morgen wiederzusehen. Aber zu meiner großen Überraschung kam sie nach einigen Minuten zurück und brachte mir ein erfrischendes Getränk ... Oh wie gut ist doch unser Jesus! Wie süß ist es, sich ihm anzuvertrauen![18]

Mai

Gestern hat das Lied »Die entblätterte Rose« in mir eine Erinnerung wachgerufen, die mir teuer ist. Mutter Marie-Henriette aus dem Karmel in der Avenue de Messine in Paris hatte mir aufgetragen, Sr. Therese vom Kinde Jesus zu bitten, für sie ein Gedicht über die entblätterte Rose zu verfassen. Da dieses Thema unserer lieben

Heiligen sehr lieb war, legte sie ihr ganzes Herz in diese Aufgabe. Mutter Henriette war mit dem Ergebnis sehr zufrieden, nur vermisste sie, wie sie mir schrieb, eine letzte Strophe, die besagen sollte, dass der liebe Gott nach dem Tod die abgepflückten Rosenblätter sammelt und daraus eine schöne Rose bildet, die in alle Ewigkeit leuchten wird. Da sagte Sr. Therese vom Kinde Jesus zu mir:

Die gute Mutter soll diese Strophe selbst machen, so wie sie sie haben möchte; ich fühle mich dazu in keiner Weise angeregt. Mein Wunsch ist es, ein für alle Mal entblättert zu werden, um dem lieben Gott Freude zu machen. Ein Punkt, das ist alles! …[19]

Juni

Die drei langen Monate der Agonie unseres Engels (…) sind mir immer gegenwärtig. Man hatte mir verboten, mit ihr zu sprechen mit der Begründung, da ich noch so jung sei, könnte ich mich anstecken. (Ich aber war vom Gegenteil überzeugt, denn Sr. Therese vom Kinde Jesus hatte mir versichert, niemand werde sich bei ihr anstecken, sie habe den lieben Gott darum gebeten.) Die Berichte über ihr Ergehen wurden von Tag zu Tag trauriger; ich war vor Schmerz erstarrt … Eines Tages ging ich in den Garten, um ein bisschen an die frische Luft zu kommen. Da sah ich sie in ihrem Krankenwagen unter den Kastanienbäumen. Sie war allein und forderte mich durch ein Zeichen auf, zu ihr zu kommen. »Ach nein!«, sagte ich, »man wird uns sehen und ich habe keine Erlaubnis.« Ich ging in die Einsiedelei vom Heiligen Antlitz und begann zu weinen. Als ich den Kopf erhob, sah ich zu meiner Überraschung mein Schwesterchen Therese vom Kinde Jesus neben mir auf einem Baumstumpf sitzen. Sie sagte zu mir:

Mir ist es nicht verboten, zu Ihnen zu kommen. Ich will Sie trösten und müsste ich daran sterben.

Sie brachte meine Tränen zum Versiegen, indem sie meinen Kopf an ihr Herz legte. Ich beschwor sie, in ihren Wagen zurückzukehren, denn sie zitterte vor Fieber:

Ja, aber erst, wenn Sie gelacht haben!

Das tat ich sogleich aus Furcht, sie möchte zu Schaden kommen, und dann half ich ihr zurück in ihren Wagen.[20]

Es war ein großer Schmerz für mich, sie krank zu sehen, und immer wieder sagte ich zu ihr: »Oh, wie traurig ist doch das Leben!« Aber sie verwies mir das gleich und sagte:

Das Leben ist nicht traurig! Im Gegenteil, es ist sehr heiter. Wenn Sie sagten: »Die Verbannung ist traurig«, würde ich Sie verstehen. Es ist irrig, das, was aufhören muss, als Leben zu bezeichnen. Nur den Dingen des Himmels, dem, was nie sterben muss, darf man diese Bezeichnung in Wahrheit geben. So gesehen ist das Leben nicht traurig, sondern heiter, sehr heiter![21]

Juli – August

An einem Feiertag hatte man im Refektorium vergessen, mir die Nachspeise zu geben. Nach dem Essen ging ich zu Sr. Therese vom Kinde Jesus in das Krankenzimmer und als ich dort meine Tischnachbarin antraf, gab ich ihr sehr deutlich zu verstehen, dass man mich übersehen hatte. Sr. Therese vom Kinde Jesus hatte zugehört und befahl mir zu gehen, um die Tischdienerin darauf aufmerksam zu machen. Als ich sie anflehte, mir das nicht aufzuerlegen, sagte sie:

Oh doch! Das wird Ihre Strafe sein. Sie sind der Opfer nicht würdig, die der liebe Gott von Ihnen verlangt. Er verlangt von Ihnen den Verzicht auf Ihren Nachtisch, denn er ist es, der erlaubt hat, dass man Sie vergisst. Er hielt Sie für großmütig genug, dieses Opfer zu bringen, aber Sie enttäuschen seine Erwartung, indem Sie hingehen und protestieren!

Ich darf sagen, ihre Lehre hat Frucht gebracht und mich ein für alle Mal von dem Verlangen geheilt, mich zu beklagen.[22]

August

Mir fällt ein Erlebnis ein, das ganz zwischen meiner lieben Schwester Therese von Kinde Jesus und mir geblieben ist. Es war ungefähr einen Monat vor ihrem Tod. Die ganze Kommunität war sehr traurig, und mein Schmerz war gewiss nicht geringer als der der Mitschwestern. Als ich Therese im Krankenzimmer aufsuchte, sah ich am Fuß ihres Bettes einen großen roten Luftballon liegen, den man ihr gebracht hatte, um sie zu zerstreuen. Dieser Ballon erregte mein Verlangen und ich konnte nicht umhin, ihr zu sagen: »Wie gern möchte ich damit spielen!« Sie lächelte, aber da sie so schwach war, dass sie keinerlei Lärm ertragen konnte, sagte sie zu mir:

Stellen Sie sich hinter mich und spielen Sie damit, solange niemand da ist. Ich werde die Augen schließen, damit es mich nicht betäubt.

Entzückt nahm ich den Ballon und mein Spiel machte mir ein solches Vergnügen, dass Klein Therese blinzelte, um mir zuzuschauen, ohne es merken zu lassen, und sich nicht enthalten konnte zu lachen. Da sagte ich zu ihr: »Die Traurigkeit hat schon zu lange gedauert für mich! Ich kann nicht mehr! Ich habe sozusagen Versuchungen, mich zu zerstreuen, ich habe Lust, mit dem Kreisel zu spielen, den Sie mir zu Weihnachten geschenkt haben. Aber wenn man mich sieht, nimmt man womöglich Ärgernis und sagt, ich sei herzlos.«

– Nein, nein!, *erwiderte sie.* Ich mache es Ihnen zur Pflicht, Ihren Kreisel zu nehmen und damit eine Stunde lang im

Abstellraum des Noviziats zu spielen. Dort wird Sie niemand hören, und sollte man es dennoch bemerken, so sagen Sie, dass ich es Ihnen aufgetragen habe. Gehen Sie schnell, es macht mir Vergnügen zu denken, dass Sie gehen, um sich zu unterhalten.[23]

*

Wenn ich im Himmel bin, *sagte sie zu mir*, müssen Sie oft meine kleinen Hände mit Gebeten und Opfern füllen, um mir das Vergnügen zu machen, sie als Gnadenregen auf die Seelen herabfallen zu lassen.[24]

September

Acht Tage vor ihrem Tod hatte ich bei dem Gedanken an ihren nahen Tod einen ganzen Abend geweint. Sie bemerkte es und sagte:

Sie haben geweint. – Ist es in der Muschel?[25]

Ich konnte nicht lügen … und als ich es zugab, wurde sie traurig. Sie sagte:

Ich werde sterben, aber ich werde Ihrethalben nicht zur Ruhe kommen, wenn Sie mir nicht versprechen, meiner Weisung treu zu folgen. Das ist meiner Meinung nach von entscheidender Bedeutung für Ihre Seele.

Mir blieb nichts anderes übrig, als mich zu fügen, und ich gab ihr mein Wort, allerdings nicht ohne mir die Gunst zu erbitten, ihren Tod ungehemmt beweinen zu dürfen.[26]

*

An ihrem Todestag begab ich mich nach der Vesper in das Krankenzimmer, wo ich Zeuge war, wie die Dienerin Gottes mit unbeugsamer Tapferkeit in den letzten Phasen des schrecklichen Todeskampfes aushielt. Ihre Hände waren ganz violett, sie presste sie angstvoll zusammen und rief mit einer Stimme, die infolge der übermäßigen Erregung, hervorgerufen durch das grausame Leiden, klar und stark war:

Oh mein Gott! … Habe Mitleid mit mir! … Oh Maria! Komm mir zu Hilfe! … Mein Gott, wie ich leide! … Der Kelch ist voll … Voll bis zum Rand! … Nie werde ich sterben können! …

– *»Mut!«, sagte unsere Mutter zu ihr. »Es geht zu Ende, nur noch ein wenig, und alles wird vorbei sein.«*

– Nein, Mutter, es ist noch nicht zu Ende! … Ich fühle es wohl, ich werde noch monatelang so leiden müssen.

– *»Und wenn es der Wille des lieben Gottes wäre, Sie so lange auf dem Kreuz zu lassen, würden Sie einwilligen?« Mit wahrhaft heroischer Tapferkeit erwiderte sie:*

Ich will es gern!

Und ihr Kopf fiel auf das Kissen zurück mit einem so ruhigen, so ergebenen Ausdruck, dass wir unsere Tränen nicht mehr zurückhalten konnten. Sie war ganz wie eine Märtyrerin, die neue Martern erwartet. Ich verließ das Krankenzimmer, denn ich hatte nicht den Mut, diesen so schmerzlichen Anblick länger zu ertragen. Erst in den letzten Augenblicken kam ich mit der Kommunität wieder zurück und wurde Zeugin ihres schönen, langen, verzückten Blickes im Augenblick ihres Todes am Donnerstag, 30. September 1897, um 7 Uhr abends.[27]

Schwester Therese vom heiligen Augustinus

Juli

»Sagen Sie mir, ob Sie Kämpfe gehabt haben.«

– O ja, ich habe Kämpfe gehabt. Meine Natur hat es mir nicht leicht gemacht. Es sah zwar nicht so aus, aber ich fühlte es sehr wohl; ich kann Ihnen versichern, dass für mich kein Tag ohne Leiden war, nicht ein einziger!

– *»Aber man behauptet, Sie hätten nicht leiden müssen.«*

– Ah! Die Urteile der Menschen. Weil sie es nicht sehen, glauben sie es nicht.[28]

*

»Manche Schwestern glauben, Sie werden Todesängste erleben.«

Sie sind noch nicht eingetreten. Wenn sie kommen, werde ich sie ertragen. Aber wenn ich sie erleiden werde, werden sie nicht genügen, um mich zu läutern. Es wäre nur Lavendelwasser … für mich braucht es das Feuer der Liebe.[29]

Schwester Maria von den Engeln

Eines Tages, als die Kommunität um ihr Bett versammelt war, sagte Mutter Agnes von Jesus zu ihr: »Wenn Sie der Kommunität Blumen streuten!«

– Oh nein, Mütterchen, *antwortete sie,* verlangen Sie das bitte nicht von mir. Ich will nicht den Geschöpfen Blumen streuen. Für die allerseligste Jungfrau und den heiligen Joseph will ich es noch gern tun, aber für andere Geschöpfe nicht.[30]

*

Einige Tage vor dem Tod der Dienerin Gottes hatte man ihr Bett in den Kreuzgang gerollt.

Sr. Maria vom Heiligen Herzen, die Gärtnerin des Klosterhofes, die gerade in der Nähe war, sagte zu ihr: »Da ist ein Rhododendronspross (sic); er stirbt ab, ich werde ihn ausreißen.«

– Oh Sr. Maria vom Heiligen Herzen, *sagte sie in klagendem, flehendem Ton,* ich verstehe Sie nicht … Oh bitte, für mich, die ich sterben muss, lassen Sie ihm das Leben, dem armen Rhododendron, ich flehe Sie an.

Sie musste noch weiterdrängen, aber dann wurde ihr Wunsch respektiert.[31]

Schwester Amata von Jesus

In den letzten Tagen des September 1897, als sich unsere liebe Heilige infolge ihrer großen Schwäche nicht mehr bewegen konnte, musste man sie einmal für ein paar Augenblicke auf ein provisorisches Bett legen, um ihr Krankenbett in Ordnung zu bringen. Als sie bemerkte, dass die Krankenpflegerinnen nicht wussten, wie sie zu Werke gehen sollten aus Angst, ihr wehzutun, sagte sie:

Ich glaube, Sr. Amata von Jesus kann mich leicht in ihre Arme nehmen. Sie ist groß und stark und sehr sanft mit den Kranken.

Man rief also unsere gute Schwester und sie hob die kleine heilige Kranke mit Leichtigkeit hoch, ohne ihr die geringsten Schmerzen zuzufügen. Da dankte ihr unser Engel, der seine Arme um ihren Hals geschlungen hatte, mit einem so lieben und dankbaren Lächeln, dass sie dieses schöne Lächeln nie mehr vergessen hat. Es hat sie sogar für ihren Kummer darüber entschädigt, dass sie als Einzige die Glocke des Krankenzimmers nicht gehört hat, die die Schwestern zusammenrief, um den erhabenen Augenblick des schönsten Todes zu erleben, den man im Karmel von Lisieux je gesehen hat.[32]

Anonym

Man fragte sie, unter welchem Namen man sie im Himmel anrufen solle.

Sie werden mich *kleine Therese* nennen, *erwiderte sie demütig.*[33]

Briefe über Thereses Krankheit

(Auszüge)

April – September 1897

Schwester Maria von der Eucharistie

an Herrn Guérin am 5. Juni 1897

Liebes Väterchen,

unser Schwesterchen Therese vom Kinde Jesus ist wirklich sehr krank, wir sind zutiefst beunruhigt. Herr de Cornière muss heute Vormittag kommen. Sie ist zwar auf, fühlt sich aber elend. Sie sieht jetzt wohl ein, dass sie wirklich krank ist. Sie leidet an *starken* Schmerzen in der Seite, sie kann fast nicht mehr essen. Gestern hat sie ihr Abendessen erbrochen, oft bricht sie bei ihren Hustenanfällen. Wir sind sehr in Sorge … Unsere Mutter pflegt sie, so gut es nur möglich ist. (…) Da Sr. Th. vom Kinde Jesus sich jetzt stark verändert und bald nicht mehr aufbleiben können wird, möchten wir sie für das Fest unserer Mutter fotografieren. Wenn es so weitergeht, wird sie bis zum Ende der Woche so schlecht aussehen, dass nicht mehr daran zu denken ist, besonders wenn Herr de Cornière Zugpflaster verordnet. Bei ihrer großen Schwäche wird sie sich davon kaum erholen können. (…) Ich fürchte, Dich zu beunruhigen, liebes Väterchen, aber wir sind selbst sehr beunruhigt. Wenn man die Fortschritte sieht, die die Krankheit seit acht Tagen macht, ja sogar seit meinem Schleierfest.[1] Sie fühlt sich ganz zerschlagen und leidet manchmal, wie sie uns sagt, an solchen Angstzuständen, als müsste sie sterben. Sie fühlt, wie das Leben sie verlässt. Mama soll so lieb sein und uns jetzt Kleinigkeiten zum Essen schicken. (…) Mit einem Wort, sie versteht sich ja darauf, kleine Leckerbissen zu finden, die unserem lieben Engel guttun, der, wie ich glaube, bald in den Himmel fortfliegen wird.

Gestern sagte sie zu uns: *Zu sterben wird mein Glück sein, aber auch weiterzuleben, denn ich will nur das, was der liebe Gott will, alles aus Liebe zu ihm.* Wir halten eine Novene zu Unserer Lieben Frau vom Sieg, unsere Mutter lässt dort Messen lesen. Während dieser Novene mischt sie (Therese) Lourdeswasser in alles, was sie zu sich nimmt. Gestern Abend sagte sie zu uns: *Die allerseligste Jungfrau wird mich entweder gesund machen oder sie wird kommen, mich abzuholen, es kann nicht mehr lange dauern.* Wir haben großes Vertrauen zu Unserer Lieben Frau vom Sieg.

Mutter Agnes von Jesus

an Herrn und Frau Guérin am 7. Juni 1897

Geliebte Eltern,

unserem kleinen Engel geht es eher besser. Sie hustet viel weniger und wir atmen auf. Nur der Appetit fehlt *völlig,* aber mit den guten Sachen, die *Mama* ihr schickt[2], werden wir, wie ich hoffe, diese schlimme Schwäche überwinden.

Gestern Abend haben wir sie in Papas Wagen im Garten spazieren gefahren, und ich versichere Ihnen, für Sr. Maria von der Eucharistie war dies ein Vergnügen. Für ihre Mühe haben wir dann sie gefahren.

Danke für *alles,* was Sie uns geschickt haben, für alle Mühe, die Sie auf sich nehmen, um alle unsere kleinen Wünsche zu erfüllen.

(...) Unsere gute Mutter ist Ihnen sehr dankbar und bittet Sie, sich mit uns in der Novene zu Unserer Lieben Frau vom Sieg zu vereinen. Die arme Mutter hat heiße Tränen vergossen, als sie am Samstag das *Salve Regina* anstimmte. Freilich war an diesem Tag unser armer kleiner Engel *sehr krank.*

Schwester Maria von der Eucharistie

an Herrn Guérin am 8. Juli 1897

Liebes Väterchen,

ich möchte Dir über das Befinden Deiner kleinen Königin berichten. Unsere Sorge nimmt dauernd zu … Gestern ist Herr de Cornière zweimal gekommen; er ist überaus beunruhigt. Es ist nicht Tuberkulose[3], sondern ein Lungeninfarkt, eine ausgesprochene Lungenstauung. Gestern hat sie zweimal Blut gehustet. Es sind Blutklumpen, als erbreche sie Leber, und den ganzen übrigen Tag hat sie Blut gehustet. Herr de Cornière hat ihr gestern früh jegliche Bewegung untersagt. Er erlaubt nicht einmal, dass man sie in das Krankenzimmer hinunterbringt, bevor die in der rechten Lunge entstandene Wunde vernarbt ist. Sie nimmt ständig Eis, eine blutstillende Arznei, Senfpflaster, glaube ich, und Senfmehlsäckchen. Sie wird wunderbar gepflegt. Man hat ihr auch zwei trockene Schröpfköpfe angesetzt. Die Nacht ist sehr schlecht gewesen. Sie sagte heute Morgen zu uns, ärger könne man wohl auch im Fegefeuer nicht brennen, so stark war das Fieber, dazu kamen noch Erstickungsanfälle. Heute geht es eher etwas besser. Das Fieber ist gefallen, aber sie fühlt sich ganz erschöpft. Sie kann nicht einmal die Hand zum Mund führen, die Hand fällt von selbst zurück. Als Herr de Cornière heute früh kam, fand er zwar mehr Atem in der Lunge vor, aber die Stauung in der rechten Seite war immer noch vorhanden. Er sagte, die Zerstörung in der Brust sei noch nicht groß, aber ein Ausgangspunkt ist in der Lunge bereits vorhanden. Die große Schwäche macht ihm große Sorge und heute Morgen sagte er zu unserer Mutter, dass in einem Zustand wie dem ihren nur zwei von hundert mit dem Leben davonkommen. Wenn sie essen könnte, hat er gesagt, könnte man ihr Leben verlängern, aber eine Genesung ist ausgeschlossen, und wenn sie die Milch nicht besser verdaut, gibt er ihr nur noch einige Tage. Wenn man sie besucht, ist sie ganz verändert, stark abgemagert, aber sie hat immer dieselbe Ruhe und ein Wort zum Lachen. Sie sieht den Tod mit Freuden kommen und hat nicht die geringste Angst vor ihm. All das wird Dich wohl traurig machen, liebes Väterchen, versteht sich. Wir alle verlieren den größten Schatz, sie aber ist nicht zu bedauern; so wie sie den lieben Gott liebt und wie man sie dort oben aufnehmen wird, wird sie sicher geradewegs in den Himmel kommen. Als wir ihr vom Fegefeuer für uns sprachen, sagte sie: *Oh wie tun Sie mir weh, wie sehr beleidigen Sie den lieben Gott, wenn Sie glauben, dass Sie ins Fegefeuer kommen werden. Wenn man liebt, kann es kein Fegefeuer geben.*

Um Dir zu sagen, in welchem Zustand die Kommunität ist: Tränen, Schluchzen, Verzweiflung auf allen Seiten. Mutter Agnes von Jesus ist bewunderungswürdig in ihrer Tapferkeit, ihrer Ergebung. Unsere Mutter bezeigt uns allen so viel mütterliche Güte inmitten des größten Schmerzes, denn Sr. Th. vom Kinde Jesus war ihr größter Schatz.

Schwester Maria von der Eucharistie

an Herrn Guérin am 9. Juli 1897

Heute habe ich etwas bessere Nachrichten: Seit zwei Tagen hat sie kein Blut gebrochen, ja nicht einmal Blut gehustet. Herr de Cornière ist heute Morgen zufriedener. Man hat mit ihm davon gesprochen, ihr die Letzte Ölung zu spenden, und er hat erwidert: »Oh! Glücklicherweise ist es noch nicht so weit, sie könnte sogar noch einige Anfälle von Bluthusten haben, ohne vollkommen verloren zu sein.« – Wenn sie sich ernährt, wenn sie die Milch verdaut, kann sie sich wieder etwas erholen, die Schwäche ist das Beunruhigendste. Mit einem Wort, nach dem schweren gestrigen Tag kommt wieder etwas Hoffnung auf. Gestern konnte sie mindestens sieben Tassen Milch behalten, aber ohne das Eis, das man ihr nach der Milch gibt, hätte sie sich wieder übergeben.

Gestern habe ich Dich sehr beunruhigt, liebes Väterchen, aber wir selbst waren es geradeso und ebenso Herr de Cornière.

Wenn Du unsere liebe kleine Kranke sehen würdest, könntest Du nicht umhin zu lachen. Immer muss sie etwas Lustiges sagen. Seit sie glaubt, dass sie sterben wird, ist sie kreuzfidel. Es gibt Augenblicke, wo man dafür bezahlen würde, bei ihr zu sein. Heute früh sagte sie plötzlich: *Wenn ich eine von den beiden wäre, hm!!* – Wir blickten einander an und fragten uns, was das bedeute. Sie fuhr fort: *Ja, eine von den zweien von hundert. Wäre das ein Unglück!* … Ganz einfach, weil unsere Mutter ihr erzählte, dass Herr de Cornière gesagt hatte, in ihrem Zustand würden nicht mehr als zwei von hundert durchkommen. Und sie fürchtete, sie könnte eine von den beiden sein, die gerettet werden.

Es war wirlich lustig, ihr Lachen und den schelmischen Blick zu sehen, mit dem sie uns das sagte. Als ich ihr ankündigte, dass ich euch schreiben würde, um euch etwas zu beruhigen, sagte sie: *Sagen Sie ihnen, dass ich sie wahnsinnig gernhabe und dass ich ein kleines Mädchen des Widerspruchs bin; man glaubt mich sterbend, ich sterbe noch nicht … man glaubt mich lebendig, ich liege fast im Sterben; ich bin ein reiner Widerspruch; aber schreiben Sie ihnen vor allem, dass ich sie alle sehr, sehr liebe …*«

Unser Vater[4] hat sie heute Vormittag besucht und ausgerufen: »Oh! Aber! Sie wollen uns etwas weismachen, Sie sind noch nicht zum Sterben, und bald werden Sie im Garten herumlaufen, Sie sehen nicht aus wie eine Sterbende. Ihnen die Letzte Ölung geben? Aber das Sakrament würde nicht gültig sein, Sie sind nicht krank genug.« – Unser Vater ist ein wenig hart gewesen, aber ich glaube, er tat es absichtlich, denn als er fortging, zeigte er sich sehr erbaut, ein so junges Kind zu sehen, das ein so großes Verlangen nach dem Tod hat und ihm mit solch freudiger Erwartung entgegensieht.

Nachdem er gegangen war, zeigte sich die kleine Kranke ärgerlich über ihn, weil er ihr die Sakramente nicht gespendet hatte, und sie sagte: *Das nächste Mal werde ich mir nicht mehr so viel Mühe geben. Aus Höflichkeit hatte ich mich in unserem Bett aufgesetzt, ich war freundlich und höflich und er verweigert mir, worum ich ihn bitte! Das nächste Mal werde ich schlauer zu Werke gehen. Ich werde eine Tasse Milch nehmen, bevor er kommt, denn danach sehe ich immer viel schlechter aus. Ich werde ihm kaum antworten und sagen, dass ich im Sterben liege.* – (Und sie spielte uns diese Komödie tatsächlich vor.) *Ja, ich sehe wohl, ich verstehe mein Handwerk nicht, ich weiß nicht, wie ich es machen muss.*

Sie ist eine sehr liebenswürdige kleine Kranke und sehr unterhaltsam, sie bringt einen immer zum Lachen, aber sie darf nicht sprechen, um sich nicht zu ermüden.

Schwester Maria von der Eucharistie

an Frau Guérin am 10. Juli 1897

Unserer kleinen Kranken geht es immer gleich. Die Sorge bleibt und ich glaube, wenn kein Zwischenfall eintritt, kann sie noch einige Wochen leben. Heute Nacht hat sie wieder Blut gebrochen. Man gab ihr sehr viel Eis und brachte es damit zum Stillstand. Herr de Cornière sagte, es überrasche ihn nicht, sie werde noch mehr als einmal Blut husten. Aber die Schwäche nimmt von Tag zu Tag zu und sie magert sichtlich ab. Mit dem Essen ist es immer dasselbe: Jeden Tag erbricht sie zwei, drei Tassen Milch. Heute hat Herr de Cornière es bei ihr mit Eigelb, Zucker und heißem Wasser versucht. Sie hat es nicht erbrochen, litt aber unter starken Magen- und Kopfschmerzen. Sie hat heftige Koliken gehabt: Mit einem Wort, die Verdauung ist sehr schwierig geworden.

Sie ist so schwach, dass sie sich nicht einmal mehr allein die Hände waschen kann; es bedeutet eine richtige Arbeit für sie, alle Glieder schmerzen ihr davon. Heute Nacht, bevor sie sich übergab, hatte sie einen derartigen Schweißausbruch, dass ihre Kissen durchnässt waren und man sie umziehen musste. Aber ihre seelische Verfassung ist immer dieselbe: Sie ist der Frohsinn in Person, sie bringt alle zum Lachen, die zu ihr kommen, und sie spricht mit Freude vom »Dieb« (dem lieben Gott), der bald kommen wird. Nein, unser Schwesterchen ist nicht zu beklagen, sie wird so glücklich sein, sie ist so gut vorbereitet, im Himmel wird sie ein solcher Schutz für uns alle sein, wie sie uns gesagt hat: *Ich werde euch noch näher sein als vorher, ich werde euch nicht verlassen, ich werde über Onkel, über Tante, über die kleine Léonie, kurz über alle wachen. Wenn sie einmal bereit sind, in den Himmel einzugehen, werde ich ihnen schnell entgegengehen. Und was die liebe Johanna betrifft, so wird es das Erste sein, was ich im Himmel tun werde, dass ich in das große Kaufhaus für Engelchen gehe, das Allerliebste auswähle und dem kleinen Engel sage: Du musst schnell zu Frau La Néele gehen, um ihre Freude und ihr Glück zu sein.*

Gestern sagte Unser Vater zu ihr: »Sie ... bald in den Himmel gehen! ... Aber Ihre Krone ist ja noch nicht gemacht, Sie fangen sie gerade erst an! ...« Da hat sie ihm mit engelgleichem Ausdruck geantwortet: *Oh Vater, Sie haben recht, ich habe meine Krone nicht gemacht, aber der liebe Gott hat sie gemacht!*

Oh ja! Ihre Krone ist fertig.

Schwester Maria von der Eucharistie

an Herrn Guérin am 12. Juli 1897

Liebes Väterchen,

die Krankheit der kleinen Königin scheint Dir sehr nahezugehen, das bereitet ihr Kummer. Sie möchte, dass ihr liebes Onkelchen sich mit ihr darüber freut, dass sie in den Himmel kommt, was sich von Tag zu Tag zu verzögern scheint … Gegenwärtig sind die Nachrichten besser. Herr de Cornière hat gestern Abend gesagt: »Ich bin wirklich zufrieden, es geht besser.« Es ist gewiss, die Besserung besteht. Sie nimmt Pankreatin, um die Milch besser verdauen zu können, und seit zwei Tagen hat sie sich weder übergeben noch Durchfall gehabt. Auch das Fieber ist nicht so stark, dass man es messen würde.[5] An den beiden ersten Tagen der letzten Woche hatte sie sehr starkes Fieber, aber seither ist es ein gewöhnliches Fieber, das nur manchmal eine halbe Stunde oder eine Stunde lang auftritt, es dauert nicht den ganzen Tag oder ist sehr harmlos. Seit Samstag gab es keinen neuen Zwischenfall mehr. Mit einem Wort, seit gestern geben wir uns wieder der Hoffnung hin, nicht auf Genesung, denn das wäre ein Wunder, wohl aber, sie noch eine Zeit lang behalten zu dürfen. Es ist sicher, wie Herr de Cornière sagt, dass noch mehr als ein Zwischenfall eintreten kann. Augenblicklich ist sie gewiss nicht sterbenskrank und wenn es nicht zu einem Blutsturz kommt, so kann es mit ihr noch Wochen, ja vielleicht sogar einige Monate dauern, besonders wenn sie isst.

Liebes Väterchen, nach allem, was ich sehe, glaube ich tatsächlich, dass sie uns noch eine Zeit lang erhalten bleibt, wenigstens wenn die Anfälle nicht schwerer und häufiger werden, aber bei ihrem jetzigen Zustand besteht eine gewisse

Hoffnung. Du darfst nicht denken, dass sie sehr leidet … Sie leidet nur an Schwäche, an dem Gefühl, gänzlich zerstört zu sein, an durchaus erträglichen Schmerzen in der rechten Seite und an Herzweh, aber all das ist nicht so schlimm, wie ihr glauben könntet. Heute Nacht hat sie sechs Stunden lang gut geschlafen …

Wie Du siehst, liebes Väterchen, geht es besser. Freilich kann sich das von einem Tag auf den anderen ändern. Die kleine Königin ist nach wie vor sehr fröhlich. Man hat sie in das Krankenzimmer hinuntergebracht, in das Bett von Mutter Genoveva gelegt, und da auch Mutter Genoveva den Tod mehr als einmal erwartet und ersehnt hat und mehr als einmal in ihrer Hoffnung enttäuscht worden ist, sagt die kleine Königin oft: *Welch ein Unglücksbett, wenn man da drinnen ist, versäumt man immer den Zug* … und *Der Dieb ist weit fortgegangen, er hat mich dagelassen, um andere Kinder mitzunehmen … Wann werde wohl ich an der Reihe sein, ich weiß jetzt gar nichts darüber … Sagen Sie Onkelchen, Tante, Léonie, mit einem Wort allen, meine größte Freude im Himmel wird sein, dass ich ihnen dann meine ganze Liebe werde zeigen können. Auf der Erde kann ich das nicht, meine Liebe ist zu stark, aber im Himmel, wenn ich dort bin, werde ich mich ihnen verständlich machen können … Das wird dort meine Freude sein* … Und heute Morgen, als ich sie fragte, was sie tun, was sie sagen wird, wenn sie den lieben Gott zum ersten Mal sieht, erwiderte sie: *Sprechen Sie mir nicht davon, ich darf nicht daran denken, es macht mich zu glücklich: Was ich tun werde … ich werde vor Freude weinen.* Ah! Welch eine schöne Seele und wie dankbar muss ich doch dem lieben Gott sein, dass ich sie gekannt habe. Sie kann uns nun keine Ratschläge mehr geben, aber was uns bleibt und immer bleiben wird, das ist ihr Beispiel.

Eines macht mich sehr glücklich, liebes Väterchen, nämlich das, was sie mir einige Tage vor meinem Schleierfest gesagt hat und was ich als ihr Testament für mich betrachte …

Es war das letzte Mal, dass ich sie aufsuchen und mit ihr über meine Seele sprechen konnte. Damals war noch keine Rede von ihrem Tod, der Zustand der Schleimabsonderung war noch nicht abgeklärt. Plötzlich schaute sie mich mit einem so tiefen Blick an, den ich nie vergessen werde, und sagte: *Oh Schwesterchen! Versprechen Sie mir, eine Heilige, eine große Heilige zu werden*, und als ich sie bestürzt ansah, fuhr sie fort: *Ja, ich sage Ihnen das deshalb, weil ich in Ihnen alles finde, was es dazu braucht, und wenn Sie es nicht werden, dann liegt es daran, dass Sie sehr ungehorsam sind gegen die Gnade, glauben Sie mir. Oh! Ich bitte Sie, werden Sie eine Heilige, der liebe Gott fordert es von Ihnen. – Wenn ich nicht mehr auf der Erde bin, müssen Sie heilig sein für zwei, damit der liebe Gott nichts dabei verliert. Ich fühle, dass Ihre Seele zu derselben Art von Vollkommenheit bestimmt ist wie die meine. Sie müssen mich ersetzen, wenn ich nicht mehr da bin.*

Ich brauche Dir nicht zu sagen, liebes Väterchen, dass diese Worte meinem Herzen eingegraben bleiben, ja, das ist bestimmt ihr Testament für mich, und seit diesem Tag habe ich nie mehr daran gezweifelt, dass ihr Heimgang in den Himmel nahe bevorsteht …

Schwester Genoveva

an Frau La Néele am 12. Juli 1897

Meine liebe Johanna,

Dein Brief hat mich sehr gerührt. Du verstehst das ganze Leid meines Herzens … Es ist wahr, unsere älteren Schwestern können sich ihre Mutter nennen, aber wir beide, die zwei Kleinen, wir bilden zusammen nur eine. Wir hatten einander nie verlassen, unsere Seelen, unsere Herzen waren ein einziger Gleichklang. Der liebe Gott holt sie aus der Verbannung fort, sollte ich sie ihm streitig machen! Oh nein! ... Unser lieber kleiner Engel wiederholt uns oft das Wort des Herrn: *Es ist gut für euch, dass ich hingehe, denn wenn ich nicht hingehe, wird der Tröster nicht zu euch kommen. Wenn ich aber hingehe, werde ich ihn zu euch senden ...*[6] Auch hat sie zu mir gesagt: *Sie erinnern sich gewiss an die beiden kleinen blauen Vögel, die ich Ihnen in Le Havre*[7] *gekauft hatte. Sie hatten nie gesungen; als aber der eine starb, begann der andere zu zwitschern. Er sang sein süßestes Lied, und dann starb auch er ...* Sobald meine allerliebste Therese fortgeflogen sein wird, werde ich mich bemühen, dem Herrn ein Lied zu singen, das ich bis jetzt noch nie gesungen habe. Die Bitterkeit des Schmerzes wird mir eine neue Stimme geben.

Aber ich höre auf, ich könnte nicht mehr darüber schreiben, mein Kummer ist zu groß! Es ist meine kleine Gefährtin, meine liebste Schwester, meine Freundin, meine liebe kleine Hälfte, die mich verlässt. Ich kann nicht tiefer auf alles eingehen, was geschehen wird. In meinem Geist entsteht eine Leere; es ist der schwerste Schlag, der mich treffen kann, vielleicht wird es der letzte sein!

Ihr Zustand ist immer derselbe, er hat sich nicht verschlimmert. Herr de C. bezeichnet die Lage nach wie vor als sehr ernst und sehr beunruhigend, meint aber, Todesgefahr würde nur im Falle einer Komplikation eintreten; sonst kann es noch einige Wochen so weitergehen.

Sie ist ein Engel. ich glaube, es hat noch nie eine Seele gegeben wie sie. Was könnte ich euch alles sagen!

Schwester Maria vom Heiligen Herzen

an Frau Guérin am 14. Juli 1897

Ihr Zustand hat sich nicht verschlechtert, aber auch nicht gebessert. Herr de Cornière hat gestern gesagt: »Nach wie vor habe ich keine Hoffnung, denn das Übel wird eher schlimmer als besser werden.« Unser Liebling hat das erfahren. Wenn Sie gesehen hätten, wie sie strahlte. Nur weil man es Ihnen schon gestern schreiben wollte, sagte sie zu uns: *Nein, es ist besser, wenn sie keine Information darüber erhalten. Schließlich ist es immer das Gleiche. Lassen Sie sie, sie werden denken, es geht mir besser, man muss ihnen kleine Freuden machen.*

(...) Wir haben aus Beauvilliers[8] einen großen Korb Wiesenblumen bekommen. Ich habe das Ganze Thereschen ans Bett gebracht. Sie war ganz entzückt über all diesen Schmuck für ihren König[9]... Wie sehr liebt Sie doch Ihre kleine Königin. Man merkt, sie möchte auf jede Weise versuchen, Ihnen jeden Schmerz um ihretwillen zu ersparen. Gerade sagte sie zu mir: *Oh! Wenn unsere Mutter es erlaubt, werde ich nach La Musse schreiben und sie über mich zum Lachen bringen.*[10] Augenblicklich leidet sie nicht sehr oder vielmehr, wenn sie stärker leidet, so hat sie eine solche Energie und so viel Tugend, dass sie nicht darüber klagt. Sie liegt da wie ein kleines Lämmlein, das sich vom guten Jesus sein ganzes Fellchen nehmen lässt, Haar für Haar.

Herr de Cornière ist heute gekommen. Er glaubt, dass es im gegenwärtigen Zustand noch eine Weile weitergehen kann. Das bedeutet einen kleinen Aufschub, ohne dass unsere Sorge von uns genommen wäre.

(...) Sie können sich nicht vorstellen, wie gut unsere Mutter zu uns ist, vor allem zu unserem Thereschen. Die liebe Kleine sagte heute Morgen mit ihrem reizenden Lächeln zu ihr: *Mutter, in Ihren Armen möchte ich sterben ... nicht auf dem*

Kissen, sondern an Ihrem Herzen. Oh, der liebe kleine Engel, ihr Leben wird nichts anderes gewesen sein als eine himmlische Melodie!

Mutter Agnes von Jesus

an Herrn und Frau Guérin am 16. Juli 1897

Unserer lieben kleinen Kranken geht es immer gleich. Ich glaube nicht, dass das Ende so nahe ist wie wir zuerst gedacht hatten. Unser Engel wird noch einige Monate bei uns bleiben, um uns zu erbauen und auf seinen Heimgang vorzubereiten.

Kürzlich sagte sie zu mir in fast beunruhigtem Ton: *Oh weh! Wenn ich gesund würde?* Ich habe sie schnell beruhigt, denn ich für meinen Teil hege keinerlei Hoffnung.

Zerstreuen Sie sich nach Möglichkeit in La Musse. Dies wünscht Ihr Töchterchen von ganzem Herzen und wirklich, warum sollten Sie traurig sein über einen Heimgang, der ihr selbst so viel Freude bereitet. Sie schaut dem Tod entgegen wie dem liebenswertesten Boten. Es ist geradezu komisch und drollig zu hören, mit welcher Freude sie feststellt, dass sie abmagert: *Wie froh bin ich, meinen Niedergang zu erkennen,* sagte sie, während sie ihre Hände anschaute, und weiter: *Der arme Herr Clodion* (so nennt sie Herrn de Cornière wegen seiner langen Haare). *Man muss es sehen, wie er seinen Kopf von meiner Schulter zurücknimmt. Er weiß sich nicht mehr zu helfen, er ärgert sich bis zum Zerspringen … Er findet nichts als Lumpen, Knochen, alte Kleider! …*

Vor Kurzem sagte eine Schwester zu ihr: »Aber Sie haben gar keine Angst vor dem Tod, und doch ist der Tod etwas Schreckliches.« – *Ja,* antwortete sie, *er macht auch mir große Angst, wenn ich ihn auf Bildern als ein großes Gespenst dargestellt sehe. Aber das ist nicht der Tod. Diese Vorstellung ist dumm, sie entspricht nicht der Wahrheit. Um sie zu vertreiben, brauche ich mich nur an die Antwort aus meinem Katechismus zu erinnern: Der Tod ist die Trennung der Seele vom Leib. – Das ist der Tod. Nun eben, ich fürchte mich nicht vor einer Trennung, die mich auf immer mit dem lieben Gott vereint …*

Vor einigen Tagen sagte ich zu ihr, es wird ein sehr großes Glück für sie sein, endlich diese Welt des Elends zu verlassen, um die himmlischen Freuden zu genießen. Sie erwiderte: – *Ah! Mütterchen! Heute Abend hörte ich von Weitem aus der Gegend des Bahnhofs eine schöne Musik und ich dachte, bald werde ich viel süßere Harmonien vernehmen. Aber es war nur ein vorübergehendes Gefühl der Freude. Übrigens weiß ich schon lange nicht mehr, was lebhafte Freude ist, und ich bin nicht fähig, mich am Genießen zu freuen. Nicht das zieht mich an, ich kann nicht viel an mein Glück denken, ich denke nur an die Liebe, die ich empfangen werde und die ich werde geben können …*«

Schwester Maria von der Eucharistie

an Herrn Guérin am 20. Juli 1897

Zuerst möchte ich Dir über Deine kleine Königin berichten. Heute Morgen hat sie noch Blut gehustet. Es ist so regelmäßig eingeteilt wie Notenpapier: alle drei Tage am Morgen. Im Verlauf einer Viertelstunde hustet sie ein gutes Glas voll Blut. So fühlt sie sich heute müder. Herr de Cornière geht gerade fort. Er ist nicht zufrieden darüber, dass es so weitergeht. Er findet, dass die Zerstörung der Lunge fortschreitet. Sie greift weiter um sich zur Lungenspitze hinauf und breitet sich in Richtung Schulter aus. Er (findet) mehrere Kavernen, er selbst sagt, wenn nicht ein großes Wunder geschieht, ist sie verloren, und darüber jubelt unsere kleine Kranke. Alles Übrige, das Fieber usw., ist immer gleich, dieselben Details, die Milch scheint sie besser zu verdauen, aber sie nützt ihr nichts, denn sie magert von Tag zu Tag mehr ab. Ach ja! Wir sind nun ergeben und zum Opfer bereit. Der liebe Gott hat uns hinlänglich darauf vorbereitet. Für uns ist es ein Trost zu sehen, dass sie nicht mehr leiden wird und mit welcher Freude sie ihrem Heimgang in den Himmel entgegensieht.

Schwester Maria von der Eucharistie

an Frau Gaston Pottier (Céline Maudelonde) am 20. Juli 1897

Ich danke dem lieben Gott, dass ich diese kleine Heilige kennen durfte, denn hier in der Kommunität wird sie als solche geliebt und geschätzt. Wenn Du sie sehen könntest, würdest Du dasselbe sagen wie wir und Du hättest nur den einen Wunsch, in ihren Spuren zu wandeln. Es ist keine außergewöhnliche Heiligkeit, keine Neigung zu außerordentlichen Bußübungen, nein, es ist einfach die *Liebe* zum lieben Gott. Die Menschen auf der ganzen Welt können ihre Heiligkeit nachahmen, denn sie hat sich nur einfach darin geübt, alles aus Liebe zu tun und alle kleinen Widerwärtigkeiten, alle kleinen Opfer, wie sie jeder Augenblick bringt, als aus Gottes Hand kommend anzunehmen. In allem sah sie den lieben Gott, und alles, was sie tat, tat sie so vollkommen wie möglich. Immer stand die Pflicht vor allem anderen und sie verstand auch, zu heiligen was ihr Freude machte, indem sie es dem lieben Gott aufopferte, obgleich sie es genoss. Oh! Wie viele Verdienste hat sie erworben, wenn Du wüsstest! … Was wird man alles im Himmel entdecken!! … Kürzlich fragte ich sie: »Haben Sie dem lieben Gott manchmal etwas versagt?« … Sie erwiderte: *Nein, ich erinnere mich an nichts; sogar als ich ganz klein war, in meinem dritten Lebensjahr, habe ich angefangen, nichts zu verweigern, was der liebe Gott von mir verlangte.* Das sagt alles, nicht wahr? Diese Antwort hört man selten, sogar in unseren Karmel-Klöstern. Dem lieben Gott nie etwas verweigert haben!! Und wenn Du sehen könntest, wie sie sich auf das Sterben freut. Zu sterben, um am Leben des lieben Gottes teilzunehmen, zu sterben, um in den Himmel zu kommen, das ist ihr einziger Wunsch … Und wenn man ihr sagt, ihr Wunsch werde sich bald erfüllen, dann strahlt ihr Gesicht auf. So dem Tod entgegenzusehen, ist wirklich schön und ein Trost für die Zurückbleibenden. Es hindert einen, den Tod zu fürchten. Man schaut ihm selbst mit mehr Freude entgegen.

Liebes Célinchen, ich habe gedacht, ich kann Dir keinen besseren Rat geben, als dass ich Dir unsere kleine Kranke als Vorbild hinstelle. Oh, wenn sie an Deiner Stelle wäre, wenn sie wie Du eine kleine Prüfung vonseiten ihrer Familie zu bestehen hätte, wie viel Gewinn würde sie daraus ziehen! In allem, was geschieht, würde sie den lieben Gott erkennen, und jeden kleinen Stich, der das Herz verwundet, würde sie ihm als einen Akt vollkommener Liebe anbieten. So würde sie handeln und einen großen Frieden empfinden. Aber sie hat oft zu mir gesagt: *Das will nicht heißen, dass man den Schmerz, das Leiden nicht zu spüren braucht. Wo wäre das Verdienst, wenn man ihn nicht spürt? Man kann ihn sogar sehr stark empfinden, aber man kann ihn dem lieben Gott aufopfern und in diesem Opfer inmitten der größten Leiden großen Frieden finden.*

Ich habe ihr Dein Briefchen vorgelesen und sie hat mich beauftragt, Dir Folgendes zu antworten: *Sagen Sie Céline, dass ich meine kleine Kindheitsfreundin nie vergessen werde, und wenn ich im Himmel bin, werde ich in ganz besonderer Weise über sie wachen. Sagen Sie ihr, dass der liebe Gott sie dazu beruft, eine echte Heilige in der Welt zu sein, und dass er mit ihr besondere Absichten hat und eine ganz besondere Liebe für sie hegt.* Ich schreibe ihre Worte nieder, wie sie sie mir gesagt hat.

Schwester Genoveva

an Frau Guérin am 22. Juli 1897

Meiner kleinen Kranken geht es nicht schlechter, aber auch nicht besser. Die Krankheit nimmt ihren Fortgang, sagt Herr de C., und fügt hinzu, dass sich Kavernen in der Lunge bilden und er eine Eiterung befürchtet. Vor ein paar Tagen sagte er zu uns: »Sie wird ihren Prozess gewinnen!« Unser lieber kleiner Engel ist immer gleich, ein Vorbild an Geduld und Sanftmut, die Liebenswürdigkeit in Person. Kürzlich las ich ihr eine Stelle über die himmlische Seligkeit vor. Da unterbrach sie mich und sagte: *Nicht das zieht mich an.* – Was denn dann? – *Oh, die Liebe, lieben, geliebt werden und auf die Erde zurückkommen ...*[11]

Liebste Tante, ich kann Ihnen nicht mehr sagen, stellen Sie sich vor, wie es in meinem Herzen aussieht. Die Prüfung, die mir bevorsteht, lässt mich erschauern. Ich bin im Garten der Todesangst und jeden Augenblick steigt das Gebet unseres Herrn aus meinem Herzen auf ...

Schwester Maria von der Eucharistie

an Frau Guérin am 30. Juli 1897

Liebes Mütterchen,

seit gestern (29. Juli) sind die Nachrichten nicht gut. Herr de Cornière findet, dass die Krankheit sich stark verschlimmert hat. Sie hustet jeden Tag Blut, jetzt zwei- bis dreimal am Tag, heute Morgen ohne Unterbrechung, auch fühlt sie sich sehr beengt und leidet an Atemnot. Es gibt Augenblicke, in denen sie buchstäblich am Ersticken ist. Sie atmet fortwährend

Äther ein und manchmal ist die Beklemmung so stark, dass auch der Äther nicht hilft. Heute Vormittag hat unsere Mutter mit Herrn de Cornière wegen der Letzten Ölung gesprochen. Er sagte, es sei vielleicht klug, denn man weiß nicht, was geschehen kann. Er findet seit gestern eine starke Veränderung. – Wir machen uns keine Illusionen, denn wir sehen wohl, dass es nicht mehr lange dauern kann. So hatte sie gestern Abend ein so starkes Fieber, dass ihr Rücken wie Feuer brannte und sie selbst sagte, *sie käme sich vor wie im Fegefeuer,* so heftig brannte das Fieber. Ich glaube, Unser Vater wird heute oder morgen kommen, um ihr die Letzte Ölung zu spenden.

Schwester Maria von der Eucharistie

an Herrn Guérin am 31. Juli 1897

Liebes Väterchen,

nur zwei Mitteilungen, um Dir über die kleine Königin Nachricht zu geben. Die Nachrichten sind nach wie vor sehr schlecht. Immerhin hat sie heute etwas weniger Blut gehustet, aber gestern glaubten wir wirklich, sie würde die Nacht nicht überleben. Auch Herr de Cornière fürchtete es, denn als er bei seinem Besuch um 4 Uhr sah, dass die Blutung seit dem Vorabend nicht mehr aufgehört hatte, sagte er zu unserer Mutter, sie solle mit der Letzten Ölung nicht bis zum nächsten Tag warten.

Unser Vater ist um 6 Uhr gekommen, er hat ihr die Letzte Ölung gespendet und ihr dann den lieben Gott gebracht … Ich versichere Dir, es war wirklich rührend, unsere kleine Kranke mit ihrem stets ruhigen und reinen Ausdruck zu sehen. Als sie die ganze Kommunität um Verzeihung bat, ist mehr als eine Schwester in Tränen ausgebrochen. Gestern

Abend hat sie noch Blut gehustet, auch noch in der Nacht. Die Nacht war nicht gut, aber doch auch nicht so schlecht, wie man es nach dem gestrigen Tag hätte erwarten können. Der Vormittag war erträglich, kein Bluthusten heute bis um 3 Uhr Nachmittag, dann einmal. Immer noch ist sie glühend heiß vor Fieber und leidet an Beklemmung und an Schmerzen an der Seite; mit einem Wort, sie ist sehr krank, und ich glaube, ihr solltet eure Reise nach Vichy lieber aufschieben, denn so kann es nicht mehr viele Tage weitergehen mit ihr, besonders wenn solche Tage kommen wie der gestrige.

Man kann sich unmöglich ihre Freude darüber vorstellen, dass sie bald sterben wird. Sie ist wie ein kleines Kind, das von ganzem Herzen wünscht, wieder zu seinem Vater zu gehen. Niemals hat man jemanden in solcher Ruhe sterben gesehen. *Was wollen Sie,* sagte sie zu uns, *warum sollte mir der Tod Angst machen? Ich habe alles immer nur für den lieben Gott getan …* Und als man zu ihr sagte: »Sie werden vielleicht an diesem oder jenem Feiertag sterben …«, erwiderte sie: *Ich brauche keinen Feiertag zum Sterben; mein Todestag wird der höchste aller Feiertage für mich sein …* Heute, da sie etwas weniger Blut hustete und in ihrem Napf seit dem Morgen nur wenig Auswurf war, schaute sie ihn unentwegt tieftraurig an … *So wenig,* sagte sie, *für so viel Leiden,* und dann: *So wenig! Ah! So wird es also nicht heute sein … Ich kann nicht sterben … Ich glaube, ich muss jetzt sehr lieb sein und ganz brav auf den »Dieb« warten.*

Da wir gestern stark befürchteten, sie würde die Nacht nicht überleben, hatte man im Nebenzimmer eine geweihte Kerze und Weihwasser bereitgestellt. Nun schaut sie diese beiden Gegenstände dauernd aus den Augenwinkeln wohlgefällig an und sagt zu uns: *Sehen Sie, diese Kerze da, wenn der Dieb mich fortträgt, wird man sie mir in die Hand geben, aber den Leuchter darf man mir nicht geben, er ist zu hässlich.* Dann amüsiert sie sich damit, mit uns davon zu sprechen, was nach ihrem Tod alles geschehen wird. Sie erzählt uns das auf eine

Art, dass man laut lacht, wo man eigentlich weinen müsste, so amüsant ist sie. Sie lässt alles an uns vorbeiziehen. Das macht sie glücklich und sie teilt es uns auf eine Weise mit, dass wir herzlich lachen müssen. Ich glaube, sie wird lachend sterben, so lustig ist sie.

Ich hatte meinen Brief unterbrochen, weil ich Herrn de Cornière läuten hörte. Nach dem heutigen Tag ist er ganz verlegen, weil er sieht, dass dieser Bluthusten sie nicht so stark schwächt, dass wirklich eine große Schwäche eintritt. Er sagt, in ihrem Alter ist so viel Leben da, dass man nicht viel darüber sagen kann, ob es noch wenige Tage gehen wird oder lange Zeit.

Mutter Agnes von Jesus

an Herrn und Frau Guérin am 5. August 1897

Unserem lieben kleinen Engel geht es nicht schlechter, ebenso wenig aber geht es ihr besser. Ihr Zustand ist wieder unverändert, wenngleich er beschwerlicher und qualvoller ist als vor dem 28. Aber sie leidet mit bewunderungswürdiger Geduld und Sanftmut, sie bleibt immer sie selbst. Wie wahr ist es doch, wenn man sagt, der Tod ist das Echo des Lebens. Unsere kleine Heilige erwartet diesen Tod geduldig, keine glühenden Wünsche quälen sie, jeden Tag findet sie ihren Frieden in diesem Psalmvers, der sie bezaubert: »Herr, ich finde meine Freude in allem, was du tust …«[12] Vor einigen Tagen tat sie mir leid, sie schaute mich so leidend an, da sagte ich zu ihr: »Ah! Arme Kleine, für Sie ist es ein Schmerz zu sehen, dass der Himmel sich nicht schon morgen für Sie auftut, nicht wahr?« – Prompt erwiderte sie: *Mütterchen, Sie kennen mich also immer noch nicht? Schauen Sie, in dieser Strophe eines meiner Gedichte sind alle meine Gefühle ausgedrückt:*

Lange noch will ich leben
Herr, wenn so Du's gedacht,
dir nach zum Himmel streben,
wenn es dir Freude macht.
Die drüben die Himmlischen erben,
die Liebe verzehrt mich schon hier,
was kümmert mich Leben, was Sterben,
ein Glück ist die Liebe zu dir![13]

Ihr Brief, lieber Onkel, und auch der Ihre, liebe Tante, haben ihr eine so große Freude gemacht, dass sie durchaus darauf antworten wollte. Gleich bat sie, man möge ihr ihren Bleistift geben, aber sie ist zu erschöpft! Es wäre nicht klug. Am Abend ist ihre Beklemmung so stark, dass es zum Erbarmen ist, und an der Seite hat sie heftige Schmerzen. In der Nacht schwitzt sie so stark, dass sie ihre Matratze durchnässt. Arme Kleine, wie glücklich wird sie im Himmel sein, wie gut wird sie aufgenommen werden! Als man ihr gestern eine Ähre in die Hand gab, die voll mit Körnern war, sagte sie demütig mit einem unbeschreiblichen Ausdruck zu mir: *So hat der liebe Gott mich mit Gnaden beladen.* Ja, sie ist wirklich mit Gnaden beladen! …

Schwester Genoveva

an Frau La Néele am 8. August 1897

Unserer lieben kleinen Kranken geht es nicht schlechter, seit vier Tagen hat sie nicht mehr Blut gehustet. Erschreckend ist vor allem die extreme Schwäche, die von Tag zu Tag zunimmt, und die rasch fortschreitende Abmagerung. Am meisten setzen ihr die Beklemmungen zu. Man sieht so recht, wie ihr armes Leben dahinschwindet. Ah! Das Leben ist nicht heiter, was kommen doch für Stunden der Angst und

Traurigkeit über unser armes Herz! Wenn ich so vollkommen wäre wie sie, würde mich das nicht so berühren. Vor Kurzem sagte sie zu mir: *Warum schmerzt es Sie so, dass ich sterbe? Da müsste es auch mich sehr schmerzen, Sie zu verlassen; und wenn ich dächte, ich verlasse Sie, so würde mich das auch wirklich schmerzen, aber da ich Ihnen sage, dass ich Ihnen ohne meinen Körper näher sein werde als mit meinem Körper.*

Schwester Maria von der Eucharistie

an Herrn Guérin, am 17. August 1897

Mein Brief war gerade abgegangen, als Francis kam und mich ins Sprechzimmer bitten ließ. Er ist nach Lisieux gekommen, um *bonne maman*[14] zu besuchen, die ihn sehen wollte, weil sie Beschwerden mit dem Herz gehabt hatte. Da hat unsere Mutter ihn hereinkommen lassen, und er hat unsere kleine Kranke gesehen. Dieser Besuch hat ihn sehr ergriffen. Er fand sie sehr krank und gibt ihr nicht viel mehr als vierzehn Tage, bis sie in den Himmel eingeht. Seit Sonntag scheint die allerseligste Jungfrau den Verlauf der Krankheit beschleunigt zu haben, denn am Abend ihres Festes litt sie (Therese) an einem heftigen Schmerz in der anderen Lunge. Er fing vor der Abreise Herrn de Cornières an, und Francis hat festgestellt, dass die Krankheit seit acht Tagen auch in der zweiten Lunge fortschreitet. Er hat uns gesagt, die Tuberkulose sei in das letzte Stadium eingetreten, Ihr würdet vielleicht Zeit haben, Eure Kur in Vichy gerade noch zu beenden. Jetzt sagt er, es könnte vielleicht auch schneller gehen, man wisse es nicht. Er fand, dass unsere kleine Kranke bewunderswert betreut werde, und wenn sie trotz aller Pflege, die man ihr auf Anweisung des Herrn de Cornière angedeihen lässt, nicht gesund geworden ist, dann beweist das, dass der liebe Gott sie trotz allem zu sich nehmen will.

Oh wenn Du wüsstest, liebes Väterchen, wie lieb Deine kleine Königin ist und wie sie Euch beide liebt. Wenn sie mir von Euch spricht, spürt man ihre große Zuneigung und dass sie wie eine Tochter über Euch wachen wird, wenn sie im Himmel ist. Man darf aber nicht glauben, dass ihr Wunsch, bald in den Himmel zu kommen, voll Begeisterung ist; oh nein, es ist ein ganz friedlicher Wunsch. Heute Morgen sagte sie zu mir: *Glauben Sie nicht, es würde mich betrüben, wenn man mir sagte, ich werde gesund werden. Ich wäre genauso zufrieden wie mit dem Sterben. Ich habe große Sehnsucht nach dem Himmel, aber mein Glück rührt vor allem daher, dass ich in einem großen Frieden bin, denn dass ich eine ungeheure Freude empfände wie manchmal, wenn man vor Freude Herzklopfen hat, oh nein! … Ich bin im Frieden, deshalb bin ich glücklich.* Francis hat sie sehr lieb und engelgleich gefunden.

(…) Sr. Therese vom Kinde Jesus kann nicht mehr aufstehen, sie ist viel zu schwach und kann sich nicht mehr ganz allein umdrehen. Seit gestern schwellen ihr die Beine an, ich glaube, das ist ein sehr schlechtes Zeichen, aber der Bluthusten ist nicht wieder aufgetreten. Heute scheint es ihr eher etwas besser zu gehen, sie ist weniger erschöpft, weniger fiebrig, aber am Abend fingen die Beklemmungszustände wieder an.

Schwester Maria von der Eucharistie

an Frau Guérin am 22. August 1897

Die Krankheit der kleinen Königin nimmt ihren Lauf, die Schwäche hat einen geradezu unvorstellbaren Grad erreicht. Ganz allein kann sie überhaupt nichts mehr tun. Sie hat starke Schmerzen in den Gelenken und auch weiterhin in beiden Seiten. Als Beweis dafür, dass ihre Krankheit immer schlimmer wird, kann ich Dir sagen, dass sie sich das Glück versagen muss, den lieben Gott zu empfangen. Sie empfing ihn alle zwei oder drei Tage, jetzt aber kann es höchstens einmal in der Woche sein. Wenn man ihr die heilige Eucharistie bringt, kommen wir alle zu ihr ins Krankenzimmer hinein. Dabei singen wir das *Miserere*. Das letzte Mal war sie so schwach, dass ihr unser Singen fast auf die Nerven gegangen ist. Sie litt ein Martyrium.

Heute Vormittag hat sie mir ein Bild zum Namenstag geschenkt, das sie unterschreiben wollte. Das hat all ihre Kraft gekostet. Sie glaubte, sie würde es nicht fertigbringen. So kann sie auch nicht auf Papas Brief antworten, was ihr sehr leidtut. Sie sagte zu mir: *Sie werden nicht alles zum Ausdruck bringen können, was ich fühle. Sie werden ihnen nicht genug ausdrücken können, wie sehr ich sie liebe und wie tief mich ihre Liebe ergreift.* Sie wurde nicht müde, diesen Brief anzuhören. Man muss ihr hübsches, nachdenkliches Gesicht gesehen haben, während ich ihn las. Mehrmals musste ich von vorn anfangen, sie konnte ihn nicht oft genug hören und sagte: *Oh, wie gut ist der Onkel, wie groß ist seine Seele!* Aber um diese wenigen Worte zu sagen, muss sie wegen ihrer Beklemmung nach jedem Wort eine Minute aussetzen.

PS: – Jetzt, am Nachmittag, leidet unser Thereschen sehr, sie hat Schmerzen in den Eingeweiden. Sie kann es nicht ertragen, dass man neben ihr redet oder sich rührt. Die Beklemmung und das Fieber sind immer gleich. Der Bluthusten hat ausgesetzt.

Mutter Agnes von Jesus

an Frau Guérin am 24. August 1897

Unsere arme kleine Kranke ist sehr schwach und leidet sehr. Besonders die Nächte könnten nicht qualvoller sein. (…) Als einzige Erleichterung hat man mit der berühmten Milchkur aufgehört. Man konnte sie einfach nicht mehr fortsetzen, die arme Kleine kam sich direkt vergiftet vor, und es bedurfte wirklich einer Tapferkeit wie der ihren, um nicht schon früher etwas zu sagen. Wir bemerkten ihren außerordentlichen Abscheu nur, wenn sie die Tasse nahm. (…) Ich frage mich, wie man in einem Zustand wie dem ihren leben kann. Ich versichere Ihnen, ich werde mich leichter mit ihrem Tod abfinden, weil ich sie so leiden gesehen habe. Sie wird so glücklich sein! Wenn sie ihre heftigen Leibschmerzen hat, sagt sie wohl, das ist ein Schmerz zum Schreien – *aber ich kann mich beherrschen*, fügt sie hinzu, *es ist nicht wie bei den Erstickungsanfällen, da kann ich nicht umhin zu wimmern* … Und wissen Sie, liebe Tante, was sie mit Sr. Genoveva abgemacht hat? Ich zitiere die Worte unseres Engels: *Schwesterchen Genoveva, wenn ich schreie: »Wie ich leide!«, so werden Sie für mich antworten: »Umso besser!«, weil ich selbst nicht die Kraft habe, etwas anderes zu sagen.* Und so geschieht es tatsächlich. Sr. Genoveva muss gehorchen, ansonsten hätte sie Angst, ihr Kummer zu bereiten.

Dr. Francis La Néele

an Herrn Guérin am 26. August 1897

Ich habe meinen Aufenthalt in Lisieux genutzt und bin in den Karmel gegangen. Dort habe ich Maria[15] gesehen oder vielmehr gehört, die sich sehr gefreut hat, ihren Schwager wiederzusehen. Ich bat sie, die Mutter Priorin für mich um Erlaubnis zu bitten, Therese untersuchen zu dürfen, um festzustellen, ob wir unsere Reise nach Lourdes machen können. Sobald ich eingelassen war – welche Gunst –, habe ich unsere kleine Heilige für Sie und Mama und die ganze Familie auf die Stirn geküsst. Um die Form zu wahren, habe ich die

Mutter Priorin um Erlaubnis dazu gebeten, und, weil es die Regel vielleicht verbietet, habe ich mir, ohne die Antwort abzuwarten, herausgenommen, was Ihnen zusteht. Welch ein himmlisches Gesicht! Welch engelhaftes, strahlendes Lächeln! Ich war zu Tränen gerührt, während ich zu ihr sprach und ihre durchsichtigen, im Fieber glühenden Hände hielt. Als ich sie abgehorcht hatte, ließ ich sie sich auf ihren Kissen aufsetzen. *Werde ich bald den lieben Gott sehen?*, fragte sie mich. – »Noch nicht, liebes Schwesterchen, der liebe Gott will Sie noch einige Wochen warten lassen, damit Ihre Krone im Himmel noch schöner wird. – *Oh nein! Daran denke ich nicht, nur um Seelen zu retten, möchte ich noch leiden.* – »Ja, das ist wohl wahr, aber indem Sie Seelen retten, werden Sie höher hinaufsteigen im Himmel, näher zu Gott.« Ihre Antwort war ein Lächeln, das ihr Gesicht erstrahlen ließ, als öffne sich der Himmel vor ihren Augen und überflute sie mit seiner göttlichen Klarheit. »Sie werden gewiss an uns denken dort oben?« – *Oh ja! Und ich werde den lieben Gott bitten, Ihnen einen seiner kleinen Cherubim zu schicken. Ja, abgemacht. Und ich werde bitten, dass er Ihnen gleicht.* – »Nicht mir, sondern seinem Mütterlein, die viel besser ist als ich.« – *Dass er allen beiden gleicht. In wie viel Tagen werde ich im Himmel sein?* – »Bei Ihrer Krankheit, Schwesterchen, lässt sich das sehr schwer sagen, in einigen Wochen, einem Monat, vielleicht mehr, wenn nicht eine Komplikation eintritt, wenn Sie es nicht sehr eilig haben, den lieben Gott zu sehen.« – *Ich werde warten, so lange er will; außerdem möchte ich Ihnen nicht lästig fallen, weder Ihnen noch dem Onkel, ich werde warten, bis Sie beide zurückkommen. Sie werden in Lourdes innig für mich beten. Sagen Sie Onkel und Tante, wie sehr ich sie liebe. Umarmen Sie beide von mir und auch Léonie und Johanna. Vom Himmel aus werde ich immer bei Ihnen sein.* Eine gute halbe Stunde bin ich mit Céline und der Mutter Priorin bei ihr gewesen. Beim Fortgehen habe ich sie wieder geküsst und sie hat mich mit ihrem Lächeln, das ich nie vergessen werde, bis zur Tür begleitet.

Die rechte Lunge ist völlig verloren, voller Tuberkeln, auf dem Weg des Zerfalls. Die linke ist in ihrem unteren Drittel erfasst. Sie (Therese) ist stark abgemagert, aber ihr Gesicht macht ihr noch immer Ehre. Sie litt stark an interkostalen Neuralgien. Diesem Umstand habe ich das Glück zu verdanken, sie gesehen zu haben. Am folgenden Mittwoch[16] bin ich wieder hingegangen in der Hoffnung, sie noch einmal sehen zu dürfen, aber Marie und die kleine Priorin[17] haben nicht gewagt, Mutter Gonzaga ein zweites Mal um Erlaubnis für mich zu bitten. Ich habe ihr ein Rezept für ein schmerzstillendes Mittel verschrieben, denn an diesem Tag hatte sie starke Schmerzen, und ich habe Céline rufen lassen, um ihr einige Ratschläge zu geben.

Schwester Maria von der Eucharistie

an Herrn Guérin am 27. August 1897

Jetzt wartest Du schon ungeduldig auf Nachrichten über Deine kleine Königin, liebes Väterchen. Es ist immer das Gleiche, sie wird immer schwächer, sie erträgt nicht mehr den geringsten Lärm um sich, nicht einmal das Knistern von Papier oder einige leise gesprochene Worte. Seit Mariä Himmelfahrt hat sich ihr Zustand in vieler Hinsicht verändert. Wir sind sogar schon so weit, ihr ihre Befreiung zu wünschen, denn sie erleidet ein Martyrium. Gestern sagte sie zu uns: *Zum Glück habe ich nicht um Leiden gebeten. Hätte ich darum gebeten, müsste ich befürchten, dass ich nicht die Geduld aufbringen würde, es zu ertragen; so aber, da es einzig der Wille Gottes ist, kann er mir die nötige Geduld und Gnade nicht vorenthalten.* Immer noch leidet sie sehr unter Beklemmungszuständen, aber am qualvollsten ist für sie, dass sie die Einläufe so schwer wieder herausbringt. Sie bringt sie nicht heraus, weil es so schmerzhaft ist. Ich glaube wirklich, es ist der Darm, der herauskommt. So hält sie alles drinnen und hat davon einen ganz gespannten und harten Leib. Das ist im Augenblick ihr größtes Leiden. Gestern sagte sie: *Ich sage dem lieben Gott, dass alle Gebete, die man für mich verrichtet, nicht der Linderung meiner Leiden dienen, sondern den Sündern zugutekommen sollen …*

Schwester Genoveva

an Frau Guérin Anfang September 1897

Liebes Tantchen,

hören Sie, was meine kleine Kranke gerade zu mir sagte: *Ich habe große Lust auf etwas, was mir aber nur Tante oder Léonie verschaffen könnten. Da ich jetzt esse, möchte ich gern ein Schokoladengebäck haben, innen ist es weich.* Also schlage ich ihr eine Rippe Schokolade vor. *Oh nein, es ist etwas viel Besseres, es ist lang, schmal, ich glaube, es heißt Eclair.* Nur habe ich wohl verstanden, dass sie glaubt, es sei mit Schokolade gefüllt. Auf alle Fälle, wenn außen viel drauf ist, ist es auch gut. *Aber nur eines,* sagte sie. Danke, danke.

Schwester Maria von der Eucharistie

an Herrn Guérin am 17. September 1897

Die kleine Kranke ist immer noch sehr krank, die Füße schwellen immer mehr an. Herr de Cornière sagt, das ist ein ganz schlechtes Zeichen …

(…) Die kleine Kranke dankt für die Artischocken. Sie hat fast geweint, als sie erfuhr, dass der Onkel sie selbst hergebracht hat. Gestern sagte sie: *Oh, ich glaube, ich werde sehr geliebt, nie hätte ich gedacht, dass sie mich so lieben.* Johanna hat sie sehr gerührt mit dem Bild und dem liebevollen Brief, den sie ihr geschickt hat. Es war nach all diesen Liebesbeweisen, dass sie das zu mir gesagt hat. Den Rahmkäse hat sie köstlich gefunden. *Noch nie hatte sie etwas so Gutes gegessen,* sagte sie, *er muss mindestens fünf Franken gekostet haben.* Sie hat sich damit auch eine Art Verdauungsstörung zugezogen.

Herr Guérin

an Frau La Néele am 25. September 1897

Therese hat eine sehr schlechte Nacht gehabt. Heute Vormittag geht es ihr wie gewöhnlich. Es scheint, dass Herr de Cornière voll Bewunderung über die Sanftmut und Geduld der Kranken war, die, wie es scheint, grausam leidet. Er versteht nicht, dass sie noch am Leben ist, und er schreibt diese unerklärliche Verlängerung einer übernatürlichen Ursache zu wie einst bei Mutter Genoveva.

Frau Guérin

an Frau La Néele am 30. September 1897

Der Zustand ist heute Vormittag unverändert. Die Nacht ist nicht gut gewesen, versteht sich, aber der Zustand ist unverändert. Sie ist wirklich ein kleines Opfer, das der liebe Gott sich erwählt hat. Inmitten aller Leiden zeigt sie immer das gleiche Gesicht, dieselbe engelgleiche Miene. Hochwürden Faucon, der sie gestern gesehen hat, hat mir durch die Schneiderin, Frau Lahaye, sagen lassen, dass er sie bewundert. Sie hat bei ihm gebeichtet, dann hat sie ihn um seinen Segen gebeten. Aber immer alles lächelnd und mit ihrer engelhaften Miene, die sie nie verlässt. Auch ihr Geist ist immer ganz klar.

Hochwürden Youf sagt, es gehe ihm besser, aber es ist das Fieber, das ihn so sprechen lässt. Er glaubt, nur die Schwäche mache es ihm unmöglich aufzustehen.[18]

Unsere armen Karmelitinnen sind schwer geprüft. Gegenwärtig durchleben sie wirklich schmerzliche Tage.

Mutter Agnes von Jesus

an Herrn und Frau Guérin und an Léonie Martin am 30. September 1897

Geliebte Eltern,
liebste Léonie,

unser Engel ist im Himmel. Um 7 Uhr hat sie ihren letzten Seufzer getan. Dabei presste sie ihr Kruzifix ans Herz und sagte: *Oh, ich liebe dich!* Sie hatte gerade zum Himmel aufgeblickt; was hat sie gesehen!!!

Ihr Töchterchen,
das Sie mehr liebt denn je,
Sr. Agnes von Jesus
r. c. i.

Chronologie

3. April – 30. September 1897

April

Anfang April
(Ende der Fastenzeit): Therese wird schwer krank.
6.4. Beginn der letzten Gespräche.

Mai

18.5. Sie wird von allen Arbeiten befreit.
30.5. Sie teilt Mutter Agnes mit, dass sie am 3. April 1896 einen Anfall von Blutbrechen hatte. In den letzten Tagen des Monats nimmt man ihr die Sorge für die Novizinnen ab.

Juni

3.6. *Mutter Maria von Gonzaga beauftragt sie, die Niederschrift ihrer Erinnerungen fortzusetzen (»Geschichte einer Seele«).*
4.6. Therese beginnt Manuskript C: Sie wird einen Teil davon in ihrem Krankenwagen unter den Kastanienbäumen schreiben.

5.6. Die Krankheit verschlimmert sich rasch. Man beginnt eine Novene zu Unserer Lieben Frau vom Sieg. – »Alles ist Gnade.«

7.6. Schwester Genoveva macht drei verschiedene Aufnahmen von ihrer Schwester.
Episode mit der weißen Henne.

9.6. Zweiter Jahrestag ihres Weiheaktes als Opfer der barmherzigen Liebe. Therese beschreibt in Manuskript C (SS, S. 217 ff.) die Glaubensprüfung. *Sie hat die Gewissheit ihres baldigen Todes.* In dieser Woche beginnt die Milchdiät.

11.6. Im Garten streut sie der Statue des heiligen Joseph Blumen.

13.6. Dreifaltigkeitssonntag, Ende der Novene. Es geht der Kranken wesentlich besser.

25.6. Herz-Jesu-Fest. Sie hat starke Schmerzen in der Seite.

30.6. Letztes Gespräch mit Onkel Guérin im Sprechzimmer.

Juli

2.7. Therese ist am Ende ihrer Kräfte. Das Manuskript C bleibt unvollendet.

6.7. Starke Anfälle von Bluthusten treten erneut auf (bis 5. August). Beunruhigung in der Kommunität.

7.7. Starkes Fieber, das Blutbrechen dauert an.
Erstickungsanfälle, sie scheint sterbend. Der Arzt verordnet Eis.

8.7. *Therese wird in das Krankenzimmer hinuntergebracht.*
Schwester Genoveva schläft in der Zelle neben dem Krankenzimmer.

14.7. Durch Vermittlung von Bruder Simeon empfängt sie aus Rom den Segen *in articulo mortis*.

16.7. Fest Unserer Lieben Frau vom Berge Karmel. Erste Messe von Hochwürden Troude, der Therese die Kommunion bringt; Schwester Maria von der Eucharistie singt »Aus Liebe sterben …«.

17.7. Ausdrückliche Ankündigung ihrer posthumen Sendung (»Ich will meinen Himmel damit verbringen, auf Erden Gutes zu tun«).

20.7. Die rechte Lunge ist zerstört, mehrere Kavernen.

25.7. Sie steht noch täglich zwei Stunden lang auf.

28.7. Beginn der »großen Leiden«.

30.7. Ununterbrochenes Bluthusten, Erstickungsanfälle. Man glaubt, sie werde die Nacht nicht überleben. *Um 18 Uhr empfängt sie* aus den Händen von Kanonikus Maupas *die Letzte Ölung* und das Viatikum.

31.7. Therese scherzt über die Vorbereitungen für ihr eigenes Begräbnis.

August

3.8. Starke körperliche und seelische Leiden; letzter Zettel an Schwester Genoveva: »Der gute Hirte« (B 262).

4.8. Nächtliche Albträume und Schweißausbrüche; heftige Schmerzen in der Seite. Man bringt ihr eine Weizenähre.

5.8. Aufhören des Bluthustens.
Das Heilige Antlitz aus dem Chor wird im Krankenzimmer ausgestellt.

6.8. Fest der Verklärung. – Therese erwartet die ganze Nacht hindurch den Tod; Versuchungen gegen den Glauben.

8.8. Der Zustand ist unverändert. Dr. de Cornière verreist in die Ferien.

10.8. Therese betrachtet ihre Fotografie als Jeanne d'Arc. Letzter Brief an Pater Bellière (B 263). Sie gibt mehr als üblich über ihre Versuchungen von sich.

15.8. Mariä Himmelfahrt – Verschlechterung: Wendepunkt im Verlauf der Krankheit.

16.8. Sehr intensiver Schmerz in der linken Seite. Sie beruhigt sich, nachdem Schwester Genoveva die geweihte Kerze angezündet hat.

17.8. Besuch von Dr. La Néele; rechte Lunge vollständig zerstört; linke Lunge zu einem Drittel befallen.

19.8. *Letzte Kommunion.* Während der vorausgehenden Rezitation des *Miserere* wird Therese fast ohnmächtig. Sie opfert diese Kommunion für Pater Hyacinthe Loyson auf.

22.8. Anfang der Schmerzen in den Eingeweiden. Tag ununterbrochener Leiden. Man befürchtet Gangrän.

23.8. »Die bisher schlimmste Nacht.« Therese versteht, dass man sich selbst töten kann, wenn man so leidet …

24.8. Schmerzen zum Schreien in den Eingeweiden. Die Kranke leidet heftig bei jedem Atemzug.

28.8. Nachlassen der Schmerzen in den Eingeweiden. Thereses Bett wird in die Mitte des Krankenzimmers gestellt.

30.8. Friedliche Nacht. Therese wird auf einem Bett in den Kreuzgang gerollt und fotografiert.

31.8. Äußerste Schwäche. Therese kann nicht mehr das Kreuzzeichen machen. Heftige Hungergefühle. Wünsche einer Kranken.

September

Anfang September
Sie bittet um ein Schokoladeneclair.

5.9. Vierter und letzter Besuch von Dr. La Néele.

6.9. Sie weint, als man ihr eine Reliquie von Théophane Vénard bringt.

8.9. Siebter Professtag Thereses. Sie schreibt ihre letzte Unterschrift auf das Bild der allerseligsten Jungfrau.

11.9. Sie macht zwei Kränze aus Kornblumen für die Jungfrau.

12.9. Die Füße schwellen an.

14.9. Therese entblättert eine Rose über ihrem Kruzifix.

18.9. Am Vormittag glaubt man, sie wird sterben.

19.9. Erste Messe von Hochwürden Denis im Karmel. Therese spiegelt sich in seinem Kelch.

24.9. Siebter Jahrestag ihres Schleierfestes.

27.9. Die Leiden haben den äußersten Grad erreicht.

28.9. Der Atem ist sehr kurz. Therese spricht kaum mehr.

29.9. Fest Sankt Michael. Seit dem Morgen scheint Therese im Todeskampf zu sein. Die Kommunität rezitiert im Krankenzimmer die Gebete für die Sterbenden.
Beichte bei Hochwürden Faucon.

30. 9. *Donnerstag*. Sr. Maria vom Heiligen Herzen und Sr. Genoveva wachen in der Nacht bei Therese. Während der Messe bleiben ihre drei Schwestern bei ihr.
Den ganzen Tag hindurch unbeschreibliche Angstzustände. Am Nachmittag lebt die Kranke etwas auf, sie richtet sich im Bett auf; um 15 Uhr breitet sie die Arme im Kreuz aus. Gegen 16.30 Uhr Anzeichen des nahenden Endes. Gegen 17 Uhr schreckliches Röcheln, das zwei Stunden dauern wird. Die Kommunität versammelt sich im Krankenzimmer. Um 18 Uhr Angelusläuten. Therese betrachtet die Statue der allerseligsten Jungfrau. Gegen 19 Uhr fällt ihr Kopf auf das Kopfkissen zurück. Die bereits entlassene Kommunität wird eilig wieder zusammengerufen. Gegen 19.20 Uhr richtet Therese den Blick für den Zeitraum eines *Credo* zum Himmel, Schwester Maria von der Eucharistie hält eine brennende Kerze vor ihre Augen. Therese schließt selbst ihre Augen, stößt ein paar Seufzer aus und stirbt.

Oktober

1.10. Aufnahme eines Fotos von Therese als Tote.
4.10. Beerdigung im Friedhof von Lisieux.

Eigennamenverzeichnis

Acard, Auguste (1864–1931): Von 1889 bis 1912 Gärtner, Sakristan und Arbeiter im Karmel von Lisieux.

Agnes von Jesus, Mutter (1861–1951): Pauline Martin, Schwester und »Mütterchen« Thereses.

Amata von Jesus, Schwester (1851–1930): Trug die kranke Therese und half bei den Vorbereitungen für Thereses Begräbnis.

Alexis (Prou), Pater (1844–1914): Franziskaner; hielt 1891 Exerzitien im Karmel, bei denen Theresia wichtige Gnaden zuteilwurden (vgl. Ms A in SS, S. 177).

Anna von Jesus, Selige (1545–1621): Ana de Lobera, spanische Karmelitin, Gefährtin der heiligen Teresa von Ávila. Therese sah sie in einem tröstlichen Traum (vgl. Ms B in SS, S. 195–197).

Bellière, Maurice Barthélemy (1874–1907): Weißer Vater, als Seminarist 1895 von Mutter Agnes von Jesus Therese zum geistlichen Bruder gegeben.

De Cornière, Alexandre-Damase (1841–1922): Hausarzt des Karmels von 1886 bis 1920; behandelte Therese während ihrer letzten Krankheit.

De Cornière, Joseph, Priester (1874–1939): Ältester Sohn von Dr. de Cornière; verbrachte 1893–1894 Ferien in La Musse.

Denis de Maroy, Joseph, Priester (1871–1962): Am 18. September in Bayeux geweiht; feierte seine erste Messe im Karmel am 19. September 1897.

Ducellier, Alcide, Priester (1849–1916): Hörte Thereses erste Beichte gegen 1880.

Elisabeth (Maria), Schwester (1860–1935): Pförtnerin; blieb mehrmals während der Konventualmesse bei Therese im Krankenzimmer, besonders am letzten Sonntag im September.

Faucon, Pierre, Priester (1842–1918): Hörte Thereses letzte Beichte am 29. September 1897.

Fournet, Elisa (1816–1901): Frau Guérins Mutter, wurde »bonne maman« genannt.

Genoveva von der heiligen Teresa, Schwester (1869–1959): Céline Martin, Thereses Schwester und Novizin.

Genoveva von der heiligen Teresa, Mutter (1805–1891): Gründete 1838 den Karmel von Lisieux. Therese sah sie im Krankenzimmer im selben Bett sterben, in dem sie 1897 lag (vgl. Ms A in SS, S. 173).

Guérin, Céline, geborene Fournet (1847–1900): Thereses Tante.

Guérin, Isidor, (1841–1909): Thereses Onkel.

Hermance vom Herzen Jesu, Mutter (1834–1898): Chronisch krank. Die Krankenpflegerinnen beklagten sich über ihre Ansprüche; sie schätzte Therese sehr.

Hugonin, Flavien (1823–1898): Bischof von Bayeux und Lisieux zu Thereses Lebzeiten.

La Néele, Francis (1858–1916): Gelegentlich Thereses Arzt, durch Heirat ihr Vetter. Er behandelte sie aushilfsweise von 1894 bis 1896 und besuchte sie viermal in der Klausur im August/September 1897.

La Néele, Jeanne (Johanna), geborene Guérin (1868–1938): Thereses leibliche Cousine.

Magdalena vom heiligen Sakrament, Schwester (1817–1892): Laienschwester; während der Grippeepidemie fand Therese sie tot vor (vgl. Ms A in SS, S. 175).

Marguerite (Maria-), Macé, Mutter (1848–1927): Leibliche Cousine von Herrn Guérin und Frau Martin, Generaloberin der *Auxiliatrices*.

Maria von Gonzaga, Mutter (1834–1904): Priorin des Karmel von Lisieux.

Maria von der Dreifaltigkeit, Schwester (1874–1944): Thereses Novizin.

Maria von der Eucharistie, Schwester (1870–1905): Marie Guérin, Thereses leibliche Cousine und Novizin.

Maria von der Menschwerdung, Schwester (1828–1911): Laienschwester, eine der »freundlichen Heuerinnen« (vgl. Ms C in SS, S. 241).

Maria vom heiligen Joseph, Schwester (1858–1936): Schwierige, krankhafte Veranlagung. Therese, die von ihr sehr geliebt wurde, bat 1896, ihr im Wäscheamt helfen zu dürfen.

Maria von den Engeln, Schwester (1845–1924): Zu Thereses Zeit Novizenmeisterin.

Maria vom Heiligen Herzen, Schwester (1860–1940): Marie Martin, älteste Schwester und Patin Thereses.

Maria-Philomena, Schwester (1839–1924): Mitnovizin Thereses.

Martha von Jesus, Schwester (1865–1916): Laienschwester, Mitnovizin Thereses.

Martin, Léonie (1863–1941): Thereses Schwester. Tritt 1899 endgültig in das Kloster der Heimsuchung in Caen ein, wo sie den Namen Franziska-Theresia erhält.

Maupas, Charles, Kanonikus (1850–1920): Pfarrer von St. Jakob in Lisieux, Superior des Karmel seit 1895. Er wird von den Schwestern mit »Unser Vater« angesprochen. Er spendet Therese am 30. Juli 1897 die Letzte Ölung.

Mazel, Frédérique, Pater (1871–1897): Missionar, Studienkamerad von Pater Roulland. Er wurde am 1. April 1897 in China ermordet.

Pichon, Almire, Pater (1843–1919): Jesuit, Seelenführer Thereses und vor allem ihrer Schwestern.

Pottier, Céline, geborene Maudelonde (1873–1949): Nichte Frau Guérins, Kindheitsfreundin Thereses.

Roulland, Adolphe, Pater (1870–1934): Auslandsmissionen von Paris, von Mutter Maria von Gonzaga 1896 Therese zum geistlichen Bruder gegeben.

Sankt Johannes vom Kreuz, Schwester (1851–1906): Stattete Therese im Krankenzimmer häufig schweigende Besuche ab.

Sankt Raphael, Schwester (1840–1918): Therese war bei ihr, als sie Pförtnerin war, Gehilfin (1893–1896).

Sankt Stanislaus, Schwester (1824–1914): Seniorin der Kommunität; im Jahr 1897 Thereses Krankenpflegerin.

Sankt Vinzenz von Paul, Schwester (1841–1905): Laienschwester; fragte sich, was die Mutter Priorin wohl nach Thereses Tod über diese schreiben sollte.

Therese vom heiligen Augustinus, Schwester (1856–1929): Hegte eine große Zuneigung zu Therese, die ihrerseits gegen sie Abneigung empfand, sich diese aber nie anmerken ließ (vgl. Ms C in SS, S. 234–236).

Tostain, René (1858–1936): Gemahl von Marguerite Marie Maudelonde, der Nichte Frau Guérins.

Troude, Paul, Priester (1873–1900): Studienkamerad von Pater Bellière, Neffe von Schwester Maria-Philomena.

Vénard, Théophane (1829–1861): Märtyrer, junger Priester der Auslandsmissionen von Paris, in der Festung von Hanoi enthauptet.

Youf, Louis-Auguste, Priester (1842–1897): Hausgeistlicher des Karmel seit 1873. Er war der ordentliche Beichtvater Thereses während ihres ganzen Ordenslebens.

Abkürzungsverzeichnis

Abkürzungen der deutschen Ausgabe:

B	Briefe Thereses mit Angabe der Nr. des Briefes.
c. d. i.	carmélite déchaussée indigne – unwürdige Unbeschuhte Karmelitin (im französischen Karmel gebräuchliche Unterschriftsformel).
Ms A, B, C	Die drei Manuskripte der Selbstbiografischen Schriften.
r. c. i.	religieuse carmélite indigne – unwürdige karmelitanische Nonne (im französischen Karmel gebräuchliche Unterschriftsformel).
Sr.	In den Orden gebräuchliche Abkürzung für Schwester (aus dem lateinischen »soror«).
SS	*Selbstbiografi*sche Schriften, Johannes Verlag Einsiedeln, 1958.

In der deutschen Ausgabe verwendete Abkürzungen der französischen Ausgabe:

CMG I, etc.	Quatre carnets manuscrits de sœur Geneviève.
CV, I, etc.	Cinq »Cahiers verts« de Mère Agnès de Jésus, 1909.

DE	Sainte Thérèse, *Derniers Entretiens*, édition critique, 1971.
DE, *Annexes*	*Derniers Entretiens*, tome II, *Annexes*, édition critique, 1971.
LC	Lettres des correspondants de Thérèse, publiées dans la *Correspondance générale* de Sainte Therese, tome I: 1972; tome II: 1973.
NPPA	Notes préparatoires au Procès Apostolique.
NPPO	Notes préparatoires au Procès de 1'Ordinaire.
PA	Procès Apostolique, 1915–16.
PO	Procès de 1'Ordinaire, 1910–11.

Zur Herstellung der vorliegenden Ausgabe

In Frankreich wurden die *Derniers Entretiens* (»Letzte Gespräche«) der heiligen Therese vom Kinde Jesus und vom Heiligen Antlitz 1971 in Form einer kritischen Ausgabe in zwei Bänden herausgegeben.[1] Die vorliegende, für die breite Öffentlichkeit bestimmte Ausgabe enthält alle wesentlichen Elemente dieser kritischen Ausgabe:

1. den vollständigen Text der von den drei Hauptzeuginnen (Mutter Agnes von Jesus, Schwester Genoveva und Schwester Maria vom Heiligen Herzen) gesammelten Aussprüche der Heiligen;
2. die von verschiedenen anderen Zeuginnen berichteten Aussprüche, sofern sie nicht die unter 1. angeführten Texte verdoppeln;
3. die in Briefen aus den letzten sechs Lebensmonaten Thereses angeführten Worte der Heiligen.

Im Zusammenhang mit diesen Texten erhebt sich die Frage nach ihrer Glaubwürdigkeit[2], denn sie sind ja nicht von Therese selbst aufgeschrieben, sondern von ihren Schwestern berichtet worden. Sie müssen deshalb nach den Methoden der internen Kritik von Zeugenaussagen beurteilt werden. Wie Pater François de Sainte-Marie schon 1956 geschrieben hat, »dürfe man keinesfalls (sämtlichen Äußerungen Thereses, die von den Zeugen im Prozess oder in Aufzeichnungen ihrer Zeitgenossen berichtet werden) einen historischen Wert beimessen, der jenem der von ihr eigenhändig aufgeschriebenen Texte vergleichbar wäre. Nichtsdestoweniger besitzen wir in ihnen eine Art Weisheitslehre in einer sehr unmittelbaren Formulierung, und es wäre ein großer Fehler, uns ihrer begeben zu wollen« (Introduction à l'édition en fac-similé des *Manuscrits autobiographiques*, S. 30).

Die Texte

Die Texte der (unserer Übersetzung zugrunde liegenden französischen) Ausgabe sind mit jenen der kritischen Ausgabe identisch. Um dem interessierten und des Französischen kundigen Leser die Möglichkeit zu bieten, Erläuterungen und Belege zu den einzelnen Dokumenten in der kritischen Ausgabe einzusehen, haben wir die entsprechenden Hinweise auch unter den Anmerkungen in der deutschen Ausgabe aufgenommen. Darüber hinaus schien es notwendig, die folgenden Hinweise vorzunehmen:

1. Letzte Gespräche mit ihren drei Schwestern

a) *Mutter Agnes von Jesus:* – Mutter Agnes von Jesus hat von den Notizen, die sie von April bis September 1897 von Tag zu Tag auf losen Blättern gemacht hatte, später Abschriften hergestellt. Davon sind vier mehr oder weniger selektive Hauptkopien erhalten, nämlich die *Grünen Hefte* (1909), die sogenannte Version des Ordinariatsprozesses (1910), das *Gelbe Heft* (1922–1923) und die *Novissima Verba* (1927).

Aus diesen vier Quellen hat man das *Gelbe Heft* als grundlegenden Text für die vorliegende Ausgabe gewählt. Mit seinen

714 Aussprüchen stellt es vom quantitativen Gesichtspunkt tatsächlich die bedeutendste Fassung dar (gefolgt von den *Novissima Verba* mit 32 Aussprüchen). Obgleich das *Gelbe Heft* erst 25 Jahre nach dem Tod der Heiligen verfasst wurde, besitzt es doch den Vorzug der größten chronologischen Übereinstimmung mit den Ereignissen, denn es stellt im Wesentlichen eine Wiedergabe eines ersten, um 1904–1905 geschriebenen, nicht mehr vorhandenen Heftes dar. Diese für den persönlichen Gebrauch von Mutter Agnes angefertigte Abschrift scheint im Großen und Ganzen die ihren Quellen treueste Version zu sein, die das glaubwürdigste Bild von der kranken Therese vermittelt. Im vorliegenden Band nimmt das *Gelbe Heft* die Seiten von 33 bis 232 ein.

b) *Schwester Genoveva:* – Als Thereses Novizin und Krankenpflegerin hat Schwester Genoveva es Mutter Agnes von Jesus überlassen, die Aussprüche der Kranken aufzuschreiben, während sie selbst nur jene Worte auf losen Blättern notierte, die an sie persönlich gerichtet waren. Von 1898 an überträgt sie ihre Notizen zum Teil in ein kleines Notizbuch und 1925 stellt sie in einem großen gebundenen Notizbuch eine vollständigere Abschrift her, die den Titel trägt: »Letzte Worte Thereses an Céline«. Diese Fassung ist im vorliegenden Band (S. 235 bis S. 258) wiedergegeben.

c) *Schwester Maria vom Heiligen Herzen:* – Von Schwester Maria vom Heiligen Herzen besitzen wir ein dünnes, mit dem Jahr 1925 datiertes Notizheft, das den Titel »Letzte Worte von Sr. Therese vom Kinde Jesus, gesammelt von Sr. Maria vom Heiligen Herzen« trägt und 25 Aussprüche enthält (zu denen noch jene vom 30. September hinzukommen). Dieser Text erscheint von S. 259 bis S. 270.

Diese drei grundlegenden Dokumente werden in den beiden folgenden Kapiteln des Buches durch Texte ergänzt, die aus verschiedenen Quellen stammen.

2. Andere Worte Thereses

Unter diesem Titel findet sich von S. 271 bis S. 294 eine Auswahl von Aussprüchen der Heiligen, die entweder von den bereits genannten drei Zeuginnen oder von anderen Zeuginnen berichtet werden, nämlich von Schwester Maria von der Eucharistie, Schwester Maria von der Dreifaltigkeit, Schwester Therese vom heiligen Augustinus, Schwester Maria von den Engeln und Schwester Amata von Jesus.

Texte, die bereits im *Gelben Heft* oder in den Notizheften Célines oder Marias enthalten sind, wurden kein zweites Mal angeführt.

Die Aussprüche wurden nach Zeuginnen gruppiert und innerhalb jeder Gruppe nach Möglichkeit chronologisch geordnet.

Die Quellen der einzelnen Aussprüche sind in den Anmerkungen (S. 360 bis S. 361) angegeben, die auf die kritische Ausgabe verweisen, wo der Zusammenhang der verschiedenen Zeugenaussagen eingesehen werden kann.

3. Briefe

Die kritische Ausgabe der *Derniers Entretiens* (tome I, 665 ff.) enthält eine Sammlung von 75 Briefen aus der Zeit vom 3. April bis zum 30. September 1897, ein historisches Dokument aus erster Hand über die letzten sechs Monate Thereses. Die vorliegende Ausgabe git 26 Auszüge aus diesen Briefen (S. 295) wieder. Maßgebend für die Auswahl war der

Wunsch, sämtliche Aussprüche Thereses, von denen einige nur in den Briefen enthalten sind, wie auch die aufschlussreichsten Stellen über den Verlauf der Krankheit und über das Verhalten der kranken Therese zu veröffentlichen.

Transkription

Die kritische Ausgabe nahm den Text der Originalmanuskripte so genau wie möglich auf. Dasselbe gilt für die französische Ausgabe der *Derniers Entretiens*, bei der jedoch, um die Lektüre zu erleichtern, gewisse Abweichungen der Interpunktion und Orthografie berichtigt wurden. Dies gilt auch für die vorliegende Ausgabe. Phonetische oder syntaktische Wendungen, die den Zweck verfolgen, Thereses gesprochene Sprache wiederzugeben, wurden respektiert.

Die von Mutter Agnes nachträglich »wiedergefundenen« und am Schluss ihres Heftes angefügten »Worte« wurden im vorliegenden Band im *Gelben Heft* an ihrem chronologischen Platz eingereiht und durch ein Sternchen neben der Nummer des Ausspruchs kenntlich gemacht.

Anmerkungen und Anhang

Abgesehen von einigen von Mutter Agnes oder ihren Schwestern in ihren Heften eingefügten erläuternden Anmerkungen, die im vorliegenden Band als Fußnote (z. B. S. 50) angebracht sind, findet der Leser zwei weitere Arten von Anmerkungen:

1. durch Buchstaben bezeichnete, am Fuß der Seite angebrachte Ergänzungen, die parallelen Fassungen (den *Grünen Heften*, den *Novissima Verba* usw.) entnommen sind und interessante Entwicklungen beisteuern;

2. als Anhang mit arabischen Zahlen fortlaufend nummerierte Anmerkungen der Herausgeber für jeden Monat.

Eine *Chronologie* (S. 327) fasst in chronologischer Ordnung die hervorstechenden Ereignisse in Thereses letzten Monaten und im Verlauf der Krankheit kurz zusammen. In einem *Eigennamenverzeichnis* (S. 333) finden sich kurze Angaben über die wichtigsten in den letzten Gesprächen genannten Personen.

Zur Übersetzung

Ziel der Übersetzung war eine möglichst wortgetreue Wiedergabe des französischen Textes in einer einfachen, natürlichen, spontanen Sprache, wie sie eine Schwerstkranke mit ihren leiblichen Schwestern und in ihrer vetrauten Umgebung spricht. Die zahlreichen Interjektionen, besonders das im Französischen so gebräuchliche emphatische »Ah!«, das auch die Heilige sehr häufig verwendet, wurden daher ins Deutsche übernommen. Ebenso im Wesentlichen die sehr reichlichen Interpunktionszeichen, vor allem die vielen Punkte, Rufzeichen usw. Unregelmäßigkeiten in der Interpunktion, die der französische Text aus den Originalnotizen der Schwestern übernommen hat, wurden, von gewissen unerlässlichen Anpassungen an deutsche Sprachregeln abgesehen, gleichfalls im Deutschen wiedergegeben. Dagegen haben wir in den meisten Fällen davon abgesehen, die nicht sehr häufig vorkommenden mundartlichen Ausdrücke und die kindlichen Verstümmelungen von Worten ins Deutsche zu übertragen. Auch haben wir es absichtlich vermieden, die Zitate aus Gedichten der Heiligen in Reimen zu übersetzen, weil dadurch der Gedankengang meist viel an Klarheit und Überzeugungskraft einbüßt. Die sehr freien Zitate der Heiligen aus der Schrift und anderen Quellen mussten in vielen Fällen nach ihren Worten übersetzt werden, um den Sinnzusammenhang zu wahren.

In die Anmerkungen der Herausgeber (Anhang) wurden, wo es zum Verständnis nötig war (zum Beispiel Erklärung französischer Wortspiele), an entsprechender Stelle Anmerkungen der Übersetzung eingefügt.

Die wörtlichen Reden der heiligen Therese wurden ohne Anführungszeichen wie im Original wiedergegeben.

Karmelitanische Ausdrücke

Für den mit dem Ordensleben nicht vertrauten Leser bringen wir nachstehend eine Erklärung gewisser im Text vorkommender Fachausdrücke, die in der französischen Ausgabe nicht erklärt werden.

1. *Offizium (Göttliches Offizium, Brevier- oder Stundengebet):* das tägliche Gotteslob der Kirche, das in kontemplativen Orden gemeinsam im Chor rezitiert und teilweise gesungen wird (daher auch Chorgebet). Es zerfällt in die folgenden Teile, die zu gewissen Stunden gebetet und daher »Horen« oder »Tagzeiten« genannt werden: Laudes, Terz, Sext, Non, Vesper, Komplet, Matutin.

2. *Innerliches Gebet*: stille persönliche Zwiesprache mit Gott. Im Karmel je eine Stunde am Morgen und am Nachmittag gemeinsam im Chor.

3. *Rekreation:* Erholungsstunde nach dem Mittag- und Abendessen, in der sich die Schwestern mit einer leichten Handarbeit zusammensetzen und plaudern.

Anmerkungen

Das »Gelbe Heft« von Mutter Agnes

April

1 Vgl. Lk 10,39–40.
2 Eph 6,17. Zitiert nach der Karmelregel.
3 Im Dezember 1896, vgl. Ms C in *SS*, S. 233.
4 Die mit der Leitung der Wirtschaft betraute Schwester, damals Mutter Agnes von Jesus.
5 Die Schwester, welche die Dispensatorin begleitete.
6 Mutter Agnes von Jesus starb am 28. Juli 1951.

Mai

1 Pater Mazel, vgl. S. 336.
2 Vgl. S. 336.
3 Außerordentlicher Rekreationstag, an dem es den Schwestern erlaubt ist, sich zu gewissen Zeiten des Tages in den Zellen frei zu unterhalten und zu singen.
4 Ein von Therese am 21. Januar 1897 für Mutter Agnes von Jesus verfasstes Gedicht.
5 Offb 22,12.
6 Mt 11,29.
7 Gemeint sind die Novizinnen.
8 In den 1895 vom Karmel in Saigon gegründeten Karmel.
9 Besonderes Stundengebet, das damals nach den Bestimmungen der Konstitutionen beim Ableben jeder Karmelitin zu beten war.

10 Freizeit zwischen Komplet und Matutin, damals zwischen 8 und 9 Uhr abends.

11 Vgl. S. 337.

12 In den 1861 vom Karmel Lisieux in Saigon gegründeten Karmel (Cochinchina: Sammelname für die drei ehemaligen französischen Kolonialgebiete Laos, Kambodscha und Vietnam [Anm. d. Ü.]).

13 Vgl. S. 334.

14 Mt 25,40.

15 Vgl. Lk 11,5–8.

16 Die seit Ostern 1896 andauernde Glaubensprüfung (vgl. Ms C in *SS*, S. 222/3: »es ist kein Schleier mehr für mich, es ist eine bis zum Himmel ragende Mauer«).

17 Joh 3,34.

18 Die Bittprozession.

19 Vgl. Ms B in *SS*, S. 195/6, und S. 333.

20 Kurze Lebensbeschreibung, die nach dem Tod jeder Schwester an alle Klöster des Ordens gesandt wird.

21 Die Heilige hat an dieser Stelle eine französische Redensart verwendet: »faire jabot«, das heißt das Spitzenjabot seines Hemdes herausziehen, um zu prunken. Im übertragenen Sinn: »Es sich zur Ehre machen« (Littré).

22 Herrn Martins Geisteskrankheit.

23 1896.

24 Mk 16,6.

Juni

1 Gedicht »Mein liebster Jesus, denke daran« vom 21. Oktober 1895.

2 Vgl. Heilige Teresa von Ávila: *Weg der Vollkommenheit*, 3. Band.

3 Mutter Agnes von Jesus war, abgesehen von einer Unterbrechung von 18 Monaten zwischen 1908–1909, von 1902 bis zu ihrem Tod (1951) Priorin.

4 *Jeanne d'Arc accomplissant sa mission*, 21. Januar 1895.

5 Diese Einzelheit konnte Therese in dem Buch *Jeanne d'Arc* von H. Wallon gelesen haben.

6 Vgl. Ms A in *SS*, S. 73.
7 Vgl. S. 337.
8 Mutter Maria von Gonzaga, Priorin.
9 Ps 91,11–12.
10 Vgl. S. 333.
11 Lk 22,69.
12 Lk 23,43.
13 Pfingstsonntag, in Wirklichkeit 6. Juni.
14 Stelle aus einem Hymnus der damaligen Zeit: »Wir dich vergessen, liebste Mutter?«
15 Vgl. Mt 23,37.
16 Pfingstsonntag, 27. Mai 1887, vgl. Ms A in *SS*, S. 107–108.
17 Vgl. Mt 24,43–44.
18 Vgl. Anmerkung 16 vom Mai.
19 Gedicht »Warum ich dich liebe, o Maria«.
20 Das Manuskript C, der Schluss ihrer *Geschichte einer Seele*.
21 Vgl. S. 282, eine Aussage von Schwester Maria vom Heiligen Herzen beim Ordinariatsprozess.
22 Joh 14,3.
23 Vgl. M C in *SS*, S. 231 ff.
24 Der von Herrn Martin benutzte Krankenwagen, den man später dem Karmel überlassen hat.
25 Heilige Teresa von Ávila: *Leben*, 40. Hauptband, S. 412.
26 Vgl. Lk 17,10.
27 Heiliger der Ostkirche, der viele Jahre auf einer Säule stehend gelebt hat, daher sein Name.
28 Vgl. Ms A in *SS*, S. 30.

Juli

1 Vgl. *Edition critique des Derniers Entretiens, S. 678 ff.*
2 Jeanne-Marie Primois.
3 Vgl. Ms A in *SS*, S. 177, und S. 333.
4 Vgl. Ms A in *SS*, S. 154, und S. 336.
5 Abbé Youf.
6 Vgl. S. 334.
7 Vgl. *Nachfolge Christi*, 2,9.

8 Statue, welche die zehnjährige schwer kranke Therese am 13. Mai 1883 lächeln sah, vgl. Ms A in *SS*, S. 185 ff.
9 Am 9. Juni 1895, vgl. Ms A in *SS*, S. 185 ff.
10 Ijob 13,15, nach der Übersetzung der Vulgata.
11 Vgl. S. 299–300.
12 Bezieht sich auf Herrn Martins Krankheit.
13 »Das hatte Papa manchmal gesagt, es war ein bekanntes Wort«, wie Mutter Agnes von Jesus anmerkt.
14 Vgl. Ms A in *SS*, S. 129.
15 Vgl. Lk 2,19.51.
16 Offb 21,4.
17 Vgl. Dan 3,51 ff.
18 Abbé Bellière und Pater Roulland, vgl. S. 333 und S. 336.
19 Wortspiel mit der doppelten Bedeutung von »bière«, nämlich »Sarg« und »Bier« (Anm. d. Ü.).
20 »Hochzeit halten« – Redensart für »lustig sein, sich amüsieren« (Anm. d. Ü.).
21 Kanonikus Maupas, vgl. S. 336. Als Superior des Karmel wurde Kanonikus Maupas von den Schwestern mit »Unser Vater« angesprochen (Anm. d. Ü.).
22 Die Kunst, »Listen anzuwenden«, erklärt Mutter Agnes von Jesus an anderer Stelle.
23 Unter dem ersten Priorat von Mutter Agnes von Jesus (1893–1896) führte man im Karmel von Lisieux den Brauch ein, das Fest vom Heiligen Antlitz Christi am Tag der Verklärung zu feiern.
24 Wortspiel mit *dattes* (»Datteln«) und *dates* (»Daten«). Beides wird im Französischen gleich ausgesprochen: »dat« (Anm. d. Ü.)
25 Vgl. Mt 26,35.
26 *Geschichte einer Seele*.
27 Therese muss eine Diät mit »maternisierter« Milch machen, die sie schlecht verträgt.
28 Im Karmel war es Brauch, zur Erinnerung an den Tod Christi um 15 Uhr die Glocken zu läuten. Dabei küsste jede Schwester ihr Kreuz.
29 Ihren Anfall von Blutbrechen.
30 Gedicht »Warum ich dich liebe, o Maria«.
31 Ps 142,5 (nach den Worten der Heiligen übersetzt [Anm. d. Ü.]).

32 Vgl. Heilige Teresa von Ávila, *Seelenburg*, 6,5.
33 Eine Einsiedelei im Garten des Karmel.
34 Vgl. Heilige Teresa von Ávila, *Weg der Vollkommenheit*, 32. Hauptband.
35 Vgl. Ms A in *SS*, S. 154 und Ms C in *SS*, S. 275.
36 Vgl. Joh 3,8.
37 Vgl. S. 335.
38 Nach der Lauretanischen Litanei.
39 Ein stärkender Wein.
40 Vgl. Mt 26,29.
41 Ps 92,5 (nach den Worten der Heiligen übersetzt [Anm. d. Ü.]).
42 Die drei dem Aschermittwoch vorausgehenden Tage.
43 In Wirklichkeit im Juni 1893.
44 Vgl. Anmerkung 5 zum Monat April.
45 Vgl. Neh 4,11.
46 Gedicht »Jesus, mein Vielgeliebter, denk daran«.
47 Ein Blutbrechen.
48 Abbé Troude, vgl. S. 336.
49 Vgl. Ms A in *SS*, S. 180 ff.
50 Es folgen durchgestrichene, unleserliche Zeilen.
51 Vgl. Offb 10,6.
52 Vgl. Joh 18,38.
53 Frommen Bruderschaften.
54 Im Juni 1888, vgl. Ms A in *SS*, S. 162.
55 Vgl. S. 335.
56 8. September 1890.
57 »Auf dich, Herr, setze ich meine Hoffnung«, vgl. Ps 71,5.
58 Statue, mit deren Schmückung sie ihr ganzes Ordensleben hindurch betraut war.
59 Man reicht die Füße zum Kuss.
60 Karmel in der Avenue de Messine, Paris, heute in Boulogne-sur-Seine.
61 »Antworte mir«.
62 Hld 5,7 und 3,4.
63 Donnerstag, 10. Januar 1889.
64 Kanonikus Maupas.
65 Heiliger Johannes vom Kreuz, *Lebendige Liebesflamme*, 1. Str., V. 6.

66 Ebd., 1. Str., Erklärung zu V. 6.
67 Für: »Sie sind wirklich nicht scharfsinnig!«
68 Nach einem Gedicht, das sie als Kind gelernt hatte, vgl. Ms A in *SS*, S. 25.
69 Es handelte sich um eine Spieldose.
70 Sr. Maria von der Dreifaltigkeit ist am 16. Juni 1894 in den Karmel eingetreten.
71 Vom 9. Juni 1895, vgl. Ms A in *SS*, S. 186 ff.
72 Vgl. Mt 25,40.
73 Vgl. S. 334.
74 Vgl. Mk 3,7.
75 Kleiner irdener Teller, der ihr als Spucknapf diente.
76 Anspielung auf die Szene in Gethsemani; Mt 26,36–46.
77 Vgl. *Nachfolge Christi*, 3,26.

August

1 Im Juni 1887 in der St. Peterskathedrale, vgl. Ms A in *SS*, S. 97.
2 Vgl. Joh 14,2.
3 Pater Roulland, vgl. B. 221 (und [LC 171]).
4 Heilige Teresa von Ávila: Gedichtauslegung.
5 Gedicht »Meine Freude!« (dt. Übers. nach H. U. v. Balthasar: *Schwestern im Geist*, S. 307).
6 Vgl. Gen 2,17 (nach den Worten der Heiligen übersetzt).
7 Vgl. Ms B in *SS*, S. 198–9.
8 Ps 109,23 (nach den Worten der Heiligen übersetzt).
9 Vgl. Ijob 7,4 (nach den Worten der Heiligen übersetzt).
10 Jes 53,1–2.
11 Lied von L. Amat.
12 Vgl. Ps 142,5 (nach den Worten der Heiligen übersetzt).
13 Heiliger Johannes vom Kreuz, *Lebendige Liebesflamme*, 2. Str., V. 6.
14 Die Schwester, die jeweils eine Woche lang das führende Amt beim Chorgebet innehat.
15 Vgl. Ms B in *SS*, S. 203.
16 Sr. Maria vom heiligen Joseph.
17 Vgl. Ms A in *SS*, S. 108.
18 Vgl. Mt 26,69–75.

19 Vgl. Lk 22,32.
20 Ihre Weihe als Opfer der barmherzigen Liebe am 9. Juni 1895.
21 1886. Über die Bedeutung dieser Gnade, vgl. Ms A in *SS*, S. 95 ff.
22 Vgl. Jdt 15, nach der Vulgata.
23 Lk 12,37.
24 Eph 6,17 nach dem Zitat in der Karmelregel.
25 Vgl. Heiliger Johannes vom Kreuz, *Lebendige Liebesflamme*, Erklärung zur 1. Str., V. 6.
26 Vgl. Röm 5.
27 In ihren »Vorbereitenden Notizen für den Apostolischen Prozess« erklärt Mutter Agnes von Jesus Thereses Prüfung gegen den Glauben, vgl. S. 276.
28 Joh 12,24.
29 Winter 1891–1892, vgl. Ms A in *SS*, S. 175–176.
30 Anspielung auf 1 Kön 14, wo erzählt wird, dass sich die Frau des Jerobeam verkleidete, um den Propheten Ahija zu konsultieren.
31 Vgl. Joh 3,8.
32 Heiliger Johannes vom Kreuz, *Lebendige Liebesflamme*, 1. Str., V. 6.
33 Stunde des Stillschweigens von 12 bis 13 Uhr, die die Karmelitinnen benutzen konnten, um sich auszuruhen.
34 Schwester Genoveva schlief in einer neben dem Krankenzimmer gelegenen kleinen Zelle.
35 Auszug aus dem »Credo« des *Herculanum* von Félicien David.
36 Ohne Zweifel der Brief von Abbé Bellière vom 17. August [(LC 194)].
37 Kindlicher Beiname, mit dem Therese Schwester Genoveva im Krankenzimmer anredete.
38 Vgl. Mt 25,36 (nach den Worten der Heiligen übersetzt).
39 Ps 51,10.
40 Mutter Genovevas Taufname war Klara.
41 Vgl. Ms C in *SS*, S. 255.
42 Vgl. Lk 2,35.
43 Vgl. Lk 2,50.
44 Vgl. Lk 2,33 (nach den Worten der Heiligen übersetzt).
45 »Die frei sind«, schreibt Mutter Agnes von Jesus an anderer Stelle.
46 Anspielung auf die gewundenen Posen, in denen die Ikonografie die Heilige häufig darstellt.

47 Gedicht »Warum ich dich liebe, o Maria«.

48 Ebd.

49 Vgl. Mk 15,29.

50 Vgl. Ps 119,5 (Vulgata).

51 Schwester Genoveva berichtet diese Szene am 16. August, vgl. S. 249.

52 Vgl. S. 322.

53 Reisigbündel aus dem dünnsten und schlechtesten Holz (Wortspiel mit der doppelten Bedeutung von »bourrée«: »vollgestopft« und »Reisigbündel« [Anm. d. Ü.]).

54 Die Jungfrau des Lächelns.

55 Lk 10,30–37.

56 Vgl. S. 292, eine von Sr. Maria von den Engeln aufgezeichnete Erinnerung.

57 Heiliger Johannes vom Kreuz, *Lebendige Liebesflamme,* 1 Str., Erklärung von V. 6.

September

1 Ihre Novizenmeisterin, vgl. Ms A in *SS,* S. 155.

2 Heiliger Johannes vom Kreuz, *Lebendige Liebesflamme,* 1. Str., V. 6.

3 Mutter Hermance vom Herzen Jesu.

4 Sr. St. Stanislaus war taub. Therese dankte ihr, indem sie ihr die Hand streichelte.

5 Die in dieser Aufzählung genannten Personen lassen sich leicht identifizieren: Sr. Genoveva, Mutter Agnes von Jesus, Sr. Maria vom Heiligen Herzen, Léonie Martin, Sr. Maria von der Eucharistie, Herr und Frau Guérin, Frau La Néele und Dr. La Néele, Abbé Bellière und Pater Roulland.

6 Heilige Teresa von Ávila, Gedichtauslegung.

7 Ohne Zweifel die durch die Diagnose von Dr. La Néele verursachte Enttäuschung.

8 Auguste Acard, vgl. S. 333.

9 Mt 6,24–34.

10 Schwester Maria vom heiligen Joseph.

11 Gedicht »Blumenstreuen«.

12 Gedicht »Aus Liebe leben«.

13 Vgl. 1 Thess 4,13 (vgl. das Zeugnis von Sr. Maria vom Heiligen Herzen, *DE, Annexes*, S. 479).
14 Bei der Audienz vom 20. November 1887, vgl. Ms A in *SS*, S. 138.
15 Mutter Agnes von Jesus musste an zwei Tagen Geschirr waschen und konnte deshalb die Rekreation nicht mit ihrer Schwester verbringen.
16 Wortspiel mit »à la terre« – »mit der Erde« und dem Namen des Arbeiters »Alaterre« (Anm. d. Ü.).
17 Dr. de Cornière ist am 25. Juni 1922 im Alter von 80 Jahren gestorben.
18 Vgl. Jes 6,2.
19 Weish 6,7 (Vulgata).
20 Ps 76,10.
21 Mutter Agnes von Jesus.

Letzte Gespräche Thereses mit Céline

1 »Selig der Leib, der dich getragen« (Lk 11,27).
2 Vgl. Mt 20,23.
3 Ps 119,56.
4 Wortspiel mit »Bon Sauveur« (»Guter Erlöser«), dem Namen der Klinik in Caen, in der Herr Martin sich aufgehalten hat.
5 Schwester Genoveva hat die vier Worte *pour faire aimer l'Amour* (»um die Liebe lieben zu lehren«) durchgestrichen und hinzugefügt: »(das steht nicht in der Handschrift)«. Die Handschrift verweist auf den Brief vom 22. Juli, vgl. S. 313. (Siehe ferner die kritische Ausgabe der *Derniers Entretiens* tome 1, S. 721–723.)
6 Kleine irdene Schüssel, die ihr als Spucknapf diente.
7 Gedicht von Victor Hugo.
8 Wortspiel mit »sans elle« (ohne sie) und »deux ailes« (zwei Flügel). Elle und ailes wird »el« ausgesprochen (Anm. d. Ü.).
9 Mt 24,41.
10 Mt 24,42.
11 Vgl. Ms B in *SS*, S. 204–205.
12 Wortspiel mit »non« (Non) und »nonne« (Nonne). Beides wird »non« ausgesprochen (Anm. d. Ü.).

13 Für die Veröffentlichung der *Geschichte einer Seele*.
14 Joh 16,22.
15 Gemeint ist »auf den Knien des lieben Gottes«.

Letzte Worte von Sr. Therese vom Kinde Jesus

1 Vgl. *Gelbes Heft*, 9. Juni, S. 64.
2 Vgl. 1 Kor 9,22.
3 In Wirklichkeit am 12. August.
4 Mt 25,36.

Andere Worte Thereses

1 In den *Grünen Heften* erscheinen dieser Text und die beiden folgenden unter dem 21. bzw. 26. Mai, vgl. *DE, Annexes*, S. 38 und 40.
2 PA, 2337 (*DE*, S. 438).
2b *DE*, S. 451.
3 NPPA, »Espérance du Ciel« (*DE, Annexes*, S. 448).
4 Vgl. *Die letzten Worte der Therese Martin*, S. 56.
5 NPPA, »Son épreuve contre la Foi« (*DE*, S. 525).
6 NPPA, »Tempérance« (*DE*, S. 537).
7 *Grüne Hefte*, am 30. August (*DE, Annexes*, S. 348).
8 NPPA, »Humilité«, ein Beispiel für ihre Geringschätzung der eigenen Person (*DE*, S. 661).
9 PO, 1029.
10 PO, 2740 (*DE*, S. 619, Varia 4).
11 Für die Quellen dieser und der folgenden sechs Texte, vgl. *DE*, S. 588, Varia 3 und 5 (Texte S. 616 ff.).
12 CMG II, S. 73 (*DE, Annexes*, S. 482).
13 Vgl. *DE*, S. 635, Varia 2 (Texte S. 649).
14 PO, 1647 (*DE*, S. 440).
15 NPPO, 1908, S. 14 (*DE*, S. 659).
16 PA, 2339 (*DE*, S. 651, Varia 3).
17 Vgl. *DE*, S. 777 f.
18 NPPA (*Carnet rouge*, S. 21–22, vgl. *DE*, S. 785).

19 Zettel von Schwester Maria von der Dreifaltigkeit an Mutter Agnes von Jesus am 17. Januar 1935.
20 Brief vom 27. November 1934 an Mutter Agnes von Jesus (*DE,* S. 780).
21 *Geschichte einer Seele,* 1936, S. 345 (*DE,* S. 781).
22 NPPA (*Carnet rouge,* S. 48), *DE,* S. 781.
23 Brief an Mutter Agnes von Jesus vom Karfreitag 1906 (*DE,* S. 782).
24 NPPA (*Carnet rouge,* S. 102), *DE,* S. 582.
25 Eine Muschel, derer sich Therese bei ihren Malarbeiten bediente. Sie hatte ihrer Novizin Schwester Maria von der Dreifaltigkeit befohlen, jedes Mal, wenn sie Lust hatte zu weinen, ihre Tränen darin zu sammeln.
26 »Ratschläge und Erinnerungen«, in: *Geschichte einer Seele,* 1947, S. 264 (*DE,* S. 783).
27 PO, 2793–4 (*DE, Annexes,* S. 486).
28 »Souvenirs d'une sainte amitié«, S. 12, *DE,* S. 788.
29 Ebd., *DE,* S. 421.
30 PO, 2016 (*DE,* S. 791).
31 Lose Blätter zu NPPA (*DE,* S. 545).
32 Aus dem Nachruf von Schwester Amata von Jesus, 17. Januar 1930, vgl. PO, 2222 und PA 2455 (*DE,* S. 561). 561).
33 »Conseils et souvenirs«, in: *L'Histoire d'une âme,* 1953, S. 248.

Briefe über Thereses Krankheit

1 Am 2. Juni.
2 Frau Guérin.
3 Über diese Diagnose Dr. de Cornières, vgl. Guy Gaucher, *La Passion de Thérèse de Lisieux,* Cerf-DDB 1972, S. 218 ff.
4 Kanonikus Maupas.
5 Die *Grünen Hefte* stellen dazu fest: »Ihr Fieber ist nie gemessen worden, aber nach der lebhaften Farbe ihres von Natur aus sehr blassen Gesichtes zu schließen, musste es seit April 1897 ziemlich hoch gewesen sein. Sie konnte sich kaum aufrecht halten, sie glühte und schien erschöpft« (CV, I. S. 4).

6 Joh 16,7.
7 Vgl. LT 25, *Correspondance Générale,* tome 1, S. 235.
8 Gemeinde an der Peripherie von Lisieux, wo die Familie Guérin einen Besitz hatte.
9 Im Hinblick auf ihre Kommunion am 16. Juli.
10 Vgl. Band 255.
11 Vgl. Anmerkung 5 von *Letzte Gespräche mit Céline,* S. 359.
12 Ps 91,5 (Vulgata).
13 Gedicht »Meine Freude« (in der deutschen Übersetzung von H. U. v. Balthasar, in: *Schwestern im Geist,* S. 307).
14 Frau Fournet, die Mutter von Frau Guérin.
15 Schwester Maria von der Eucharistie.
16 Am 18. August.
17 Mutter Agnes von Jesus.
18 Er starb am 7. Oktober.

Zur Herstellung der vorliegenden Ausgabe

1 *Derniers Entretiens* avec ses soeurs et témoignages divers, Edition du Centenaire, édition critique d'après tous les documents originaux des derniers entretiens de la sainte: versions inédites, notes et correspondances des témoins, procès, témoignages oraux, éditions antérieures, etc. Tome I, 922 Seiten – Tome II *(Annexes):* 504 Seiten, Edition du Cerf et Desclée De Brouwer, Paris 1971.
2 Der interessierte und des Französischen kundige Leser sei auf die eingehende Untersuchung dieser Probleme auf Seite 57–101 und besonders Seite 105–129 der kritischen Ausgabe der *Derniers Entretiens* hingewiesen, vgl. auch *Derniers Entretiens,* t II, *Annexes,* Seite 7–11.

Therese von Lisieux (1873–1897) war das jüngste der neun Kinder von Zélie und Louis Martin. Ihre Mutter starb, als sie vier Jahre alt war. Mit fünfzehn Jahren trat sie in den Karmel von Lisieux ein. Der von ihr gelehrte »kleine Weg«, ein Leben der Hingabe an Gott und die Menschen, ist eine Orientierung für ein Glaubensleben im Alltag. Sie erkrankte an Tuberkulose und starb im Alter von 24 Jahren.

Therese vom Kinde Jesus wurde von Papst Pius XI. 1925 heiliggesprochen und 1927 zur Patronin der Weltmission erklärt. 1997 wurde sie von Papst Johannes Paul II. zur Kirchenlehrerin erhoben. Papst Pius XI. nannte sie die größte Heilige der Neuzeit.

Céline Martin

Meine Eltern Louis und Zélie

Die starken Wurzeln der heiligen Theresia von Lisieux

Papst Franziskus hat am 18. Oktober 2015 Louis und Zélie Martin heiliggesprochen. Sie waren vorbildliche Eheleute, liebevolle Eltern und tiefgläubige Christen.
Von ihren neun Kindern erreichten nur fünf das Erwachsenenalter. Diese fünf Töchter wurden Ordensschwestern. Die bekannteste unter ihnen ist die jüngste Tochter, Theresia vom Kinde Jesus, eine der bedeutendsten und beliebtesten Heiligen.
Céline Martin, Theresias Schwester, beschreibt das Leben ihrer Eltern aus erster Hand – aus der unverwechselbaren Kenntnis einer liebenden Tochter.

Broschur, 256 Seiten
€ 13,95
ISBN 978-3-9454011-6-3